OPEN 是一種人本的寬厚。
OPEN 是一種自由的開闊。
OPEN 是一種平等的容納。

OPEN 2

自己的歷史課

嚴耕望的治史三書

作　　者—嚴耕望
發 行 人—王春申
總 編 輯—李進文
編輯指導—林明昌
責任編輯—徐平
封面設計—蔡南昇

營業經理—陳英哲
行銷企劃—葉宜如
出版發行—臺灣商務印書館股份有限公司
23141 新北市新店區民權路 108-3 號 5 樓（同門市地址）
電話：(02)8667-3712　傳真：(02)8667-3709
讀者服務專線：0800056196
郵撥：0000165-1
E-mail：ecptw@cptw.com.tw
網路書店網址：www.cptw.com.tw
Facebook：facebook.com.tw/ecptw

局版北市業字第 993 號
初版一刷：2018 年 10 月
印刷廠：沈氏藝術印刷股份有限公司
定價：新台幣 430 元
法律顧問：何一芃律師事務所

自己的歷史課

嚴耕望的治史三書

嚴耕望

目次

卷一 治史經驗談

卷二
治史答問

卷三　錢穆賓四先生與我

卷　一

治史經驗談

序言

我對於歷史發生興趣，當追溯到高中讀書時代聽李師則綱的一次講演，題目大意是「歷史演進的因素」，同時又讀到梁任公的《中國歷史研究法》，後來也讀了些西方學者史學方法論之類的編譯本，所以方法論對於我的治史不無相當影響。不過當我在中國歷史方面工作了幾十年之後，總覺得文科方面的研究，固然也要講方法，但絕不應遵循一項固定的方法與技術。只要對於邏輯學有一些基本觀念，如能對於數學有較好的訓練尤佳，因為數學是訓練思考推理的最佳方法，而任何學問總不外是個「理」字。此外就是要多多地仔細閱讀有高度成就的學者的好著作，體會作者探討問題的線索，然後運用自己的心靈智慧，各出心裁，推陳出新，自成一套，彼此不必相同。至於方法理論，不妨讓一些專家去講，成為一項專門之學，但實際從事歷史事實探討的人只能取其大意，不能太過拘守。太過拘守，就太呆板，容易走上僵化的死路上去，或者只是紙上談兵，並無多大用處。

大約是一九七四年冬，香港大學校外課程部邀我作一次講演，內容希能與史學方法有關。我既不太講究方法論，對於此項邀約自然不很感興趣；但辭不獲已，只得就自己治史經驗作簡略報告。為欲使諸生能實有受益，所以先寫綱要，油印為講義。綱要分上下兩節，上節談幾條原則性的基本方法，下節談幾條具體規律。後來又就此類問題在我所任教的香港中文大學研究生班上談過一兩次。一九七六年七月應《中國學人》編者之約，就講義上節，草成《治史經驗談》上篇，在該刊第六期發表。明年續成下篇，以該刊久未出版，而半篇論文未便改投他處，所以迄未刊行。

自上篇發表以來，頗受一些青年讀者的重視，促能多寫一些此類文字；乃想就平日與諸生閒談中涉及有關治史經驗諸問題而為前兩篇所未論及者，續為寫出，對於青年史學工作者或有一點用處。今年七月初，自美國遊罷歸來，趁未開始研究工作之前，一口氣寫成〈論題選擇〉以下七篇，並就舊稿續作改訂，分別為篇，與新作合編為一小冊，仍題曰《治史經驗談》。回憶楊聯陞兄一次來港，閒談中謂我對於後輩青年當有較大責任。此語對於這本小冊的寫作，可能也有催生作用。朋友相勉，特以識之。

這本小冊，只是我就所想得到的若干問題，隨意漫談，說不上史學方法論，充其量只能說是我個人的體驗、個人方法而已。綜合這九篇文字，扼要言之，不外下列幾點。原則上：從大處著眼，從小處入手，以具體問題為先著，從基本處下功夫；固守一定原則，不依傍，不斥拒，能容眾說（包括各種理論與個別意見），隨宜適應，只求實際合理，不拘成規。方法是：堅定意志，集中心力，以拙為巧，以慢為快，聚小為大，以深鍥精細為基礎，而致意於組織系統化。目標在：真實、充實、平實、密實、無空言、少皇論，但期人人可以信賴，有一磚一瓦之用；若云文采，非所敢望，輝光則心嚮往之而已。最後一篇特措意於日常生活與人生修養，要鍛鍊自己成為一個健康純淨的「學術人」，此實為學術成就的最基本條件。至於探索問題的技術，則本編甚少涉及。因為技術細節，很難具體言之。大約論題若能以述證方式，排比材料，即可達成結論者，較易為功；若是無直接有力證據，必須深一層辯論證實者，即要委蛇曲折，剖析入微，無孔不入（此謂攻，謂建立一項論點，非必攻擊別人論點），有縫必彌（此謂守），務期自己論點能站得穩，無懈可擊。這就要隨宜運用匠心，解決問題；但很難歸納出幾條方式，具體扼要言之，所以也很難以筆墨相傳授；目今講壇一般教學方式也很難傳授。只有古人學徒方式，學生即在身邊，遇有使用細緻技巧處，隨時指授，較易見功。但此種學徒式之教育方式已成過去，今日青年好學者若想學習前人研究技術之精微處，只有取名家精品，仔細閱讀，用心揣摩，庶能體會；若都只匆匆翻閱，一目十行，只能認識作者論點，至於研究技巧，曲折入微處，恐將毫無所獲！我在中文大學研究院「中古史研究」課堂上常提出研作較精之論者，就其探討入微處，為諸生講解，立意即在幫助青年揣摩他人精品的研作技巧，以為他們工作之一助；但亦惟程度較高，好學深思者，能欣賞，有受益；一般青年似仍少領會！好在一般論題只用述證方式已可解決，必須深入曲折辯論者究占少數；而且現今寫論文，能深入曲折辯論者已較少，能欣賞的人也不多，蓋學風日下，率就淺易，此如歌唱，時代曲流行，京劇演員吃力不討好，因此我也不想花太多功夫在此等處多費筆墨！

近五六十年來，中國史學界，人才輩出，朗若月星；爝火之光，何足自道！但念近代史學鉅子多半天分極高，或且家學淵源，不是一般人所能企及；後來學子可能自嘆不如，不免自棄。我的成就雖極有限，但天賦亦極微薄，一切遲鈍不敏，記憶力尤壞，幼年讀書，三兩百字短文亦難熟誦。老妻曰，無聰明，有智慧；這話適可解嘲！相信當今能入大學受教育的青年，論天分必大半在我之上，舉我小成之經驗與生活修養之蘄向以相告，或能有一點鼓勵作用！所以毅然違背我一向做人原則，不揣淺陋，不避自伐之嫌，將自己的工作經驗獻給青年史學工作者；是否有當，實際有用，在所不計！

一九七九年九月二十四日序於香港沙田吐露港西山香港中文大學中國文化研究所；十月二十日增訂再稿於九龍塘獅子山下霞明閣寓所；八〇年四月十五日三稿畢功。

壹　原則性的基本方法

我在序言中已說過，治史不能機械的拘守某一類固定的方法；但也不能不注意一些大原則大方向。我覺得治史學有幾條應注意的原則性的基本方法問題，也有一些應注意的較具體的規律。茲先就原則性的基本方法問題提供一點意見。

一、要「專精」，也要相當「博通」

專精與博通兩個概念當為一般人所知，不必說；但尤著重「精」與「通」兩字。專不一定能精，能精則一定有相當的專；博不一定能通，能通就一定有相當的博。治學要能專精，纔能有成績表現，這是人盡皆知的事，所以近代治學愈來愈走上專精之路，要成為一個專家；雖然最近已注意到科際的研究，但過分重視專精的觀念仍然未改。其實，為要專精，就必須有相當博通。各種學問都當如此，尤其治史；因為歷史牽涉人類生活的各方面，非有相當博通，就不可能專而能精，甚至於出笑話。所以治史最為吃力，很難有一個真正的青年史學家！

治史的博通可分從兩方面談。第一、史學本身的博通。即對於上下古今都要有相當的瞭解，尤其對於自己研究的時代的前後時代，要有很深入的認識，而前一個時代更為重要。若治專史，例如政治史、政制史、經濟史、社會史、學術史等等，治某一種專史，同時對於其他的專史也要有很好的瞭解，至少要有相當的瞭解。第二、史學以外的博通，也可說是旁通，主要的是指各種社會科學。

先講旁通，要想真正旁通各種社會科學，雖然斷然做不到，但至少要對各方面有一點皮毛知識，有一點總比毫無所知的好。現在時髦的看法，要以社會科學的觀點研究歷史，於是各種社會科學家都強調自己的立場，以為研究歷史非用我的方法理論不可。記得前年臺灣有些史學家與一些社會科學家開過一次聯席會議，社會學者、人類學者、經濟學者、統計學者、心理學者等等，就各人強調自己的方法理論，作為研究歷史的法寶。當時有一位歷史學者說，這樣講來，我們歷史學者就無用武之餘地了！其實各方面的意見都有問題。治史有考史、論史與撰史的不同，而相輔為用。考史要把歷史事實的現象找出來，論史要把事實現象加以評論解釋，然後纔能作綜合的撰述工作。社會科學的方法對於論史最有用，對於考史撰史的用處比較少，社會科學家要越俎代庖，也只能做部分的論史工作，考史撰史還是非全部由史學家做不可！至於各種社會科學對研究歷史都有幫助，那是絕對正確的，但也各有局限性，不是隨時都可用得上。幾年前有一位頗有名的史學界朋友，告訴我：「要用統計法治史」。這話本不錯，但史學問題哪都是統計法所能解決的！其實我最喜歡用統計法。三十多年前，我研究漢代地方官吏的陞遷，就是用的統計法，根據統計數字，作成陞遷圖，[1]在那時可謂是極新的方法了。但歷史材料不是都能量化的，難道不能量化，我們就不做？現在我寫「國史人文地理稿」，也喜歡用統計法，還特別搜購了一部《地理統計學》來看。那裏面所講的方法非常好，但歷史已過去了，很少如意的資料讓我統計！所以方法雖好，但材料不允許，用不上，奈何！用人類學、社會學、政治學、經濟學的方法理論治史學，也同樣都有局限性。有些人從政治學的觀點批評政治史學家的成績，從經濟學的觀點批評經濟史學家的成績，從社會學的觀點批評社會史學家的成績，總覺得不好，那都是不切實際的苛責。他們忽略了歷史已成過去，人家那種成就也許已費了九牛二虎之力，那有社會科學家研究目前的人類社會可以按照自己的理想與方法去作調查，材料可以取之不盡用之不竭那樣方便！然而我們不能否認有些社會科學的知識對於研究歷史實有極大用處。就以我的經驗言：我在高中讀書時代寫了一篇〈堯舜禪讓問題研究〉，我認為堯舜禪讓只是部落酋長的選舉制，這就是從人類學家莫爾甘（L. H. Morgan, 1818-1881）所寫的《古代社會》（*Ancient Society*）悟出來的。儒家不瞭解當時實情，比照後代傳子制看來，堯舜之事自是公天下的禪讓，這是美化了堯舜故事。等到曹丕篡奪漢獻帝的君位，但表面上仍要漢獻帝寫一張最後詔書，說是把天下讓給姓曹的，所以曹丕就想到「舜禹之事吾知之矣」，意思是說舜之代堯，禹之代舜，也只是和他自己一樣的篡位而已；這又把堯舜故事醜化了。但我若沒有一點人類學知識，就極可能不能悟到這一點。又例如我撰〈論唐代尚書省之職權與地位〉，[2]說明尚書六部與九寺諸監職權地位之不同，以及兩類機關的關係。按唐代六部與九寺諸監的職權似乎很混亂，一千多年來都搞不清

1 《中國地方行政制度史》上編卷上、《秦漢地方行政制度》第十章〈任遷途徑〉。

2 〈論唐代尚書省之職權與地位〉，初稿刊《史語所集刊》第二十四本（一九五三年），改訂稿刊《唐史研究叢稿》（新亞研究所，一九六九年）。（已收入《嚴耕望史學論文選集》）

楚而有誤解。我詳徵史料作一番新解釋，說六部是政務機關，六部尚書是政務官，九寺諸監是事務機關，他的長官是事務官，這兩類機關有下行上承的關係。如此一來，各方面看來很不合理的現象都變成合理了，這也是從近代行政學的觀念入手的。舉此兩例，可見社會科學對於歷史研究有多少重要。但社會科學的科別也極多，每一種學科都日新月異，一個歷史學者要想精通各種社會科學自然是不可能的事，不過我們總要打開大門，儘可能的吸收一點！儘可能予以運用！縱不能運用，也有利於自己態度的趨向開明！

至於歷史本身的博通，更為重要。但這是本身問題，要博通比較容易。本身博通的重要性可從兩方面講。第一是消極的，可使你做專精工作時不出大錯、不鬧笑話。我舉兩個例如下：

其一，法國藏敦煌文書第三〇一六號紙背云：

「天興（？）七年拾壹月，于闐迴禮使、內親從都頭、前高昌令、御史大夫、檢校銀青光祿大夫、上柱國索全狀文。」

日本有一位敦煌學專家屢次提到此條，以為北魏道武帝天興（他釋為天興）七年（西元四〇四），當為敦煌文書之最古者。其實大誤。我們只看索全的官銜，馬上就可知道這一文件不可能早過晚唐，可能是五代時期的。何以見得？上柱國的勳名創自北周，朝廷中幾個功勳最高的大功臣，始能蒙賜，知此文件絕不能早在北周之前。以一個縣令擁有「御史大夫、校檢銀青光祿大夫、上柱國」的頭銜，那就不會早過安史之亂；又有「迴禮使，內親從都頭」的銜名，那就不會早過晚唐，所以至少「天興」

二字當有一個模糊不清，他誤釋為「天興」了。其實這些官銜，在兩《唐書》、《五代史》中常常見到，都在安史亂後，尤其晚唐以後，安史亂前是絕不一見的，所以不必是講制度史的人始能知道。那位先生研究敦煌文書，就該對於南北朝、隋、唐、五代的歷史各方面都有相當瞭解，然而他事實上只在敦煌文書那一小點上去鑽，所以出此大錯！

其二，《通鑑》一九九永徽二年紀有一條：

「發秦、成、岐、雍府兵三萬人。」

有一位研究府兵制度的專家，引此條作解云：「府兵是指這幾個都督府的兵」，又云「此時諸州多置都督府，府兵即指州都督府的兵。」按至少「這幾個都督府的兵」絕誤。因為《舊唐書．地理志》記載各州置都督府的經過極詳，秦州此時置都督府，成岐雍三州根本不是都督府。解釋此句，「的」字應放在「府」字之前，不應放在「府」字之後，也就是說發這四州的府兵，不是發這四州都督府的兵。他是位講府兵制度的專家，這條史料正是他講唐代府兵制的一條很重要的早期史料，極為寶貴；但他卻未讀懂！其原因就出在只求專精，講府兵制度，而忽略了其他制度！又不肯勤於查書。一個謹慎的史學家寫專門論著時要勤於檢書，凡說一句話，沒有把握，就得去查，不可信口開河！能博通不但可避免不應有的錯誤，而且在積極方面可以幫助我們為史事作解釋。也舉兩個例子如下：

其一，秦國之能統一天下，過去學人的解釋，總不外秦國政治改革成功，外交運用成功，加以地勢優良，進可攻退可守。四五十年前又從時代思想方面作解，以為當時大一統觀念已形成，一般人民已無宗國之見，為秦國統一排除了心理上的障礙。例如錢賓四師的《國史大綱》可為代表。這些講法，都不錯。但另外還有好多原因。例如若從當時各國地方經濟、社會、民風的角度去看，秦國民雜西戎，民風強悍，關東三晉民風較秦為弱，對於秦人極為畏懼，最東齊國民風又較三晉為怯弱。而就各國民間經濟狀況而言，秦國最貧窮，齊民最富庶，三晉也介乎兩者之間。所以當時的情形是地方愈東愈富庶，愈西愈貧窮；但民風則愈東愈怯弱，愈西愈強悍。以富家怯弱子弟去擋貧窮勇悍的士卒，自然無法致勝。所以秦國士卒雖赤膊上陣，但勇氣百倍，東方士卒雖被精甲執利兵，但一遇上秦卒，內心就生怯意。況且秦國領有中國最佳的戰馬產區，所以騎兵特強。以悍卒乘壯馬，如虎添翼，絕不是東方的怯弱步兵所能抵拒！只有趙國北境也產馬，訓練騎兵，所以戰國後期能與秦國一抗的只有趙國，當秦趙長平一戰，趙國失敗，喪師四十多萬之後，東方各國就已精神崩潰了。這也是秦國能統一天下的一個極重要的原因。但過去的人講歷史僅注意政治外交，根本忽略社會民風與戰馬的作用，自然就不能全盤瞭解這段歷史背景了。講到騎兵，我在此附帶說一句，通觀歷代，凡是能控有今陝西中北部及甘肅地帶的朝代，總能居於強勢；凡是不能控有這一地區的，總是居於弱勢；其故就在騎兵。因為騎兵在古代戰爭上猶如第二次世界大戰前的坦克機械化部隊，與第二次世界大戰後的原子武器、核子武器，以步兵對抗騎兵，總是失敗的。

其二，南北朝時代，禪家很多，何以達摩一派獨能發展成一大宗呢？又禪宗五祖弘忍以後，北宗先極盛於北方，後來何以北宗衰微，而慧能南宗能特盛呢？現在姑且只講南北兩宗盛衰之故！前人講佛教史認為神秀北宗後來衰微，是因為他的大弟子義福普寂之後繼無人；胡適之先生說，這是由於神會發動宗教革命把北宗打倒，並非因為北宗自己衰微；北宗被打倒了，南宗纔代之而起。[3]這兩種說法並非沒有道理。但試問北宗一時無高僧領導就立見衰運，神會在北方把北宗打倒了，何以神會自己荷澤宗一派的南宗也走上衰微的命運？而興盛的南宗反而是遠在江南本無很高地位的南嶽懷讓與青原行思兩派的後代呢？我最先的解釋是以地區經濟的盛衰作背景。因為南北兩宗盛衰的轉捩點正在安史之亂時代。安史亂後，北方經濟殘破，南方經濟漸漸發展繁榮起來，宗教不能沒有經濟力量來支持，北方殘破不堪，有一個時期黃河中下游千里無人煙，這一帶本為北宗興盛的區域，經濟狀況如此，北宗豈有不衰之理？神會的荷澤宗也在北方，同樣走上衰運，其故正相同。反過來，南方經濟力量愈來愈強，老百姓乃至官府纔有餘力支持宗教，而這一帶正是南宗懷讓與行思兩系的盤據地，所以就有機會興盛起來了！我講「中國歷史地理」，講義本來這樣寫了，當我上堂講的時候，突然靈機一動，覺得還可從民情風俗方面作進一步解釋。那就是當時湘贛地區民間文化程度尚低，可說是文化落後地區，實際上也多蠻越之民，迷信風氣極盛；南宗雖不是迷信的宗教，但他們那種講「頓悟」的境界與傳教的方式，多少有些神秘感，而又簡而易從，最適合文化落後民風純樸又具迷信的人民去信仰；所以懷讓、行思兩派南禪就在這樣一個背景下興盛起來。這一背景恐怕比南方經濟繁榮更為重要！事實上，達摩禪初期在北方一籌莫展，後來二祖慧可傳了三祖僧璨，僧璨

3《胡適論學近著》第一集卷二〈荷澤大師神會傳〉。

住在大別山區，纔慢慢發展起來，後來四祖五祖也就在大別山的邊緣地帶。大別山區在南北朝至唐代初期是蠻族聚居地，文化落後，易於接受禪宗的教義，所以達摩禪纔能乘機發展起來！過去人講佛教史只就佛教本身去講，很少理會到當時歷史的其他方面，更不說地方民情文化風尚了，所以根本想不到這一種極有意義的解釋！

由以上所講的消極的與積極的兩方面看來，史學本身的博通對於史學專精的研究是如何的重要！

二、斷代研究，不要把時間限制得太短促。

歷史的演進是不斷的，前後有聯貫性的，朝代更換了，也只是統治者的更換，人類社會的一切仍是上下聯貫，並無突然的差異；所以斷代研究也只是求其方便，注意的時限愈長，愈能得到史事的來龍去脈。我們不得已研究一個時代，或說研究一個朝代，要對於上一個時代有極深刻的認識，對於下一個朝代也要有相當的認識；所以研究一個時代或朝代，最少要懂三個時代或朝代，研究兩個相連貫的朝代，就要懂得四個朝代，如此類推；若是研究兩個不相連貫的朝代，則中間那個朝代的重要性更為增加。下面舉幾個例證：

例一，**唐代節度使制度**。　這個制度粗看起來是唐代所創的、所獨有的制度；其實他的結構形式及其作用，與魏晉南北朝的都督府制度完全一樣，只是名稱不同而已。所以若能瞭解魏晉南北朝的都督府制度，對於瞭解唐代的節度使制度極有幫助。不幸魏晉南北朝的都督府制度湮沒不彰，任何書籍都無較詳明的記載，致使唐代節度使制度迷惑了淵源！現在我把魏晉南北朝的都督府制度詳細考論出來了，若再研究唐代節度使制度，就能很清楚的追溯其淵源，瞭解到何以有這樣一個形式與作用的制度了！

例二，**市鎮制度**。　現在縣以下的基層組織有鄉有鎮。鎮多半商業較繁榮，故又稱為市鎮。這是自宋代已是如此。但是宋代這種性質的市鎮何以叫做鎮？他是如何形成的？這就不但要上求之於唐代，還要上求之於魏晉南北朝！原來這種鎮就是軍鎮，為軍事而設，不是為商業或行政而設。最開始可能是五胡十六國時代，胡人統治下，設軍鎮以期鎮壓，後來形成了北魏軍鎮制度。軍隊是專門消費不生產的，所以有些商販來推銷消費品；又因為軍鎮多設在交通要道，而且治安比較有保障，所以慢慢形成小的商業中心，也有很多人聚居其地。在唐代，軍事性質還比較濃厚，到宋代就幾乎完全失去軍事意義而變成現在市鎮的性質了。

例三，**唐代滇越通道的路線問題**。　唐人記載這條路線本頗詳，但沿途地名今皆難考，所以前人吳承志、伯希和（Pelliot）、方國瑜、向達等都認為唐代人所記的交通路線就是元明迄今的滇越交通主線，亦即沿紅河（富良江）河谷而行；而且伯希和還指稱唐前的滇越交通不可考。其實漢代的滇越交通路線，《水經注》記載得很明白，是沿葉榆水而行，即今盤龍江。唐代滇越交通路線有兩條，一條取紅河水路，但唐人所記的詳細行程則仍是漢代所行的水陸兼程的老路。[4] 這也是不瞭解前代就無法深入正確瞭解自己所專門研究的問題的好例證。

4 看〈漢晉時代滇越通道考〉與〈唐代滇越通道辨〉兩文，刊《香港中文大學中國文化研究所學報》第八卷第一期，一九七六年。

例四，唐代州府政府組織及用人方式與漢代州府組織及用人方式不同之故。　隋唐州政府佐官曰參軍、由中央任命，與漢代州政府佐吏曰從事、由州長官任用本州人的制度完全不同。前人都說州政府屬官由中央任命，是隋文帝所創始；官員名稱的不同，是不是也是由一個人所創始的呢？其實都不是。此種職稱不同，任用方式不同，都當於魏晉南北朝時代求其答案。在魏晉南北朝時代，一方面繼承漢代舊制，另一方面又慢慢形成了一種新制，成為兩個系統並存的現象。舊的一系官吏仍稱為從事，由州長官任用本州人為之；新的一系官吏則稱參軍，由中央任命（可由長官推薦）。本來職權有別，但舊的一系慢慢失權，成為地方人士祿養之官，新的一系慢慢奪到全部權力。到隋文帝把無作用的舊的一系率性廢掉，就是所謂廢鄉官，只留有實權的新的一系官吏，就是由中央任命的參軍。所以隋文帝只是省廢了一個無行政作用的制度，並未創立一個新制度。[5] 時人把這件事看做是他的集權手法，這完全是不瞭解實情的想像說法。這一事實大可作為研究兩個不相連接的時代就必須對中間一個時代有徹底瞭解的好例證。再者，隋文帝廢鄉官，前人以為廢除漢代的鄉官，即鄉三老、有秩、嗇夫，這是更加錯誤了，皆由於不瞭解隋唐以前一個時代的緣故！

總之，這種事例太多了，這一個時代的事制幾乎都要牽涉到上一個時代，不瞭解上一個時代如何可以？研究一個時代，若能對於下一個時代有相當瞭解，也很有幫助，當然沒有上一個時代那樣重要。我為此，也把《宋史》自頭到尾，自第一個字到最後一個字相當認真的看了一遍，以求對於宋代有個概括的認識，最主要的目的就是希望能對研究唐史有所幫助。

三、集中心力與時間作「面」的研究，不要作孤立「點」的研究；建立自己的研究重心，不要跟風搶進。

一般人研究史學都是找一個範圍狹小的問題作研究，美其名曰仄而深的研究，以為能仄，功力集中，所以能深，同時也能很快的出成績；如此一個一個的研究，就能出很多的專精的成績。其實不然。仄則仄矣，不一定能精，而出了錯誤自己還不知道。至於說成績出得快，那更是背道而馳！

歷史很難作時間的割斷，已如上述。作平面的畫割，更不容易。因為時間前後固有關聯、有影響，而同一時間的各項活動更彼此有關聯有影響。所以研究問題不能太孤立，只在某一小點上做功夫；至少要注意到一個較大的平面，作「面」的研究。

我所謂作「面」的研究，就是研究問題，目標要大些，範圍要廣些，也就是大題目，裏面包括許多小的問題。如此研究，似慢實快，能產生大而且精的成績。例如我研究魏晉南北朝地方行政制度，這裏面包括都督府建置問題、州府僚佐問題、郡縣制度問題、北魏軍鎮問題、領民酋長問題、諸部護軍問題、北周總管問題，還有其他較次要的種種問題。我為研究這個廣闊的問題群，自然要將這個時代的重要書籍全部看一過，始能下筆。事後估計，連看書抄材料，到撰寫完成，一共大約費了三年多四年的時間，把這一個廣面所包函的各種問題都仔細的探討過，完成一部可觀的大書，

5 參看《中國地方行政制度史》上編卷中《魏晉南北朝地方行政制度．約論》第四節（第九〇一頁）。

而且對這一時代也有個全面認識了。假如我用一般人的方法研究其中一個問題，若想成績好，也得把全部重要書籍統統看一遍，然後始能動筆，最少也得一年半時間；若再做其中的另一問題，又得把全部書籍翻看一遍，連撰述最少又要一年時間；如此下去，一個一個的做，所用的時間一定比我一口氣全面的做，要多得多！而每次看書只是翻查材料，對於整個時代也許還不能有一個全盤的認識，你想那一種方法好些呢？

再者，作全盤的廣面的研究，容易發現材料彼此衝突，就可以即時糾正錯誤；材料彼此勾聯，就可以相互補充。我的《唐僕尚丞郎表》便有極多這類好例子。因為各種職官有一定員額，搜集的史料，往往年月衝突，就能發現各種材料中必然有些是錯誤的，須得設法研究出來那些條是錯的，那些條不誤。若只研究某一個官職，或研究某一個人的經歷，就不易發現材料有衝突，也不能發現某些材料有錯誤，因此也就跟著作出錯誤的判斷。例如第三冊卷十二「輯考」四下，「戶侍」王源中條，進承旨與遷兵侍事。傳世重要史料脫譌頗多，非根據「戶侍」、「兵侍」員額及其他人員的任遷參互辨證不可。尤可注意者，岑仲勉先生《翰林學士壁記注補》是一部極精審的著作，對於王源中的史料已作若干糾正，但他只研究翰林學士，不知當時其他居官戶侍、兵侍者，所以仍不能盡發其覆。由此正見全面研究之大有好處；狹隘的研究往往不能徹底解決問題。讀者可仔細看該條「考證一」「考證二」，今不具引。

若是一個一個問題作點的研究，而這些問題有相互關聯性還比較好；最忌上下古今，東一點，西一點，分散開來，作孤立的研究。例如這次研究上古的某一個政治史問題，第二次研究近代的某一個經濟史問題，第三次又研究中古某一個學術史問題，第四次又研究某一個時代的社會史問題，這樣分開作孤立的研究，外行人看起來好像博學多能，但各方面的內行人看起來，都不夠成熟，不能深入，因此都沒有永久性價值！而且如此東一點西一點的研究，勢必心力時間都費得很多，而實際成果甚少，這是非常不智的做法！遠不如集中心力時間在一大片的「面」上作深入精細的研究，既能深入，又能完成不能磨滅的大成果！

再者，在一個大範圍內同時注意相關聯的問題群，則看書時到處發現材料，興趣自然濃厚，樂此不疲，而且看書時也就不會趕急了；若是每次只注意一小點，就不能隨時看到有用的材料，久而久之，就興趣低落，而且急於翻得快，書也就自然看得不仔細！

談到此處，我想稍稍轉移論點再講幾句。就是要畫定自己研究範圍，建立自己的研究重心，不要跟風好勝。前文講到要作「面」的研究，這個「面」就是一個研究範圍，也可說研究重心所在。但一個人的研究重心範圍不能太多，多則精力分散，工作不會能精。因為釘住少數的大範圍，在這範圍內的各種情形比較熟習，寫出論文，不但較少出錯，而且能深入探討，能創獲新的成果。一個人的精力有限，若是重心範圍太多，那就近乎上文所說作孤立的「點」的研究，將會事倍功半。但有些人，不僅重心太多，而且喜歡跟風搶進，看到別人研究某一問題有很好成績，他也見獵心喜去插一腳，不管自己過去對於此一問題有無根柢，而臨時去翻查材料，倉促為文，你想這樣的文章如何能紮實！記得余英時兄研究方以智，出版了《方以智晚節考》（新亞研究所出版），有一位先生跟風搶進，臨時找材料發表文章，講方以智，後來又自承講錯了，這豈非白費氣力！此一事例，可為跟風好勝者之戒！

四、要看書，不要只抱個題目去翻材料。

要專精的研究問題，既然要對史學各方面有相當博通，如何纔能博通呢？當然除了研究專題之外要多看些非自己研究範圍的各種史學論著，例如研究中國政治制度史，也要看些中國社會史、經濟史、民族史、風俗史、學術宗教思想史各方面的書。這是一法，但不是最好的最基本的方法，因為這些書是通過人家頭腦所提煉出來的東西，儘管是比較有了系統，但在你的學問中沒有根。最好一方面多看這些書，更重要的是就基本材料書從頭到尾的看，尤其在初入門階段。

所謂基本材料書，最主要的是指專題研究所屬時代的正史，不管它寫得好不好，它總是比較包羅萬象，什麼東西都有，這是正史體裁的好處。搞某一個時代的某一問題，總是要看這時期正史的；問題是一般看正史的人總是以自己所要研究的題目為主，一目十行的去翻找材料，甚至於只看某幾個傳、某一兩篇志。這絕對不可以。看某一正史時，固然不妨先有個研究題目放在心中，但第一次看某部正史時則要從頭到尾、從第一個字看到最後一個字，一方面尋覓研究題目的材料，隨時摘錄，一方面廣泛注意題目以外的各種問題。只有像「天文志」「律曆志」之類太專門了，根本看不懂，才可以不這樣看；但也不妨翻一翻，使自己知道裏面究竟講些什麼。6 只抱個題目找材料，很容易將重要的材料漏去，因為有的材料只有幾個字，有的材料有隱蔽性，匆忙中不易察覺到；至於其他的問題，就更一無所得了。若如我讀正史的方法，你所注意題目的重要材料很少有遺漏的可能；而且當你看過這部正史後，對於這一個時代就有了一個概括性的認識，也可說有個全盤瞭解、全盤觀念，而這種瞭解認識觀念是你自發的，不是從人家頭腦中轉借過來的，因此印象比較鞏固，這對於以後的研究工作是十分的重要。

正史以外的基本書籍也要如此看，至於研究中古史，更要儘可能的把所有關涉這個時期的史料書全部從頭到尾的看一遍，因為中古史的書籍不算多，而史料非常零碎，不照我這個最笨的方法看，就可能放棄了一些對於你所研究的問題極有關係的最寶貴史料。我現在舉幾個例子如下：

例一：《新修本草》一七〈蒲陶條〉云：

「蒲陶……生隴西、五原、敦煌山谷。」本注：「魏國使人多賫來。……此國人多肥健耐寒，蓋食斯乎？」

按本草為藥物學書籍，一般研究歷史的人不會去仔細讀，研究北朝民族社會問題的人也不會去讀。這條材料顯示北朝人或許指鮮卑人多肥健；至於肥健的原因是不是食蒲陶，則不必深論。北朝鮮卑人體肥健似別無其他史料可考，你想這條史料多麼重要。閻立本繪「歷代帝王圖」，好像把唐太宗繪得很肥胖，大概因為他本有胡人血統？

6 參其實即如「天文志」，一般人看不懂，但也可以從中發現有用的材料，幫助我們解決問題。例如唐代南疆所至，一直難有定說。我去年就從《唐書・天文志》記錄各地測影所得的北極高度，非常正確的講明唐代南疆之所至約在北緯十七度半，即近代南北越分界線相近地帶。這可說是一項極有意義的發現。

例二：孫樵〈興元新路記〉（《全唐文》七九四）云：

「自黃蜂嶺，洎河池關，中間百餘里，皆故汾陽王私田，嘗用息馬，多至萬蹄，今為飛龍租入地耳。」

按唐代馬政問題，今存有關國家養馬的史料頗多，但私家養馬的史料則很少，尤其內地。這條史料說明郭子儀在這一處地方就養馬二千五百匹上下，是全唐代書籍中涉及唐代私馬極少數材料中最好的一條，多麼寶貴。有一位研究生選擇「唐代馬政」作論文題，我告訴她，《全唐文》中有很多史料，尤其《孫樵集》中有一條好的私家養馬史料。她照一般人搜集史料的方法，檢看《全唐文》各家文集的目錄，認為某文題目可能與馬政有關係就看，否則不看。這篇文章的標題自然與馬政無關，所以未看，因此遺漏了。我只好檢示給她，教她看書要徹底！但現在研究生在兩年之內既要讀書，又要謀生，自然也無法照我的方法讀書、寫論文！

例三：《續高僧傳》一〇〈釋靖嵩傳〉云：

「及登冠受具，南遊漳輦。屬高齊之盛，佛教中興，都下大寺，略計四千，見住僧尼，僅將八萬，講座相距，二百有餘。在眾常聽，出過一萬。故宇內英傑，咸歸厥邦。」

按自秦漢到隋唐五代的整個中古時代，都市人口數字的史料，似乎只有在南北朝時代有三四條史料。一條見於《寰宇記》引《金陵記》，說建康城（今南京）內外縱橫四十里間有二十八萬戶。一條見於《北魏書》，說北魏一次移民到代都三十六萬人。一條見於《北齊書》，說由洛陽徙民四十萬戶到新都鄴城。一條見於《洛陽伽藍記》，謂十餘萬戶口，蓋就城內著籍者而言。此外就是上引《續高僧傳》這一條。而這一條極其重要，一個都市及其郊區有僧尼八萬人，可以推想鄴都人口之多了。然而研究南北朝都市的人也不會想到僧傳中會有這樣一條好材料。有一位研究生以「北朝都市」作論文題，我告訴他僧傳中有好材料，他翻了一遍，仍未找到此條，也是最後由我告訴他！翻書之易疏落，於此可見！

像以上這些好的特殊材料其實很多，這裏不過隨手舉幾個例子，用一般人翻書查材料的方法，都很少可能找得到；只有用我的笨方法，重要的好材料就很少可能成為漏網之魚！不過由頭到尾讀一般書的方法，與由頭到尾讀正史的方法也不相同。由頭到尾讀正史時，主要著眼點，是求對這一時代的全盤認識，找材料是副目的；所以要讀得仔細，應該儘可能處處求懂。對於其他的書，雖然也要從頭到尾的看，但可把尋材料視為主要目的，附帶的自然也增加你對於整個時代的全盤認識，這樣讀法自然可以快些，有些處甚至可以一目十行，不必處處求懂。

最後我還要說幾句，抱個題目找材料的方法，當你做完這個題目，其他的東西所得不多，久而久之，將會發現學問的潛力太薄弱，難以發展。照我這種讀書法，將會使你的治學潛力愈來愈強，當然這要在中年以後纔能顯現出來，發覺一片通明，似乎無往而不可。不過雖然潛力很厚，是博通了，但撰寫論著仍要謹守自己的專長，不可隨便亂寫；隨便寫文章，仍然不能很精，而且也可能出笑話！當然通論性質的文字可以稍寫一點，但也要謹慎，不能太隨便。

此外我所講的這種讀書法，不僅在治學方面有其必要，而且幫助讀者瞭解人情事理。一個閉門讀書的人，對於社會世故，不可能有多少歷練，但是史學家，能認真通讀全書的史學家，應該與一般書生不同，只就正史而言，裏面所記的人情事理太多了，我們可以從那裏吸取古人經驗，對於瞭解現在人情事理就大有幫助！

五、看人人所能看得到的書，說人人所未說過的話。

新的稀有難得的史料當然極可貴，但基本功夫仍在精研普通史料。新發現的史料極其難得，如果有得用，當然要盡量利用，因為新的史料大家還未使用過，你能接近它，最是幸運，運用新的史料可以很容易得到新的結論、新的成果，自是事半功倍。所以很多人把自己所能掌握到的新史料據為己有，自己研究，不肯示人，更不肯早早發表，讓大家來研究，這是很不好的現象，很不好的行為。然而所以有這種自私惡劣的現象，主要的還是由於一般研究學問的人過分強調新史料的重要性，忽視了舊的史料，尤其忽視普通的舊史料，他們以為舊史料，舊的普通史料沒有什麼價值了。其實不然，我的想法，新史料固然要盡量利用，但基本功夫仍然要放在研究舊的普通史料上。研究歷史要憑史料作判斷的依據，能有機會運用新的史料，自然能得出新的結論，創造新的成績，這是人人所能做得到的，不是本事，不算高明。真正高明的研究者，是要能從人人能看得到、人人已閱讀過的舊的普通史料中研究出新的成果，這就不是人人所能做得到了。不過我所謂「說人人所未說過的話」，決不是標新立異，務以新奇取勝，更非必欲推翻前人舊說，別立新說；最主要的是把前人未明白述說記載的重要歷史事實用平實的方法表明出來，意在鈎沉，非必標新立異！至於舊說不當，必須另提新的看法，尤當謹慎從事，因為破舊立新，極易流於偏激，可能愈新異，離開事實愈遙遠。這是一個謹嚴的史學家要特別警戒的！

就這一點講，前輩學人中，例如錢賓四師，很少能有接觸到新史料的機會，利用新的稀有史料所寫的論文也極少；他一生治學，主要的是利用舊的普通史料；然而他能研究出很多新的結論。例如他撰《劉向歆年譜》，所根據的都是人人所能看得到的史料，沒有一條是新的史料，然而他能得出舉世佩服的結論，使今古文之爭頓告平息。又例如《國史大綱》，有人說只是根據二十四史而已。這話誠然不錯，然而他能從人人能讀得到的正史中提出那樣多精悍的好看法，幾十年來那樣多寫通史的人，不但沒有一個能與比擬，而且真正是望塵莫及，才氣學力的差距真是不可以道里計，這些處纔能見出本事！再如湯用彤先生所撰《漢魏兩晉南北朝佛教史》，我認為是近五十年來就某一時代的某一方面問題作研究中最有成就的幾部論著之一，日本學人研究中國佛教史的太多了，就我所知（以二十年前出版的為限），沒有一部能及得上這部書。然而他用的材料，也沒有什麼新的！據說他衣袋中隨時都帶著一本《高僧傳》，正可見他的研究基礎是建築在舊史料上！再說陳寅恪先生，他懂得的語文極多，能接觸到新史料的機會應該也不少，但他一生的論文中運用新史料寫出來的也不算多；他的主要成績也是從普通史料中抽繹出來的。尤其有關唐史的三部重要著作：《政治史述論》與《制度淵源略論》兩稿，主要史料固然不外乎兩部《唐書》與《資治通鑑》；就是《元白詩箋證稿》也只引用人人所能看得到的書，很少新的資料。這幾位學人的治學方法與成績，都可說是

「看人人所能看得到的書，說人人所未說過的話。」而湯先生尤顯篤實謹嚴。

我個人治史的路線也是從一般普通史料入手，雖然我徵引史料除正史、政書、地志之外，涉及詩文、石刻、佛藏、雜著等相當廣泛，也偶引新史料，但真正基礎仍然建築在正史上。當我三十幾歲靠近四十歲時，聽說姚從吾先生批評我：「只是勤讀正史」，又諒宥的說：「能讀讀正史也好」，意思是不大看得起；等到我的《中國地方行政制度史》與《唐僕尚丞郎表》出版以後，纔承他很看得起，給我一個實在不敢當的評語。此亦正見以正史為基礎，也能產生意想不到的成績！

研究歷史最主要的是要運用頭腦長時期的下深入功夫，就舊史料推陳出新，不要愁著沒有好的新史料可以利用。新的史料總有出盡的一天，難道新史料出盡了，歷史研究的工作就不能做了嗎？不過史前史乃至殷周史要算例外，的確非有地下新史料出現就很難研究。因為舊史料太少了，又大多是些不能盡信的傳說，因此不得不把史前史與殷周史研究的基礎完全放在鋤頭考古學上！

六、其他幾點意見

除上文所談幾條之外，還有幾點意見，也可視為一般原則性的方法問題，但不欲詳講，只簡單的談一談。

（一）慎作概括性的結論　有才氣、講通識的學者，往往喜歡下概括性的結論，淺學之士也往往喜歡這樣。概括性的結論，誠然最能動聽，為一般人所歡迎，也能為一般人所盲目的接受，而發生很大的影響力。但史事只有相對的統一性，無絕對的統一性，下概括性的結論極其困難，容易誇張，而很難真的正確；雖然能為一般人所喜愛所接受，但內行人未必能接受，這樣概括性的結論就很難永久站得住腳。政治宣傳、商業廣告，只要騙得大多數人一時的迷惑，入其彀中，即是大成功；但學術工作不能如此，也不可能真正成功，這就是學術論著與政治宣傳、商業廣告最大不同之處。所以概括性的話最好少說，要說也只能說大體如此，意謂非全部如此。這是一個謹慎的史學家應採取的態度。不過有時為了強調你的論點，不免稍稍誇張一點，但自己絕對要有分寸，不可逞心筆之快！

（二）**注意普通史事，即歷史上一般現象，不要專注意特殊現象**　普通現象纔是社會的群像、歷史的主流，應為史學家所留意把握。特殊現象可能偶然有之，不是群像，在歷史發展潮流中不占重要地位，若是過分注意他，反而迷惑讀者，甚至也可能迷惑自己！

（三）**概括敘述性證據與例證性證據**　史料證據：有敘述性概括性的證據、有例證性的證據。概括敘述性的證據，價值高，但慎防誇張，如第二篇第二節「不要忽略反面證據」引〈雞肋編〉一事，即為好例。例證性的證據，價值較低，但若有極多同樣例子，他的價值就增高，可能超過概括敘述性的證據，因為例證無誇張的危險性。但若只有一兩個例證，他可能是很多事例紀錄流傳到現在仍保存的一個；也可能是特例，而一般現象可能正相反。這就要憑作者的學力參證當時其他一般情形來作判斷，所以初學尤當慎重。

（四）**注意時間性與空間性**　研究問題，搜集證據，在腦海中要時時記住縱的時間與橫的空間，即年代與地理區域。時代不同，只能作比較作參考，不能混為一談；地域不同，也只能作比較作參考，不能混為一談。時代不同不能混為一談，這點或許大家都較明白，較少疏忽；但地域不同，一般人就比較疏忽。中國地方大！在歷史上同一時代中，不同地區情形差異往往很大，所以更要注意。不幸一般學人多忽視地域性的差異，有時就不免有以偏概全，或張冠李戴的毛病！

貳　幾條具體規律

此篇想談幾條具體的規律。這幾條或多為前人所已講過，不過就個人經驗，列舉若干例證加以強調而已。

一、盡量少說否定話

尋找歷史真相，下斷語時，肯定的斷語比較容易有把握，只要你找到了可信的史料，縱然只有一條，有時也可以下肯定的斷語。如說某人某年某月出生，某事發生在什麼時候、什麼地方，你只要提出可信的證據，就可作一判斷。但否定的判斷就不容易，也可說極其困難，尤不可因為自己沒有見到正面的史料，就否定有某件事的存在。因為過去發生的事，只有少數記錄下來；有記錄的，又未必傳世，一直傳到現在；而現在保存的記錄，自己也未必都已看到。所以個人所知道的、所掌握到的史料都極有限，不能因為自己沒有看到可以肯定那件事的史料，就否定有那件事。可作示意圖如下：

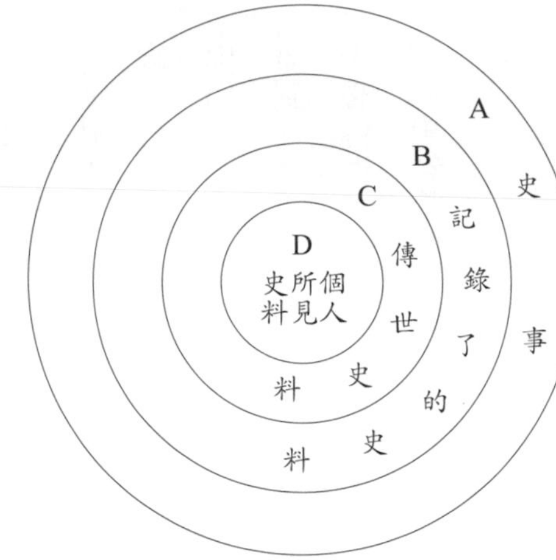

此圖所示，外圈皆包括內圈而言，如A的範圍包括ABCD，餘類推。

這個道理極其明顯，即無記錄絕不等於無其事，自己未見到更不等於無其事。但學人們卻常以不知為沒有，以書籍無記載即歷史上無其事。因此常常違犯此一鐵的規律，而輕易的說否定話。茲舉數例如下：

例一，《漢書・地理志》漢中郡第一縣列了西城。在《漢地志》的體例，西城應當是漢中郡的治所，也就是說漢中郡政府設在西城。閻若璩作《潛邱劄記》，懷疑《漢地志》各郡國第一縣就是治所的傳統說法；認為漢中郡實治南鄭，不治西城。按《漢地志》所記漢中郡的轄境是漢水流域的上半部，西至漢中（南鄭）小盆地及其四周山嶽地帶，東到武當山及筑水（今南河）流域山岳地帶。南鄭縣是漢水上游小盆地的中心，經濟物產比較發達，又為秦蜀交通的要衝，而西城在今安康縣，雖地最居中，但已是山區，就作為一個郡府的條件而言，南鄭誠然遠比西城為適合。何況南鄭早為名城，漢高祖為漢王，就建都於此，東漢漢中郡又實治南鄭，所以閻氏此項意見，非常合理，大家認為是他立說（地志第一縣不一定是郡國治所）的最堅強例證。但是《隸釋》三〈仙人唐公房碑〉云：「公房成固人（今城固縣）……王莽居攝二年，君為郡吏（漢中郡），……是時府在西城，去家七百餘里。」《漢書・地理志》是根據西漢末年元始二年的版籍所寫的，此碑所記正在西漢末年，是西漢末年漢中郡政府在西城的鐵證。沒有看到這篇碑文，就下了否定的斷語，自然錯誤。

例二，《水經注》二〇〈漾水注〉云：

「漢水又東南逕瞿堆西，……絕壁峭峙，孤險雲高，望之形若覆唾壺。高二十餘里，羊腸蟠道三十六迴。」

對於這一段，楊守敬《水經注疏》作了一條校訂云：

「無言高二十餘里者。據《宋書・氐胡傳》，高平地方二十餘里，蟠道三十六回。是謂山之上平，其方二十餘里，非高二十餘里也。《注》此四句文同，而少平地方三字，謂是脫漏。」

按《御覽》四四引《秦州記》云：

「仇池山……形似覆壺，上廣百頃，下周數十里，高二十餘里，壁立千仞……。」

這座山在今甘肅西和縣西南，嘉陵江上游西漢水的北岸，今圖誤植為蟠冢山。[1] 其高是否有二十里，今可不論。但楊氏沒有看到《御覽》此條，就下了「無言高二十餘里者」的否定斷語，顯然是說錯了。

1 詳拙作〈中古時代之仇池山〉，刊《新亞書院學術年刊》第十六期，一九七四年。

這又是自己沒有看到就說否定話的毛病。

例三，伯希和《交廣印度兩道考》（馮譯本）上卷〈陸道考〉云：

「唐以前中國人開拓雲南與東京（今河內）交通事，今尚無跡可尋。六世紀初年之《水經注》似未言及此。」

按《水經注》三七〈葉榆水注〉記漢代由交趾（今河內）通益州郡（今滇池東宜良縣）的水陸道有兩段一百餘字，可謂相當詳悉。又《漢書》、《三國志》、《華陽國志》也都有這條路的史料。[2]伯氏沒有詳考古籍，就說無跡可尋，又未詳看《水經注》，就說「未言及此」，這都是輕下否定斷語的毛病。但伯氏究為一老練的史學家，在「未」字前著一「似」字，這就大大的減輕了錯誤的責任。這不是滑頭，而是謹慎，也是我們極當取法的態度。

例四，岑仲勉先生《中外史地考證・前言》云：

「漢唐在玉門西未見驛傳之記載。」

按岑先生意謂玉門以西到了元代纔開始置驛傳。其實唐代玉門以西早已置驛，而且史料極多。例如：

1.《元和志》四〇西州柳中縣：「當驛路程，極險固。」

2. 岑參〈送劉單赴安西便呈高開府詩〉：「曾至交河城，風土斷人腸，塞驛遠如點，邊烽互相望。」（《全唐詩》第三函八冊參集一）

3.《宋史》四九〇〈高昌傳〉引王延德《使高昌記》，由納職城西行「凡三日至鬼谷口避風驛。」

4.《沙州都督府圖經》有大批驛館材料，記常樂縣至沙州敦煌縣有南北兩驛道，館驛凡十五個之多；又記常樂至伊州驛道有驛名八個，並說明各驛間相去若干里若干步。（羅振玉編鳴沙石室佚書本）

5. 近年在吐魯蕃阿斯塔那出土文書有《開耀二年寧戎驛配充驛丁名簿》。[3]

按A條柳中縣在今新疆吐魯蕃東的魯克沁縣。B條交河城在今新疆吐魯蕃西二十里的雅爾。C條納職縣在今新疆哈密縣西一百二十里的四堡（Lapchuk）。D條常樂縣在今甘肅西部安西縣西，敦煌即今縣，伊州在今哈密縣。E條阿斯塔那在吐魯蕃東七十華里，就是唐代西州治所。就中D條常樂至沙州的南北驛道尚可說是在漢代早期的玉門關遺址之東，但其餘各條，都在最早的玉門關以西，最遠的在玉門關西兩千多里。這些都是唐代玉門關以西置驛的鐵證。不過岑先生只說「未見驛傳之記載」，比說「沒有驛傳之記載」又好得多！

二、不要忽略反面證據

研究一個問題，在最初期剛著手的時候，自己可能毫無意見；但到某一階段，甚至剛剛開始不

2 詳拙作〈漢晉時代滇越通道考〉，刊《香港中文大學中國文化研究所學報》第八卷一期，一九七六年。

3 此名簿見《文物》一九七二年第一期〈文化大革命期間出土文物簡介〉之吐魯番阿斯塔那北區晉唐墓群條。

久，自己心中往往已有一個想法，認為事實真相該是如何。此時以後，自不免特別留意與自己意見相契合的證據，也就是能支持自己意見的證據；但切要記著，同時更須注意與自己意見相反的證據。這點極其重要，不能忽略。換言之，要注意關於這個問題的所有各方面的史料，不能只留意有利於自己意見的史料，更不能任意的抽出幾條有利於自己意見的史料。有些問題，史料很豐富，若只留意有利於自己意見的史料，那麼幾乎任何問題都可以照自己意見的方向去證明，這可說是抽樣作證。現在某方面人士利用史學作為政治的工具，為政治服務，他們的主要方法之一就是抽樣作證！我們一般人治史當然無特別目的，但仍不免主觀，也不免欣喜自己意見之能成立，雖然作者並無曲解的意圖，但為欣喜自己意見的意識所蒙蔽，無意中也會犯了抽樣作證的毛病。而且犯這種毛病的人極多，個性強、喜歡提概括性新見解、下概括性結論的學人，尤其容易犯這種毛病。現在舉個極有影響力的例子於下。

莊季裕〈雞肋編〉卷中云：

> 「昔汴都數百萬家，盡仰石炭，無一家燃薪者；今駐蹕吳越，山林之廣，不足供樵蘇。……」

這是講北宋汴京燃料的一條極好資料，但不免過分誇張。有一位當今國際知名的日本學者，從這條史料發揮，引了頗多史料作輔證，認為石炭（即煤）是北宋京師開封府一般人民生活中的主要燃料，認為這是一次燃料革命。這項概括性的結論，誠然很動聽，顯得光輝有魄力；一般學人也多風從其說，以為定論。但仔細看來，不無問題。

按莊季裕這條筆記的主旨或許在說臨安燃料的困難情況，緬懷往日的汴京，比對之下，不免有所誇張與虛美。其實北宋汴京的燃料恐怕仍以薪柴為主，至少薪柴與石炭參半。下面舉幾條用薪柴的證據：

1. 歐陽修〈答梅聖俞大雨見寄詩〉：「嗟我來京師，庇身無弊廬，……九門絕來薪，朝爨欲毀車。」（萬有文庫本《歐陽永叔集》第二冊居士集八）

2. 《宋會要稿》第四十二冊〈禮〉六二，大中祥符五年，「十二月，賜在京諸班直諸軍廂主以下至剩員以上，柴炭各有差。……凡柴五百七十八萬，炭五百八十五萬。」天禧元年十二月，又賜柴炭，「柴六百七十五萬，炭七百二十七萬。」仁宗慶曆五年，「以雪寒，賜諸班諸軍薪。」

3. 同書第二十三冊〈禮〉二五，熙寧中，宮中見有柴炭庫。

4. 同書第五十七冊〈崇儒〉七，宣和七年，詔罷貢品，其罷貢尚食者，汜水白波輦運司本貢柴三十六萬斤，減二十萬斤。

5. 《宋史》一七九〈食貨志〉下一，太宗「調退材給窰務為薪。」

6. 同書一八六〈食貨志〉下八，大觀二年，「詔在京諸門，凡民衣屨穀菽雞魚蔬果柴炭瓷瓦器之類，並蠲其稅。」

7. 同書四四一〈文苑洪湛傳〉：咸平中知貢舉，任懿「以石榴二百枚，木炭百秤饋之。」

8. 同書三三五〈种師道傳〉：金兵入寇，「京城自受圍，諸門盡閉，市無薪菜。」

我不是研究宋史的人，宋代的史書文集看得很少，稍稍留意，已見很多汴京燒柴的史料，時間自北宋初期到末期都有，足證通貫北宋時代，汴京城裡一般市民生活以及燒窯所用的燃料，薪柴至少仍占極重要的地位；不但一般市民，就是皇宮中也仍有燒柴薪的。可以證明莊季裕的話絕對是誇張的回憶，不足據為實證！若據莊氏此說，以為汴京一般市民燃料以石炭為主，甚至稱為燃料革命，認為是中國近古文明進步的推動力，恐怕絕非事實！

其次，我再舉一個最明顯而容易學習改正的例子。有一位研究生討論曹魏黃初四年曹彪的封邑。他引《魏志・武文世王公傳》，楚王彪以黃初三年「徙封吳王，五年改封壽春縣。」他認為徙封吳王已是在壽春。這話可能不錯，但他下了一個概括性的斷語說，陳壽的書法，「改封」與「徙封」意義不同，「徙封」是封地遷徙了，「改封」只是就原地改封名號。他的證據就是〈武文世王公傳〉。此傳云黃初五年改封郡王為縣王。曹據由濟陰王改封定陶縣，曹宇由下邳王改封單父縣，曹林由譙王改封譙縣，曹峻由陳留王改封襄邑縣，曹幹由河間王改封樂城縣。按就中四王改封之縣誠然就是隸轄於原來的郡，但曹宇改封單父縣，是否隸屬下邳郡，就很有問題。這且不論，最大的毛病是把同卷同傳的其他改封而顯然已遷徙了的例子一概忽略了。茲條錄全文如下：

曹宇，黃初「五年改封單父縣，太和六年改封燕王。」

曹林，黃初「五年改封譙縣，七年徙鄄城，太和六年改封沛。」

曹幹，黃初「五年改封樂城縣，七年徙封鉅鹿，太和六年改封趙王。」

曹彪，黃初「五年改封壽春縣，七年徙封白馬，太和……六年改封楚。」

按鄄城不在沛境，白馬不在楚境，趙與鉅鹿各為郡，宇改封燕王，似亦不在單父。此外同卷中其他諸王傳還有好多例證，顯示「改封」並不在原地。由此看來，陳壽遣詞並無一定規例。這位同學只選取與自己所想像的意見相契合的例證，而摒棄了上下文甚至就在同一行中不合己意的例證，這是絕對要戒除的！所以告誡他，為之改正。

我想任何人都不免有錯誤，更不免因為先有定見而發生偏差。但一旦看到反面的材料，就當自己推翻自己的看法，在所不惜。我寫《唐代交通圖考》諸篇，辯論之處極多，往往自己推翻自己的看法與結論，有時在起稿前有個看法，初稿完成又是一個看法，二稿三稿又往往推翻前面的結論，直到我所能見到的史料都能作合理的解釋而後已。例如我最近所完稿的〈天寶荔枝道考〉，便是如此；已發表的論文，也有一些要修正的！梁任公說不惜以今日之我攻昨日之我，這是一個真學人應有的精神！

不但要隨時勇於修正自己的意見與結論，對於別人反面的意見尤要能容忍，若人家證據確鑿，優於自己的證據，更當決然放棄自己的意見，公開接受人家的意見。死抱著自己的看法，作無謂詭辯，只見其胸境狹隘而已。下面是我一個放棄自己結論接受別人提出的證據與看法的實例。

唐代志書載勝州治所在黃河東流折而南流處的大灣內，所以過去傳統的說法是在今托克托城西黃河西岸。但我前幾年寫〈唐代安北單于兩都護府考〉，[4]發現《水經注》所說的雲中故城在白道西南不太遠，而《元和志》所記的雲中故城則在唐代勝州東北四十里，若是唐代勝州在今托克托之西，則此兩種記載就較難相吻合。酈道元曾親歷其境，不應錯誤，李吉甫特別留意邊防軍政，也不該誤記。我為欲使這兩種記載能相契合，所以要推論他們所以相違之故。因為白道為地形所限，古今無變動的可能，而這一帶的黃河在中古時代有變遷的可能，所以我根據種種跡象，認為托克托城西北今黃河之北的民生渠可能就是唐代黃河河床，古代黃河東流折而南流處在今托克托之北數十里，約今民生渠與大黑河會合處；不在今托克托縣城附近，因此唐代勝州治所當在傳統說法之北五六十里。為了此一問題，我費了頗大氣力，就傳世史料言，可謂各方面都能配合講得通。但是前年，李作智在〈隋唐勝州榆林城的發現〉一文中[5]公布了一項新發現，即一九六三年在托克托縣西南十餘公里處發現了古城遺址，在黃河由西北向東南屈流處的南岸台地上，並且發現一塊唐代《姜義貞墓誌》，說死者是勝州榆林縣歸寧鄉普靜里人，開元十九年辛未二月十一日「殯在州城南一里東西道北五十步」處。此墓在古城址南約四五〇公尺，正相當唐制的一里，可見此古城就是唐代勝州城，至少可證唐代勝州城就在此古城的同一位置，則今日的黃河也就是唐代的黃河，我的推論全部錯誤，必須放棄。這又是一個要注意反面史料的好例子，也是一個不要輕易說否定話的好例證。

三、引用史料要將上下文看清楚，不要斷章取義。

斷章取義的引用史料也是一種極常見的毛病。利用史學為政治服務的人們，故意斷章取義，以成其曲說，自不必論。就是一般學人也常犯此病，尤其主觀強而學力不深的學人更易犯此毛病。這可能都是匆促翻查史料，沒有將上下全文看清楚，而生吞活剝的照自己的意想去割裂取用之故。前面講不要忽視反面證據，提到某位同學在同傳同行的史料中只抽出與自己意見相合的材料，而揚棄了與自己意見相反的證據，已是一個好例證。茲再舉一例證如下：

《漢書・食貨志》下云：

「楊可告緡遍天下，……得民財物以億計，奴婢以千萬數。田，大縣數百頃，小縣百餘頃；宅亦如之。……乃分緡錢諸官，而水衡、少府、太僕、大農各置農官，往往即郡縣比沒入田田之。其沒入奴婢分諸苑，養狗馬禽獸；及與諸官。官益雜置多，徒奴婢眾，而下河漕度四百萬石，及官自糴乃足。」

按此節文字，大意謂收沒錢財、田地及奴婢都很多，錢財分給諸官署，田地交由水衡、少府諸卿所新置的農官來耕種，奴婢則分別給諸苑養狗馬，及給諸官如農官等去從事耕作；下文漕四百萬石及官自糴，乃總指供給這些養狗馬的消費者與從事農耕等工作的勞動者而言，甚至還供給其他人口的糧食而言。但馬乘風《中國經濟史》第二冊二五〇頁將這段話分為兩節，先引前節，止於「養狗馬

4〈唐代安北單于兩都護府考〉，刊《錢穆先生八十歲紀念論文集》，新亞研究所，一九七四年。

5 此文刊見《文物》一九七六年第二期。

禽獸」。又加按語說：「仔細讀了這一段話，……漢武帝……一面派農官到各郡縣去管理田地，一面把沒收的奴隸分諸苑養狗馬禽獸。這是明明白白沒有用奴隸於生產勞動的明證。」其實他沒有注意到「及與諸官」四個重要的字。他又引後段，起自「徒奴婢眾」至「乃足」止。接著又下按語說：「可見這一批奴婢，只是消費，不能生產，所以成為政府及社會人民之累贅。」他把「及與諸官，官益雜置多」九個重要的字省去了，誤解以為這批奴婢只給諸苑，也只有養狗馬的消費奴婢了！何況京師奴婢食粟量大，也未必足以證明他們全是不事生產的消費者，因為從事各種生產事業的人也是要食糧的！

斷章取義是引用史料時往往不免的毛病，若只與原意稍有出入，還非大病；像上列兩例，因為斷章取義而顯出的意義與原文完全相反，那就絕對要不得！至於還有些人閱讀史料的能力實在太差，書還未看懂，就胡亂解說，尤其一般時髦學人，不引史料原文，只騁一己臆說，不但斷章取義，而且不知所云，那更等而下之，不必再談了！

四、儘可能引用原始或接近原始史料，少用後期改編過的史料。

此項原則應為每一個研究史學的人所熟知，但未必能遵守。研究中古史上古史，若想都用原始資料，固不可能，但也總當儘可能的利用較早期紀錄，即接近原料，或說第一二次改編的史料，不要用第三次四次或更多次改編的史料。但事實上很多人違反此項原則。就我所知，中國研究政制史的人不守此項原則的就極多。中古政治制度的原始史料現在仍保存了的固然極少；不得已，只得以正史為基本史料。正史所無，而可考見於《通典》、《通考》之類者始可引用（六典之類當視為較正史更原始的史料），而《通典》又在《通考》之先（若治唐史，《通典》材料又較正史為優）。但一般學人只圖方便，講中唐以前的制度，也常逕用《通考》。不知《通考》所記唐中葉以前的史料已不知是第幾次改編的材料了！還有些人研究中古史，引用正史，又將《通典》、《通考》，乃至明清的類書、方志中與正史相同的材料一齊排上，以多為貴，真不知所云！他們不知道這些後期的書輾轉抄襲，毫無史料價值，抄得愈多，愈見其無識！

何以引用史料要避免用後期改編過的呢？因為史料每經改編一次，價值就減低一次。此中至少有兩種原因可言。

第一，史料改編絕不能百分之百的保存所依據原本的內容，即第一次改編，不能完整的保存原始資料的內容，第二次改編又不能完整的保存第一次改編本的內容……。不但不能百分之百的保存舊本內容，而且可能無意中寫錯。茲舉數例如次：

例一，《魏書》二〈太祖紀〉云：

「天興元年……徙山東六州民吏及徙何高麗雜夷三十六萬，百工伎巧十萬餘口，以充京師。」

按《北史》一同紀，「三十六萬」作「三十六署」。而《通鑑》一一〇晉隆安二年紀作「徙山東六州吏民雜夷十餘萬口以實代。」這與《魏書》大異。據《魏書》三三〈張濟傳〉，稱此次徙七萬家。

《北史》二七，同。以每家五口計，正當有三十六萬人。故知《魏書》本紀極正確；《通鑑》改編，導致大誤。

例二，《魏書》三八〈刁雍傳〉，真君七年，雍上表，請以水運代陸運。《元和志》四靈州卷，與《寰宇記》三六靈州卷，都全錄原文，但卻作「孝文太和七年」，這是絕對錯誤。《寰宇記》最後曰「世祖善之」，是前後自相矛盾。而《元和志》最末說，「孝文善之」，更是自圓其說了。

例三，《宋書》九八〈氐胡傳〉，「建安中，有楊騰者，為部落大帥。騰子駒，勇健多計略，始徙仇池。」而《魏書》一〇一〈氐傳〉無「子駒」二字，《北史》也無此兩字，把下文變為楊騰的事了。這也是抄錄改編中常見的錯誤。

例四，《元和志》一四雲州卷云：

「東至幽州七百里。」「東至清塞城一百二十里，又東至天成軍六十里，又東至納降守捉九十里，與幽州分界。」

按此條有兩「又」字，顯示為一條路線。但《寰宇記》四九雲州卷作「東至天城軍」，「東至納降守捉」，「東至清塞城」，里數全同，但無「又」字，是都從州城計算了，這就大誤。

例五，《新唐書》一三三〈王忠嗣傳〉云：

「尋為（河東）節度使。（開元）二十九年，節度朔方，兼靈州都督。天寶元年，北討奚怒皆……。時突厥新有難，忠嗣進軍磧口，……營木剌、蘭山，……築大同、靜邊二城，徙清塞、橫野軍實之，併受降、振武為一城。自是虜不敢盜塞。徙河東節度使。……」

據此，王忠嗣自二十九年至徙河東節度前之各項建施，都是在朔方節度使任內事。即「築大同、靜邊二城，徙清塞、橫野軍實之。」其事都在朔方境內，而徙清塞、橫野就是用以充實大同、靜邊兩城。今按這段文字可能本自〈王忠嗣碑〉（《金石萃編》一〇〇）。碑文說：

「公始以馬邑鎮軍，守在代北，外襟帶以自隘，棄奔衝而蹙國。河東，乃城大同於雲中，徙清塞、橫野，張吾左翼。朔方，則并受降為振武，築靜邊、雲內，直彼獯虜。……西自五原，東曁漁陽，南並陰山、北臨大荒。……」

這是統前後而又分別言之，說明在「河東」，如何建置；在「朔方」，又如何建置；這樣最醒豁明白。《新唐書》改編，不但混淆，而且實在寫錯。後來胡三省注《通鑑》（卷二一六），引用宋白《續通典》就沿承此誤。

總之，這類例證太多了，可謂俯拾即是。只就新舊兩部《唐書》互勘一番，就可找出不少例子。《新唐書》文章寫得好，但文章愈好，史料原形可能走失得愈多，所以就史料價值說，《新唐書》不如《舊唐書》。不過《新唐書》增補了一些「表」「志」「列傳」，保存不少史料，這些處纔是《新唐書》有價值的貢獻！

第二，作者無意中受到自己時代實際事況的影響。任何一個史家，無論他怎樣客觀，他寫歷史著作，總不免要受自己時代觀念的影響，尤其作解釋時；換言之，他的觀點不能超脫自己的時代意識，這是無可避免的。例如唐代前期尚書省六部與九寺諸監的分職問題。在唐代前期，尚書六部與九寺諸監的性質與職權完全不同，而且分別得很清楚，既不重複，也都不是沉閒機關。但安史亂後，形勢大為轉變，這一種頗有理想的結構，不能應付當時的情勢而漸趨紊亂，乃至失權。杜佑寫《通典》，正當尚書制度崩潰的時代，他看到當時制度紊亂的情形，以為開元、天寶以前就是如此，所以有了錯誤的看法與錯誤的評價。杜佑的評論，去安史之亂以前的時代不遠。後代學人都以為杜氏是唐代人，評論唐制應該不錯，所以就那樣承襲下來，作為一項基本史料，千載莫辨，所以我在此提出來作為一個實例。[6]不過杜佑此說，嚴格說起來，還可只能視為一項意見，不必視為史料。至於後代人講前代史所發揮的意見，更是隨時都有自己時代的影子。現在人講古代歷史更多以現在論點去評論古事。不過這些都只是些意見、看法（注意：意見與定論不同，定論要有充分的證據），不是史料，可以不論。

後人評議史事，對於古代史事所發揮的意見，固然可以存而不論，但若作史料的記述，就須絕對避免自己時代的影響。話雖如此，但在無意中仍然往往脫離不了自己時代事況的牽引，不知不覺中把現在的事況與過去的事況混為一談，因此把過去的事記載錯誤了。這類情形，地理書中恐怕最多，現在只舉兩例如下：

例一，酈道元誤以魏末之參合縣、參合陘為魏初之參合陂地。《水經注》三〈河水注〉云：

「沃水又東逕參合縣南，魏因參合陘以即名也，北俗謂之倉鶴陘，道出其中，亦謂之參合口。陘在縣之西北，即《燕書》所謂太子寶自河還師參合，三軍奔潰，即是處也。。魏立縣以隸涼城郡。……沃水又東北流注鹽池。」

按鹽池即今綏遠東南角的岱海，此無異說。參合陘又名倉鶴陘，在今長城外岱海西南。《魏書・地形志》下，魏末天平二年置涼城郡，酈氏說魏立縣，大約縣與郡同時所置。但秦漢古參合縣則在今山西陽高縣東北，北魏初期燕魏參合陂之戰，為燕亡魏興的關鍵性戰役，其地毫無疑問的在古參合縣之東，其地到魏末尚見有周圍七八十里的大陂潭，就是魏初燕魏大戰役所在地的參合陂。酈氏為魏末人，不覺以魏末地名釋魏初地名。[7]不但酈氏如此，再看魏收的《魏書・地形志》上，梁城郡的參合縣。自注云：「前漢屬代。」按前漢參合縣誠然隸屬於代郡，但地在今山西高陽縣境，北魏末期梁城郡的參合縣在漢代代郡西北七八百里，在漢代為定襄郡郡境（代與定襄間還隔有雁門郡），何能隸屬於代郡？這又是以後事說前事了！古代地理書中，這類錯誤極多，真是無法枚舉，讀者不小心，或程度不夠，就可能被蒙蔽！

例二，《新唐書・地理志》云：

---

6 詳拙作〈論唐代尚書省之職權與地位〉，刊《中央研究院史語所集刊》第二十四本，一九五三年。再稿刊《唐史研究叢稿》，新亞研究所，一九六九年。（已收入《嚴耕望史學論文選集》）

7 詳拙作〈北魏三合陂地望辨〉，刊《新亞學報》第十三卷（附在〈唐代太原北塞交通圖考〉之後），一九八〇年。

會州會寧縣「東南有會寧關」。

按唐代會州會寧縣在今甘肅省靖遠縣東北，約今徙城堡、打拉池地區。[8] 據此方位，關在今靖遠縣東或南。但是檢視《元和志》四會州會寧縣條，「會寧關東南去州一百八十里。」《寰宇記》三七，全同。《武經總要》一八下，也說關在州西北一百八十里。《新唐志》所記方位與早期的記載顯然相反，是必有誤。再檢《宋史》八七〈地理志〉，會州會寧關「舊名顛耳關，元符元年建築，賜名通會，未幾改今名。」則宋代會寧關明明是新築的關，觀其與鄰近諸城堡的相對關係，此關在南區。《一統志》蘭州府卷引舊志說，在今靖遠西南一百三十里。即是宋關所在。《新唐志》的完成在元符之前，可能宋代早已移關於此，後來名稱改去改來耳。由此可見《新唐志》的作者，以宋關說唐關，所以方位完全相反了。

五、後期史料有反比早期史料為正確者，但須得另一更早期史料作證。

後期史書因為傳承的關係，他所依據的材料比較正確而且正確的傳承下來，有時往往比現存的較早記載更為正確。這種情形也頗常見。例如下文不要輕易改字條所提到的開回車道事，《通鑑》作「開回車道」，而較早期的《周書》、《北史》作「開通車道」，胡《注》從早期史料認為「回」為「通」之誤。我證明後期的《通鑑》不誤，而早期的正史反誤。證據是開道時的石刻，不但時代較正史為早，而且是最寶貴的原始史料。現在再舉一例如下：

《通鑑》二五六唐光啟二年，「邠寧、鳳翔兵追逼乘輿，敗神策指揮使楊晟於潘氏，……上發寶雞，留禁兵守石鼻為後拒。」胡《注》：

「潘氏在寶雞東北，石鼻在寶雞西南，亦曰靈壁。蘇軾曰，鳳翔府寶雞縣武城鎮，俗所謂石鼻寨也，諸葛武侯所築，城去寶雞三十里。」

按《讀史方輿紀要》五五云，潘氏堡在寶雞縣東北四十里，「石鼻城在縣東北三十里。」所記石鼻地望，去寶雞三十里，與胡《注》同；但在縣東北，與胡《注》相反。胡《注》較早，一般說，應從胡《注》。但《蘇東坡集》卷一有詩題云：

「壬寅二月，有詔令郡史分往屬縣決囚禁。自十三日受命出府（鳳翔府），至寶雞、虢、郿……。」

本注：「十三日宿武城鎮，即俗所謂石鼻寨也。……是夜二鼓，寶雞火作，相去三十里而見於武城。……十四日自寶雞行至虢。」按寶雞在鳳翔西南一百二十里。若果石鼻在寶雞西南三十里，則去鳳翔府一百五十里，若是在寶雞東北三十里，則去府九十里。唐宋人一般行程，每日不過五六十里至八九十里。如白居易〈送河南尹馮學士赴任〉云：「石渠（指長安）金谷（指洛陽）中間路，

8 詳拙作〈唐代長安西通涼州兩道驛程考〉，刊《香港中文大學中國文化研究所學報》第四卷一期，一九七一年。

軒騎翩翩十日程。」又〈洛下送牛相公出鎮淮南〉云：「北闕（長安）至東京（洛陽），風光十六程。」按長安到洛陽，北道約八百里，南道八百五十里。以第一首計之，日行八十里或八十餘里，以第二首計之，日行約五六十里。[9]又如陸游〈初入西州境述讓〉云：「自行劍關南，大道平如席，日高徐駕車，日暮亦兩驛。」（《劍南詩稿》卷三）則每日行程也不過六七十里。蘇軾此次出巡，只是例行公事，並無特急事故，日行不會超過百里。他十三日由鳳翔起行，當日即到石鼻，足見石鼻必在寶雞東北，去鳳翔九十里，不會遠在寶雞西南。況且虢與郿都在寶雞之東，他也無必要當日走過寶雞縣城，明天又回來再向東行至虢縣。所以《紀要》雖是後期的書，反比胡《注》為可信。

六、轉引史料必須檢查原書

引用史料最好都是自己搜集的，但有時也不免轉引他人已用的史料。但轉引史料，為慎重計，必須檢查原書。若原書已佚，或自己找不到，則須說明轉引自何處。若為不常見的史料，縱已查對原文，仍當注明原引者，示不掠美。這一點日本學人比較認真、不苟且。何以要檢查原書呢？因為原引的人往往引錯，不查原文，就跟著錯了。今舉數例如下：

例一，《輿地紀勝》一一慶元府卷〈風俗形勝目〉引《隋書》（地理志）會稽郡下云：

「市埒二京，人雜五方，俗類京口，東通吳、會，南接江湖，西連都邑。」

照這條看來，這條內容是述隋代會稽郡的風俗。宋代明州慶元府就是隋代會稽郡的東部。但檢視《隋書．地理志》的原文，這是綜述古揚州風俗的一段。原文是：

「丹陽舊京所在……市廛列肆，埒於二京，人雜五方，故俗頗相類。京口東通吳、會，南接江湖，西連都邑。」

這是述丹陽（今南京）與京口（今鎮江），不是會稽郡。王象之引來作為慶元府的風俗，這是大誤（也就是斷章取義致誤之一例）。吳會是吳郡與會稽郡的簡稱，若述會稽郡，何以說「東通吳會，南接江湖」？故若盲目引用此段，豈非笑話！

例二，同書同卷同目又引《隋志》云：

「川澤沃衍，風俗澄清，海陸珍異所聚，蕃漢商賈並湊。」

據此，似隋代明州慶元府地方已是國際貿易港。但檢視《隋書．地理志》原文，並無「蕃漢」二字，而是王象之所誤加。這是因為作者是南宋人，其時明州已為對外通商口岸，設市舶司，所以無意中加上這兩個字。若不檢查原文，根據此條，說明州地方在隋代已是國際貿易港，豈不又大錯！

9 白氏〈送馮學士詩〉，見《白長慶集》卷五十六；〈送牛相公詩〉，見同集卷六十四。程有日程，驛程兩義。〈送馮詩〉之十日程，自指日而言。〈送牛詩〉云十六程，也指日而言，因長安到洛陽八百數十里，共三十二三驛，不只十六驛（詳拙作〈唐代長安洛陽道驛程考〉，刊《香港中文大學中國文化研究所學報》第三卷一期）。至於白氏另一詩云：「從陝至東京，山低路漸平，風光四百里，車馬十三程。」（白集卷五十五。）又顯指驛程而言，不是日程。

例三，《讀史方輿紀要》四四大同縣參合城條引《水經注》云：

「可不泥水…西北流經（注之誤）沃水，合流而東，逕參合縣南，縣西北有參合陂，亦曰參合陘，俗謂之蒼鶴陘。」

檢《水經注》三〈河水注〉，雖然將燕魏參合陂戰事的史事誤植在這一地區，但並無參合陂之名，這是顧氏以意為之耳。又丁謙《魏書外國傳補地理考證》云：「《水經注》將參合陂水混入《灅水篇》，謂脩水入之，特誤。」檢酈氏〈灅水注〉只說雁門水「積而為潭」，其陂長二十里，廣十五里，有敦水注之。敦水導源西北少咸山，「東流逕參合縣故城西。」也無參合陂之名。這也是丁氏以意為之。若據顧氏、丁氏所引，以為《水經注》果如此，豈不又都錯了！

例四，同書一一七趙州白崖城條引郭松年云：

「自趙州山行六十里至白崖甸，甸形南北衺，與雲南品甸相埒，居民湊集……。」

按郭氏由東向西行，據此文，趙州在白崖之東。檢郭氏《大理行記》云：雲南州「西行三十餘里至品甸，……又山行三十里至白崖甸，其地南北衺，……」下文云：「又山行四十里至趙州甸。」則趙州實在白崖之西四十里。顧氏引語，方向相反，里數也不合；蓋誤雲南州為趙州也。顧氏為文甚見才氣，但歷史考證常見粗率，這也是一例。

例五，《一統志》歸化城卷〈古蹟目〉武城故城條引〈河水注〉云：

「《十三州志》曰，武城縣在善無西五十里，北俗謂之太羅城。」

檢《水經注》三〈河水注〉作「在善無城西南百五十里。」則《一統志》所引脫「南百」二字，差誤甚大。

大體上說，古人寫文章，往往用轉引的史料有如自己直接搜集到的一樣，那是很通常的事。現代著述態度應該愈來愈嚴肅，但仍有很多成名的學人也犯此類毛病。近年主編《新亞學報》，往往有人送文章，引大部頭書而無卷數，真使人興歎。有一次某位成名的學人引《唐會要》云云，我為他查出卷數，而內容相差很大。大概他也是轉抄了來用上，就不理內容究竟如何了！

七、不要輕易改字

古書傳世既久，往往有脫字有譌字，我們運用古代史料，往往不免先要糾正它的脫譌；但這也要特別謹慎，不能隨便輕易的改動。逕行補改，有時雖然補改得似乎很合理，但事實上往往就補改錯了！上文引〈漾水注〉一條，楊疏誤加「平地方」三字，就是一例。茲再引前人改訂兩例如下，看來非常合理，而實際上是改錯了！

例一，《蠻書》卷四〈名類〉西爨條云：

「初爨歸王為南寧州都督，……襲殺孟軻、孟啟父子，遂有升麻川。」

按《蠻書》中錯字誠然很多，這一條孟軻之名實在可疑，四庫館臣根據《新唐書》二二二下〈兩爨蠻傳〉，改孟軻、孟啟為蓋聘、蓋啟。照說這項改動，可信的程度很高。但《張曲江文集》一二〈勅安南首領爨仁哲書〉，有南寧州刺史爨歸王、昇麻縣令孟聘、大鬼主孟谷悞。《文苑英華》收此文，也作孟聘、孟谷悞。向達引了這些較《新唐書》更原始的證據，認為孟為南中著姓，原作孟不誤，只是「孟聘」誤為「孟軻」而已。[10]

例二，《通鑑》一六五梁承聖元年紀云：

「魏宇文泰命侍中崔猷開回車道，以通漢中。」

按《周書》三五〈崔猷傳〉作「開通車道」；《北史》三二，同；都與《通鑑》作「開回車道」者不同。胡《注》據《北史》，以「通」為正，並加以推論說：「前史蓋誤以通字為迴，傳寫者又去其旁為回也。」這一說法，看起來似乎非常合理。但〈北魏石門銘〉（收入《褒谷古蹟集略》）記述此事云，正始三年，泰山、羊公為梁秦二州刺史，「表求自迴車以南開創道路。」路成，「自迴車至谷口三百餘里。」則「迴車」顯然是一地名。又《元和志》二二鳳州梁泉縣，「迴車戍在縣西北六十里，……西魏遣（略）達奚武……率眾七萬，由陳倉路，取迴車戍入斜谷關，出白馬道，謂此也。」梁泉縣在今陝西西南部鳳縣，則這一地名的地望尚可考見。由此看來，《通鑑》作「迴車」是絕對正確的，《周書》與《北史》反而是錯了。因此我可作一個與胡《注》相反的推測，「迴」「回」是一個字，「迴」字形譌為「通」字。或者，後人不知「迴車」是一個地名，認為「迴車」義不可解，因此以為「迴」是「通」的形譌，乃校改「迴」為「通」以就文義，這樣一來，反而弄錯了！[11]

以上這幾條規律，相信是大家都能同意應該遵守的，不是我一人之言。這幾條規律，說起來都很容易明白，但嚴格遵守，卻並不容易。我寫文章可謂相當謹慎，但也不免往往犯這一類毛病。這裡寫出來，提醒大家，也提醒我自己，共同勉勵！

10 白見向氏《蠻書校注》卷四，頁八二。
11 詳拙作〈漢唐褒斜道考〉（第二節拓跋魏迴車道），刊《新亞學報》第八卷一期，一九六七年。

參　論題選擇

研究歷史，首要的是選擇問題。就小範圍說，是一篇專門論文題；放大些說，是研究範圍，也可說就是第一篇所說的「面」。無論是一篇論文題或一個研究的廣面，對於研究的成績及其所發生的影響都有極大關係。關於此一問題，我想分下面幾點來談論。

一、具體問題與抽象問題

歷史上的某些方面某些問題比較具體，某些方面某些問題比較抽象；當然這很難作絕對劃分，但無可否認，可作大體的劃分。例如就大範圍說，學術思想、文學藝術問題比較抽象，政治、經濟、民族、社會問題就比較具體。這其中也各有程度的不同，例如學術又比思想具體些，政制也比政事具體些。前輩學人中，如陳寅恪先生喜歡講比較具體些的問題，少講抽象問題，這在俞大維先生寫的〈懷念陳寅恪先生〉一文中（刊中央研究院史語所特刊之三《陳寅恪先生論文集》卷首）已明白講到。綜觀陳先生的全部論著，誠然明顯的有此傾向。再如陳援庵先生，更是如此，至於他的《中西回史日曆》，不但具體，簡直是一項機械工作，然而沾溉學林，其功不細！我個人也喜歡研究具體問題。我的主要工作涉及兩大範圍，一是政治制度史，二是歷史人文地理，都是具體性，少涉抽象性。

我認為研究工作，為把穩起見，最好多做具體問題，少講抽象問題。研究具體問題，用可靠史料，下深刻功夫，一定能獲得可觀的成績，而且所獲成績比較容易站得住腳，不易被人否定，也就是說較易成為定論。但抽象問題，雖然同樣用可靠史料，同樣下深刻功夫，但所獲成績就不一定能站得住腳，也就不易成為大家都能接受的定論。因為具體問題的證據也比較具體，較易作客觀的把握，需要主觀判斷的成分比較少；但抽象問題的證據往往也比較抽象，較難作客觀的把握，需要主觀判斷的成分比較多。主觀判斷的成分比較多，在作者本身言，就比較容易走上主觀意向，作錯誤的判斷；在讀者而言，在其他的研究者而言，也各參入主觀成分，有不同的認識，作不同的判斷，因此人各一是非，上焉者可成「一家之言」，但很難得到為大家都能承認的公論。然而一般人都比較喜歡講抽象問題，尤其現在一般青年更似有此趨向。這或許是因為面對抽象問題，容易發議論、提意見，講起來比較可以自由發揮想像力；甚至於僅獲得少數資料，一知半解，也可以主觀的貫串，痛快淋漓的發揮一番，滿足自己豐富的發表慾；至於具體問題，總認為繁難，不易見功。但事實上，具體問題似難實易，而抽象問題似易實難。因為具體問題，可以肯定的說，一分耕耘，有一分收穫；抽象問題，雖然原則上也是如此，但未必如此，也許自己辛苦經營，以為發千古之覆，心滿意足，但他人看來可能付之一笑！

然則大家都擱置抽象問題不去研究嗎？我實並無此意。不過就一般常人而言，並以矯正時敝而已！若是對於抽象問題實有濃厚興趣，又自信天分極高，能透視常人所不能窺視，自亦可以從事抽象問題的研究，不過要特別警覺，謹慎從事！天分高，功夫深又能謹慎，所得成果，縱不能得到公論的承認，但若能真正成一家之言，也就是一項成就！

二、問題的實用性

從事文史學科的研究，本不應談實用問題；不過假若你想你的工作對於別的研究者有較大用處，甚至對於一般人也有用，換言之，希望有較大影響力，那就不能不考慮實用問題。論著本身成就的高低是一回事，對於別人是否有用又是一回事，這兩方面往往不能兼顧，但也可以兼顧，關鍵是在問題方面的選擇。當然實用性，對於他人是否有用，也往往因為時代不同而有異。這是關乎時代學風的轉變，在前一個時期，某類問題很熱門，研究的創獲對於他人可發生很大影響力；時代一過，若再研究此類問題，縱然成就很高，也可能無人去看，自然就談不上有多大影響力了！所以就實用觀點說，也很難有絕對的標準。不過就目前一般觀點言，國家大計、社會動態、人民生活、思想潮流是最為大家所關注的問題，在這些方面有了重要的貢獻，較易為大家所注意所看重，可發生較大的影響力。

二十年前，我在哈佛訪問，參加一次野餐會，大家談起中國學問，楊聯陞兄說，假若列舉一百個研究中國學問的學者，日本人要占五十個或以上。意謂中國人對於中國學術的研究成就遠不如日本學人。當時我和李定一、周法高兩兄聽了都不免有些反感。不過我後來仔細分析此一問題，覺得聯陞的話也不無道理。就深度言，日本學人誠然比不上中國學人；但在成績表現方面，中國學人就顯得比日本學人要落後。例如史學家，像陳寅恪、陳援庵先生與賓四師的造詣，在日本學人中誠然找不到；但次一級成就的學人，成績表現很顯著為人所重視，在日本實在比中國人多！我想這不關乎學問的深淺與程度的高低，而關乎研究方向。中國人做學問喜歡隨興之所之，不管問題是否重要，不管對別人是否有用，只就個人癖好去做，有時所涉問題與歷史大勢毫不相干，而一字一句的去鑽牛角尖，用功極大，效果極小，自得其樂，而別人從大處看歷史，就根本用不上。這類論文在中國人著作中占相當大的比例，自然就被埋沒，不為人所重視，在國際上更得不到一席之位了！反觀日本學人的研究，大體上都就中國歷史上國計民生方面的重大問題下細密功夫。最顯著的成績，如經濟史、佛教史、邊疆史等，中國人在這些方面：經濟史在較早期只有一位全漢升兄可與他們相抗衡，現在纔慢慢有些人跟上；佛教史儘管有一位湯用彤先生，成就之高，非日本學人所能比肩，但畢竟太少，我們要想對於中國佛教史有個概括性觀念，還得要看日本著作；至於邊疆史更瞠乎其後，說來豈不慚愧！日本學人的工作，主要是肯下功夫，就其成就而言，不但境界不高，而且往往有很多錯誤，甚至很有名的學者，引用材料，斷句有誤，也有根本不懂那條材料的意義而加以引用，鬧出笑話。我最近看到一位研究唐宋史的日本名家，引用李白〈繫尋陽上崔相渙〉詩「邯鄲四十萬，一日陷長平」，作為唐代邯鄲人口殷盛的證據；不知此句是用戰國時代秦趙長平之戰，秦大勝坑趙卒四十二萬的典故。我相信一位中國學者，尤其像作者那樣有很高學術地位的學者，斷不會鬧出這樣大的笑話；而在日本學人中就常常見到，並不出奇！然而這不能深責異國學人；因為語言文字不同，文化背景不同，他們讀中國古書，在速度上，在瞭解深度上，究竟趕不上中國人讀自己的書；假若易地而處，我們更當慚慚萬分！

日本學人研究中國史，雖然境界不高，常常出錯，但他們的工作成果仍有很好價值，能引起人注意，供大家參考利用，進而在國際上居有很高地位，原因是他們研究的多是關涉國計民生的重要問題，專搞瑣細不相干問題的比較少。國際學術界所以重視日本學人的成績，固然因為日本是亞洲的先進強國，西方人學日文遠在學中文之前，他們多半是通過日本人的著作來瞭解中國學問，所以看重日本人的成就；但日本人研究方面的實用性也有絕大關係，不能一味說是西方人有偏見！就如我研究中國歷史上的人文地理，牽涉到政治、經濟、社會、民族、宗教、文化種種問題，將來寫作，參考近代人的著作，取用日本人的成績，可能不比中國學人的成績為少，如果日文好，取用的地方可能更多，這總不能說我也有偏見！

再以我個人的成績而論，我已出的兩部書《中國地方行政制度史》與《唐僕尚丞郎表》，都是四冊百萬字的篇幅，也都是我中年時代的精心結構。然而無論在國內或國際學術界，《制度史》所獲得的反應都遠比《唐僕尚丞郎表》為熱烈，發生相當大的影響；而《唐僕尚丞郎表》，除了極少數的專家備用之外，恐怕很少人去看，影響自然也就很小！其實就我自己評量，《唐僕尚丞郎表》的功力之深實遠在《制度史》之上。《制度史》一書誠然有許多具體的明顯的創獲，但功力並非極深，只是能看出重要問題而勤於徹底的搜集史料加以條理化而已！我常告訴青年朋友說，只要能如我一般肯花時間，肯用心思，肯用笨方法，不取巧，不貪快，任何中人之資的研究生五六年或六七年之內都可寫得出來。但《唐僕尚丞郎表》的內容往往因為材料衝突與記載失誤，而須轉彎抹角辨析入微，這些處就非學力較淺的人所能辨得到，甚至非缺乏耐性的人所能看得懂！自清代中葉以來，研究唐代人物的著作不下兩十家，論規模，論精密，自信我這部書都遠過前人，然而卻影響不大！這不能怪人家不欣賞，而是對於人家沒有多大用處。因為綜合性的講唐代人物的風氣已過，只有在人家講到唐代某一人物某一制度時偶一參考取用而已。這是我自己所親身感受的例證。講學問誠然不應有功利主義，也不必理會對人是否有用；但若是希望辛勤的著作能獲得學術界較大的反應，就不能不考慮選擇論題的重要性！

三、大問題與小問題

前一個時期，前輩學人中往往談到研究問題的大小。有些人認為要小題大做，纔能深入，有所發現，使學術向前推進一步。這大抵是主張專精一派，目的只在求「真」，不涉其他，所以認為一條筆記往往比一篇皇皇大文有價值。但又有些人則認為要選擇大問題作研究，纔有意義，縱稍疏漏，也無關緊要；雞零狗碎的小問題不值得研究，縱然做得精審，卻無大意義！這大抵是主張通識一派。照我的看法，這兩派意見，都很正確，但若各走極端，也都有很大毛病。前者走到極端，勢必走上鑽牛角尖一途，發生瞎子摸象、見樹不見林的毛病。後者若走極端，又很容易走上束書不觀，有的自逞臆說，沒有踏實根據，有的攀附理論（不論是宗派主義的理論或社會科學的理論），毫無實際內容；這是膚淺浮薄的一途，弊病更大！

我想講大問題是應該的，尤其要重視我前文所說的關乎國計民生的重大問題；但也要用做小問題的方法去做。選做小問題也可以，但要注意到這個小問題是否對於某一重大問題極有關係，或是其一部分；或者也可說著手研究的是個小問題，而心目所注視的是某些大問題；那麼問題雖小，但可供他人將來研究大問題之用，這也是一項積極意義，但這種意義因去大問題的關係愈遠而愈消失！至於究應做重要的大問題或與大問題有關的小問題，則要視各人的才性、興趣、環境等等之不同而各異，不能一概而論；而且偶爾作些不相干的小問題，作為自己娛樂的小玩藝，也無不可。

此外我還有個想法，青年時代，應做小問題，但要小題大做；中年時代，要做大問題，並且要大題大做；老年時代，應做大問題，但不得已可大題小做。因為青年時代，學力尚淺，但精力充沛，小問題牽涉的範圍較小，易可控制，不出大毛病，但也要全副精神去大做特做。這樣可以磨練深入研究的方法，養成深入研究的工作精神，為將來大展鴻圖作準備。若走上來就做大問題，大問題要寫成長篇大論並不難，但要精彩則極難。自己學力未充時就做大問題，結果往往大而無當，並無實際成就，久而久之，習以為常，終至永遠浮薄，不入門徑！中年時代，自己見聞已博，學力漸深，或可說已入成熟階段，而精神體力也正健旺未衰；換言之，已有做大問題的基本素養，又有大規模辛勤工作的體力與精神，這是一位學人的黃金時代，所以他可選擇重大問題，做大規模的深入的研究工作，到達既博大又精深的境界，為學術界提出他可能做的最大貢獻。人到老年，學力深厚，就他本人言，可謂學識已達最高階段，但體力精神卻漸衰退，很難支持大規模而且精密的繁重工作，所以只能小規模的做工作，寫札記式的論文，最為切當。因為他學力深厚，不妨就各種大小問題提出他個人的看法，是否有當也不必認真提出實證。我常常奉勸老年學人，不必寫繁重的研究性論文，只作語錄式的筆記，最為輕鬆，而可把他一生數十年中對於各種問題的想法寫出來，留待將來研究者作參考，縱不能代為作進一步證明，也或許有啟發作用。薪火相傳，成功不必在己！

就我個人的工作而言，凡略識我治學方式的人，皆知我是走專精一路；但若能就我的論著作深一層體察，又當瞭解我並非走狹仄的小路。我自少年讀書時代就喜歡把任何問題都條理化系統化，這也許和我的才性有關。我的記憶力極差，幾乎毫無背書的本領；但理解力還過得去。為了應付考試，任何課程的教科書，我只極仔細的看一遍，而加以條理系統化的題識或筆錄，以後複習只看題識、筆錄，很少再看全書，所以花的功夫不太多，也能獲得相當高分。喜歡條理系統化，自然不會專走太仄的小路，而注意較大的問題；不過對付較大問題，我卻用做小問題所用的方法，下細密功夫。記得二十幾年前有一位大我好多歲、很有成就的朋友很坦白的說，他很佩服我，一做就是一大篇文章、一大部書，而他自己卻苦於沒有什麼好題目可做。我想這和我的選題與工作方式有關。我的選題方向與工作方式配合起來，自然就會有豐富的文章可寫，不愁沒有工作可做。例如我想做「魏晉南北朝地方行政制度」。這個論題自然關乎當時國家大政，論範圍，不算很小，但也不算很大，若照一般人工作方式，寫一篇長文章就完了；而用我的方式，都督區與都督府制度、佐吏制度、北魏軍鎮制度、護軍制度等等都各為一重要專題，寫出來了，各有相當創獲性的貢獻，因為前人未曾如此深入的探索過。再例如我研究「唐代交通」問題。這是一九四六至四七年開始的，也是我真正步入唐史研究領域的初期。在開始注意此問題之前，因為知道陳遠元寫過一篇〈唐代驛制考〉（刊

《史學年報》第五期）頗有名，但我尚未看到。詢之勞貞一先生，據他說陳氏該文寫得不夠好，還可再做一番功夫，若花半年或一年時間，相信可做一篇很好的文章。因此我就決定以交通問題為研究唐史中心目標之一。但用我的工作方式，一兩年時間就決不會能完成。到一九六六年已錄集資料好幾萬條，開始撰寫，至今十四年，寫了五十幾篇論文，一百二、三十萬字，但還有至少五分之一的論題待續寫。也許有人認為唐代交通誠然是一重要問題，但像我這樣做，未免花費的功夫太大，仍是值不得。甚至有一位很有才氣的朋友坦率的對我說：「我很看得起你，是因為多次與你談話，覺得很有見識；至於你的文章，老實說，沒有價值！」大約即指我近幾年寫的這類文章而言。我想這項工作在目前潮流中，誠然顯得有些過分細緻，而且一般搞歷史的人缺乏地理素養，看到這許多古地名，更加一層隔膜，對於辯論入微之處，便是如墜五里霧中，不能欣賞；加以目前在撰寫過程中，一條路一條路的發表，好像多無關大體；不過等到全部完成，作出總結論，繪出唐代全國交通圖，將來人研究唐代問題，不論是政治、軍事、經濟、文化乃至唐人散文詩篇等各方面，都會有參考價值，因為這些國家大事、社會人民生活，無不與當時的交通情形有關；尤其軍事進行、政治控制、經濟流通、文化傳播，更以交通路線為基本影響因素。不但唐代，研究唐以前或以後的問題，也有參考價值，因為中古時代交通路線先後變化不大。所以唐代交通不能說不是一項大的重要問題。我之所以要徹底解決一些問題，目的在此。別人對於我的研究過程，儘管無興趣看，或者看不懂，但我相信他們對於我的結論與圖繪定能放心的利用。這也許就是我對中國史學界的點滴貢獻。誠然我已是六十多歲的人，時間已不太充裕，而這個問題之外，還有更重大的兩項計畫要完成，看來可能就為唐代交通所拖累，不能完成，自很可惜。然而也不能貪圖更大的成就而放鬆工作精神，更不能做一項工作而虎頭蛇尾，那不是一個科學工作者！

四、自己能力與材料情況

選擇論題，首先要考慮到自己的能力範圍，與關涉此一問題的材料情況。

先講自己能力　每個人的能力，各有長短，也各有所偏，選擇論題，自然要先度量自己的長處何在，千萬不能盲目的看到好題目就做，也不管自己在這方面的能力是否可以勝任！就我而言，在漢唐時代，邊疆問題很明顯的是響亮的好問題，但我絕不插手，除非研究其他問題時牽涉到邊疆，不能不去搞一下！因為我對於邊疆民族語言一竅不通，西方語文知識也極貧乏，談不上利用他們的資料，若真講邊疆問題，一定要鬧笑話。上層建築的意識形態方面，我也不講，尤其思想問題，絕不插手，因為自覺天分不高，而又太客觀、太謹慎，不敢講無把握的話。我想以我這樣個性與工作方式，若講這些難以捉摸的問題，勢必被材料困住，作繭自縛，鑽不出來；縱然能講一點東西出來，仍不會能自信其必定正確，更不能自我滿足，這不是自尋煩惱嗎？有些人自信心極強，不管講得是否正確，自己寫來總是興緻淋漓，自得其樂，這也是一種福氣！

當然研究一個問題，並不能說自己具備一切相關知識纔去動手；也可能在研究過程中發現缺乏某些輔助知識，那就不免要臨時抱佛腳，自我去補習，尤其是其他學科的理論與技術。例如我研究政治制度，就不能不讀一些政治學、行政學的書，對於經濟史有興趣，就不能不讀一些經濟學、財政學的書，為計量的需要，就不能不看一些統計學的書，為繪圖的方便，也不能不稍稍學一點粗淺的地圖繪製技術。何炳棣兄曾經告訴我，為了要寫《黃土與中國農業的起源》，不知臨時惡補看了多少書，請教過多少專門行家。我想這是絕對必要的。不過臨時補習，只限於輔助的知識；主要的知識基礎與材料，一定要在自己固有的範圍中。

次論材料情況　一個論題是否能寫得好、有貢獻，除了自己能力之外，材料是最基本的因素。選擇一個論題，先當留意關於這一論題的材料是否充分到足以圓滿的解決問題，得到成果。不但如此，而且也要預先想到，自己是否有力量控制這些材料。例如有些有意義的好問題，材料也很豐富，但散在世界各地，自己不可能搜看得到，這就不能勉強，費時失事，不可能得到滿意的成果。所以選擇論題，首先要覺得此一問題的材料夠用，自己又能搜求得到；但若材料太分散，需要看的書太多，那雖然不礙工作的進行，但勢必要花很長時間，費很大氣力；若是題目很重要，材料很豐富，這些材料不但自己能搜錄得到，而且很集中在某些少數的書中，那更是個上上的好論題，研究起來必能事半功倍！不過這種便宜的事不會太多，不能存心僥倖。在我的著作中，若以一篇論文為單位而言，我想三十幾年前所寫的〈北魏尚書制度考〉（刊《史語所集刊》第十八本）可謂最有貢獻。因為自東漢以下，中央政府的行政中樞是尚書制度，所以歷代正史對於此一制度都記載得比較詳細，只有魏收所寫《魏書》的〈官氏志〉，體裁特殊，致將尚書制度寫得出乎想像的簡略。但實際上，北魏尚書制度之演變即為拓跋氏華化進程的指標，孝文時代尚書台的規制且為隋唐尚書省制度的藍圖，其重要性可以想見。竟然正史不書，到《唐六典》撰作時代已云不詳。若能把這一大漏洞補起來，自是一項顯著的貢獻。我當時抓住這一好題目，但〈官氏志〉既不書，其他列傳也很少談到其組織職權，照一般研究制度的方法，是不可能得出豐富成果的。所幸《北魏書》記各人官歷甚詳，枯燥瑣碎，有如家譜，看來毫無意義；我不憚煩，運用最笨拙的方法，把各人官任各部尚書、各曹郎中的年世、遷徙途徑及其在任的工作，如拾荒貨一般，逐一搜錄起來，然後因時代先後，分部分曹，加以排列，結果整理出一個頭緒，獲得大出我意料之外的成果，北魏前期尚書制度的演變歷歷在目，且與漢化的進程完全契合，而孝文帝建制六部三十六曹，所無考者只有兩曹郎中而已。北魏一代的重大制度於此大明，當然至感快慰。然而所用的材料十之七八出於魏收一書，參取其他正史與《唐六典》、《通典》、碑刻等並不甚多，得不謂之事半功倍！不過我這篇文章發表時只是長篇，字逾十萬，久欲抽暇刪簡，尚未如願，不免常耿耿於懷！

五、檢查論著目錄

選擇論題當注意的幾點已略述如上。此外再就一般人所已留意到的一項問題，略提一點意見。現在人研究問題，多半先查引得目錄一類的工具書，看看自己所感興趣的論題是否已有他人做過？成績如何？也查一查別人所作與此有關的問題，先看一下。當然這些都是必要的步驟，但不必費太大功夫在這些上面。我看到有些青年，對於某一問題有興趣，而查工具書所列論文目錄，看到有同題論文一篇或數篇，因而趦趄不前，嗒然若失；或者論題已定，而在著手搜集基本材料之前，先查看他人所作相關問題，往往列出百十篇卡片，遍找該等論文，花費很大氣力。其實也都不必。在理論上講，別人已下過功夫而且做得很好，自己是不必再做了，別人所做相關問題的成果，對於我的工作有些幫助，應該要看。然而事實上，這都是次要的事。別人已做過的問題，做得好到什麼程度？已做過相關問題的成績對於我的工作能幫助到什麼程度？這都有問題。若是做個小題目，前人已有很好成績，誠然不必再做，枉費功夫；若是做大問題，或尋求一個廣面的解決，那就不必費心，多方面去找。大問題得到解決，那應該已是相當有名的論著，稍知學術行情的人，當能知曉，不必去找了；否則，你只管放心，單刀直入，向基本材料上下細密深入功夫，保證會有突出前人的成就。縱然你所做的範圍內有某些小問題，別人已經解決得很好了，也無損於你所做工作的價值。我大抵就是如此做法，問題決定之前，當然對於別人研究此類問題的情況已有相當認識，不過我並不認真的去查目錄之類的工具書；縱然查到同類論文題，也不在乎。因為我平時已注意論著出版，平時不知，只在工具書中纔查到，相信不是下過大功夫的作品，用我的工作方式去做，在這一論題上必能突過前人。我這種自信，可謂迄今尚未失敗過。只有在我搜集史料過程中，他人新出少數論文是我研究範圍的一部分，成績很好，使我那一兩章成績的價值有不同程度的降低。例如「北魏領民酋長制度」，在我的《中國地方行政制度史》中列為《北朝地方行政制度》（即第四冊）第十四章。我在進中央研究院之前已著手研究南北朝地方制，也注意到領民酋長，後來周一良在《史語所集刊》第二十本上卷發表了〈領民酋長與六州都督〉一文，材料所得幾與我完全一樣，所以當我寫到這一章時，只得說就周文加以改作。因為別人文章發表在前，後來寫作，要說所搜資料與之相同，也就沒有必要了。不過周文寫得頗為散漫、欠條理，分析也嫌不夠，讀者比看兩文自知；但創始之功，仍當歸之周文。又如我普遍搜錄唐代交通史料，時間已久，有些已錄，但已忘記。我來香港之前，姚從吾先生托人自日本購得向覺明先生的《蠻書校注》，我借來閱讀一過，深佩其功力，劍南通雲南兩道，也寫得不錯。我一方面感到自己在這兩道上所用功夫可能白費，一方面也想偷懶，以為將來寫《唐代交通圖考》時，這兩道只就向文略加增訂即可。後來我寫劍南地區交通時，就所錄材料加以檢查分類，發現所積資料遠過向文，且多可糾向文之處。所以功夫雖未白費，偷懶也不可能了；但草創之功也當歸之向文！不過上舉兩例都在我研究過程中發生的，不是我在事前失之檢查！

肆　論著標準

各人研究學術的目標不同，此處只就史學工作者在學術方面的貢獻而言。

楊聯陞兄是位學術批評家，好幾年前曾稱述一個史學工作者的成就，說「充實而有光輝」；又曾轉述胡適之先生稱讚同一個人的成績說「精細而能見其大」。我想這兩句話的內涵不完全相同，但意境實很相近。這兩句評語，某位史學工作者是否當之無愧，姑且不論；我想借此兩語作為史學論著的標準，卻極為恰當。聯陞兄的話本自《孟子》「充實而有光輝之謂大」一語，原即寓有「大」義。今就這兩句話分析起來，「見其大」可謂為「光輝」的一面，而「精細」尤為「充實」的最基本條件；所以聯陞兄的話乎可以涵蓋胡先生的話，故今姑以「充實而有光輝」為主體作一說明。

這句話顯然可分為兩個層次，基本上要工作做得「充實」，但最高標準則要兼具「光輝」。充實比較容易講，最主要的是材料豐富，論斷平允，踏踏實實，不發空論，這樣的論著，纔能算得是內容充實的有價值的論著。如有必要，須曲折辯論，達到論證的目標，但步步謹嚴，如做數學，無一步虛浮，這就比較更難，也更見作者功力，在充實的論著中又有其較高地位。凡是內容充實的論著，不論其問題大小，主要在一「精」字，雖然是小問題，而做得很精審，仍然是內容充實的論著，有其顛撲不破的價值。不過精審充實仍只是有價值論著的基本條件，不具備此種條件，根本不能躋入著作之林；至於欲其論著達到更高境界，則當在「充實」的基礎上，再進一步，顯示其有「光輝」。

「光輝」比較難以具體說明，不過我們可以從兩方面去認識：第一要有見解有識力，工作成果要顯出有魄力，能見人所不能見，言人所不能言，或言人所不敢言；而同時須兼顧最基本條件——精審充實。這樣的論著自可當「光輝」之譽。而此種光輝境界，不一定在大論題上纔能顯現；若論題甚小，規模也很小，但工作精審，在精審之中能透出作者之有超人識力，此亦光輝之一面。胡先生所謂「精細而能見其大」，在這些處尤能認識其意義。或者在專精的充實工作進行中不能隨時表現這一點，但充實的工作做完之後，也要能站在材料的堅強基礎上，凌空的籠罩全局的說幾句話，此亦為顯現光輝面之一法。第二要工作規模恢宏、組織嚴密，且有創獲。學術工作要規模恢宏，或組織嚴密，或有創獲，都不難，但要兼而有之，則極不易；當然這裡面還要包括一個基本條件——內容充實，這就更不易。兼此四者，自亦可當「光輝」之譽。總之，「光輝」總偏向於恢宏與通識，但與通論不同。寫通論性論文，固當以恢宏通識為最基本條件，若不具備此一基本條件，就將毫無學術價值；但恢宏通識卻不限於通論性文字，一部大規模的專門性論著，一篇短小精幹的專門性論文，皆可透顯作者是否有恢宏的意境，通豁的識力，以臻於「光輝」的境界。

不過要達到「充實而有光輝」的境界，自非易事，最主要的做法仍是老生常譚的「從大處著眼，從小處著手」。從小處著手，工作纔能「充實」；從大處著眼，成果纔有「光輝」。不從小處著手，勢必大而化之，不切實際，漏洞必多，雖作出很動聽、看來有光輝的結論，能吸引讀者的注意；但終久未必能站得住腳，自不能算是真有光輝，更未必有長久價值可言。不從大處著眼，就往往走上小路，鑽牛角尖，不能脫困而出，結果成績瑣碎，不成大體系，自亦不能顯現其光輝。不過此類論著仍較大而化之不切實際者為佳，因為這種著作是充實的，仍有其長久價值，不過境界不高耳。所以寫論文侷促於瑣碎材料，為其所困，固不好；專門表現有魄力有才氣，能言人所不能言，能說人所不敢說，但脫離材料的支持，更要不得。惟天資過人，識力特強、學力亦深厚者，往往數語可籠罩大局，雖未提出具體堅強的史料佐證，但學力深厚的讀者自可默會胸中，知其確然慧解。惟此亦當慎之又慎，若輕易行之，勢必言多有失，流於空疏之弊。故此種特例，不足為訓，不可輕學，寧可自謂笨拙，不能自恃聰慧過人，因為聰慧似可恃而實不可恃！

所謂「從大處著眼，從小處著手」，仍只是原則，至於如何做法，就很難作具體說明。今姑只機械的從「大」「小」兩字立論，稍加申述。

論者每謂，陳寅恪先生考證史事，「能以小見大」。如汪榮祖撰《陳寅恪傳》第十一章與何廣棪輯《陳集補編》、《遺詩述釋》都有此說。這雖然不是陳先生治學的基本方法，但他確常採取此種方式解決問題，至少在論述形式上常見其如此。例如他的早期名著《桃花源記旁證》與中期的《讀東城老父傳》等就是好例證。此種方法似乎較為省力，但要有天分與極深學力，不是一般人都能運用，而且容易出毛病。我個人的工作方式，有些處似乎可以說是「聚小為大」，聚集許多似乎不相干的瑣碎材料、瑣小事例，加以整理、組織，使其系統化，講出一個大問題、大結論。如〈唐人習業山林寺院之風尚〉與前在第三篇提到的〈北魏尚書制度考〉就是這種方法最好的例子。他如《中國地方行政制度史》、《唐僕尚丞郎表》與現在寫的唐代交通諸論文，本質上仍是此一方法的運用。這種方法，當然顯得很笨拙，也吃力得多，不過我想人人都可以做得到！只是此種方法要特別注意組織系統化，否則一盤散沙，將無多大意義！此外我在上一篇中提到的以做小問題的方法來做大問題，這也是「從大處著眼，從小處著手」的一面。其他當然還有種種的做法，而且也要因人而異，各出心裁！不過無論如何做法，都要鍥而不捨，作深入而縝密的探討，不可淺嚐即止；淺嚐即止，工作永遠浮在表面，不可能得到高度的成果，縱然能憑著聰明才氣提出了很好的意見，但也只停留在「意見」「看法」的階段，不能算是真正的結論。而鍥而不捨的深入縝密的工作，所得到的結論纔是真正的結論，長遠站得住腳的可能性比較大！而且就我的經驗，鍥而不捨的深入工作，往往可以顯現奇蹟，連自己也不能料想得到！例如我講漢代郡縣政府組織，遠超過前人之所已知；講東晉南朝都督區，其固定性往往超過州的轄境；講北魏軍鎮制度，其性質因地區的客觀環境而不同；講北魏尚書制度，其組織演變與華化進程合若符契；孝文三十六曹，唐人已不知，而能考出三十四曹之多；講唐代交通，重要驛道，能極詳明的考出其沿途所經，而且邊荒千萬里無所不屆；這些具體而為一代大政的成果，不但為以前的人所不能想像得到，就連我自己在開始工作之前也未預期得到，實在可說都大出意外。深入的辛苦工作之能使人有高度興致，其原因也就在此。

這一章內容，主要為就聯陞兄「充實而有光輝」一語作解。聯陞為我二十多年的至交老友，去年此時（五月七日）我由新港專程到康橋去看他，當時他精神很好，相聚至感高興。本章初稿寫成後，因恐內容未必與他的本意相合，所以極欲寄付一觀，請其補充意見，或另寫一文，附本章之後。但又聞舊疾復發，進入醫院，只得稍俟時日。頃聞其病痊出院，並每週到校指導學生寫論文，故立即將此章複印副本寄付請教。嗣得其本月二日手書，述其近況頗詳。內有關涉本章之意見，節錄如下，俾讀者參看：

「充實而有光輝」一語出自《孟子》「充實有有光輝之謂大」，依朱注似指德行修養，但引為論著標準，似乎亦無不可。有光輝之論著，可令讀者意動眼明，大抵由於沉思翰藻，但亦不限於此二端。我兄所發揮均甚重要，以自己著作為例，尤為切實。深入研討，有時可以發現奇蹟，超出預料，如此現身說法，讀者得此鼓勵，必有聞風而起者矣。必欲吹毛求疵，則「永久價值」或可改作「長久價值」；原稿「永遠站得住」下已增「腳的可能性比較大」，則我兄已注意及此矣。

最後數語，尤見一位謹嚴學人之態度，亦見文章之貴能改而後精！

（一九八〇年五月二〇日）

伍　論文體式

現在人寫論文大都採取夾敘夾議體，材料與論述聯為一貫。翻開所有論著，幾乎無不如此，一似為寫論文必遵之固定體式。個人意見，卻不以為然。我認為論文寫作，不僅為作者表達意見，尤當考慮讀者領受之便利。此種寫作方式，就作者言，只就思路發展源源平鋪的寫出即可，誠然最為方便；但對於讀者，卻不盡然；加以還有其他條件限制，此種體式實非最理想，更非唯一的體式。

我認為寫普通論文，一律採用此種體式固無不可；若寫研究性論文，則當因題目內容而異，因材料情況而異，因自己研究與寫作詳略深度而異，以及因準備供給何人閱讀而異。換言之，研究性論文寫作體式，當因應各種情況之不同而有所變通，不能拘守一種固定方式。就我所已採用或準備採用以及看到他人應用的體式而言，可分為下列諸種：

一、常行體

常行體就是上文所提到大家所慣用的體式。此種體式，一切內容，包括引用材料、曲折辯論，以及大小判結，皆在正文中進行；只有太枝蔓的問題作小注討論，但小注通常都甚短。這種體式為現今一般人所通用，故姑名之曰常行體。我的《中國地方行政制度史》即用此體。此體既為一般人所習用，故不必詳說。但用此體寫論文，以論證簡單，文章不長，最為合用；若文章太長，亦當以寫得簡要為上；尤當要多加小標題，多作小結論，以便醒目，使讀者易於把捉你的要點。有些人寫文章，只管自己如數家珍的娓娓道來，不知讀者易墜五里霧中，有時須讀完全文始知作者要旨，最壞的情形，讀完了還很茫然，不能得一系統觀念，甚至於不知主旨何在。如果能注意簡練，能多加小標題，多作小結論，最後有總結論，對於讀者就方便得多！

二、綱目體

此為中國傳統寫作方法之一，即今所知，最早的綱目體可說是經傳。經傳中的史書《春秋》與《左氏傳》尤可為綱目體最早期的代表，不過經與傳的作者不是一人而已。後來正式予以綱目之名而成為名著的，是朱子的《通鑑綱目》。前文說過，常行體寫起來最方便，不須在文章體式上作特別安排；但若文章太長太繁，讀起來就不方便。就以司馬溫公《資治通鑑》而論，無疑為一部文章寫得好，且極精練的著作，但就閱讀而言，仍有很多人感到疲困，不能終卷。[1]所以朱子又就《通鑑》「增損隱括」，以為《通鑑綱目》，自云「大書以提要，分注以備言。」（自序）「綱欲謹嚴而無脫略，目欲詳備而不煩冗。」[2]是謂用大字書寫謹嚴的提要是「綱」，用小字分注詳備的是「目」，故稱綱目體。自此以後，綱目體成為通鑑編年體之一小宗，頗為盛行。不但編年體，即其他著述，亦多有此類，如馬氏《文獻通考》，引用材料與自己說明往往低正文一格書寫，亦略寓綱目之意，但不嚴格遵守綱目體之常規。近代學人應用此體頗見成功者，如柳翼謀先生的《中國文化史》，即為一例；賓四師《國史大綱》亦頗應用，惟亦不嚴格。故此體在中國傳統史學中，可謂絕不陌生。但在西方，或許少用此體，近人一切模仿西方，遂絕少復用此體者。

其實此體大有長處，若寫得好，綱文前後脈絡通貫，為一篇極簡練扼要的論文，而材料出處與作者說明以及冗長的反覆論辨，皆可在低格目文中進行。讀者如不欲詳讀，則只費短暫時間，先看綱文，已能瞭解全部內容與作者意旨。如承認作者之立論，即不看低格之目文亦可；若對於作者意見有所懷疑，或欲瞭解作者得此綱文之本末，始有看目文的必要；若只對於綱文中某幾點有懷疑，欲審核其正確性，即只看綱文該幾條下的目文。如此則讀者對於全部論著內容易於掌握，且省時間。近代論文動輒數萬字，一部書動輒數十萬字，讀來非常吃力，正當用此體式，以救繁蕪之弊。蓋此種體式，綱文實等於小結論或較詳之小標題，而且文則說明得此結論、有此標題之原委，所以最能發揮以簡馭繁的作用。我寫「唐代交通圖考」諸文，為其太繁，故即用此體，免使讀者茫無頭緒。

不過此體亦有弊病：其一，綱文甚簡，往往只一兩句，而為此一兩句作解之目文往往極長，或即一篇較短論文，占數頁篇幅，使此一兩句綱文與下一兩句綱文之間隔離太遠，讀起來可能使人有

1《通考》一九三〈經籍考．資治通鑑〉條引其先公轉述張新叟之言曰：「此溫公所謂平生精力盡於此者也，如人之不能讀何？公嘗謂，吾此書惟王勝之嘗讀一遍，餘人不能數卷已倦睡矣。」後代此書已被視為經典之作，但真正能首尾盡讀者，恐仍不算多！

2 金毓黻《中國史學史》第七章第二節引朱子《與門人趙師淵論綱目書》。

文思斷續之感。我的「唐代交通圖考」諸論文就極多此類情形。故就「綱」言，可謂極簡練扼要，但就全文全書言，則不免有鬆懈之病。其二，目文與綱文不免往往重複。如綱文即是目文的小結論，目文可能如一篇較短論文，目文主旨既在說明綱文，就不免有與綱文同樣文句出現，顯得重複。此正如《春秋》經中文句時時重見於《左氏傳》中一般。經傳為人著作，自不為病；同一人述作而有重複，總不太好。其三，綱目體本以綱文為主，目文為輔；但一切材料與辯論皆在目文中進行，綱文只是簡單的小結論，不免顯得太枯燥，而精采反見於目文中。一般學力不深的讀者，若只讀綱文，極易輕忽而過，此亦是一病。

此外再僅就作者而言，用此體式有方便處，亦有麻煩處。其方便處之一，如綱文只用一條或數條材料即可證明，不須辯論，則材料逐條低格列於綱文之後即可，不費聯絡功夫；若用常行體，如不加意經營，則有生吞活剝之病，讀來非常累贅，甚至顯得文理不通。其二，若論題寫作所用材料非常繁瑣，需要得到的小結論也極多，必須解決那些小問題，得到很多小結論，然後纔能聯貫起來成為大結論；則用綱目體，不但較方便，而且絕對必要。如我寫唐代交通路線諸論文，每條路的沿線據點，州、縣、城、鎮、館、驛、關、梁、峽谷之類，皆一一考明，而且所用材料每極繁瑣，往往一個地名，耗費數百數千字。若用常行體，勢必很難聯貫，讀者更會感到茫無頭緒，無法卒讀。我用綱目體，綱文只云由甲地到乙地若干里，地形景觀如何，在歷史上曾有何事發生，乙地到丙地，丙地到丁地皆然，而一切材料考證，甚至有很長辯論，皆納入低三格的目文中。這樣綱文雖然顯得文筆枯燥，但決不會使讀者墜入五里霧中，不知所云。而我的辯論也能暢所欲言，供人仔細參證，知綱文所言之每一字句絕非憑空臆想。此為綱目體最大好處。至於麻煩處，即有些地方不好處理。寫一篇論文，可視實際情形應採綱目體或常行體，自不成問題；但一部書，各章各節體式應前後一律，不能參差。若果全書採綱目體，但實際情形，有些全節甚至全章只是一篇辯論，無法割斷，結論也只有一條，幾句話，或一兩句話，此時便會感到進退失據。為顧及全書體裁，只好也勉強寫成綱目體，而全節全章只有少數線條。如我的〈漢唐時代川滇東道考〉（刊《總統　蔣公逝世周年紀念論文集》，中央研究院），這是計畫中「唐代交通圖考」的一章，其第三節〈唐代昆川柘東城通南詔苴咩城道〉，主要的只是講由今昆明通大理一道在唐代的驛程。這條路的行程，《蠻書》與《新唐書・地理志》所記共凡六條材料，但頗有參差，且有脫誤，要加以研究，只有將此諸條綜合起來作一項比勘辯論，長達一萬字，作為一目，而綜合其結論為一條綱文，為這一節的主體，前後只能另配上一兩條簡短的綱文與目文，約兩千字；這樣很不相稱。又如〈唐代茂州西通吐蕃兩道考〉（《香港中文大學中國文化研究所學報》第一卷第一期），第一節實際上只有一條綱文。又〈陰平道辨〉（《新亞學報》第九卷二期），若作綱目體，各節亦只各為一條綱文。至於滇越道，我就漢晉道與唐道分別考證為〈漢晉時代滇越通道考〉與〈唐代滇越通道辨〉（《香港中文大學中國文化研究所學報》第八卷第一期）兩文，辯論甚繁，各得萬餘字，然結論亦各只一條。故此三文，目前只作常行體發表，將來編入全書，勢必要勉強改為綱目體，則陰平道綱文或只三四條，滇越道綱文更可能只有兩條，各條目文即已發表之兩文。如此處理，總覺得不相稱，然為牽合全書體例，亦莫可如何。所以用綱目體，亦有限制。我的學生譚宗義寫〈漢代國內陸路交通考〉（《新亞研究所專刊》，一九六九），本欲仿我寫唐代交通諸文，採用綱目體，我說唐代交通材料較豐富，我搜集得又極細密，可以考出各路的詳細行程，故可用此體，也必須用此體。漢代材料太少，無法詳考行程，每條路只能考得少數一兩個據點，則每節往往只有一兩條綱文，這樣就不成體式，所以勸他仍只用一般常行體式。由此正見論文體式，也要看材料情形而靈活運用，雖然同樣是考交通路線，但時代不同，材料情形不同，就不能採用同一種體式。從另一方面說，我寫唐代交通，若只簡單不細密不深入的研究，只寫成一篇論文，那也只能用常行體，不必用綱目體。所以用何種體式又與如何做法有關，不能拘泥。大體說來，綱目體以用於材料繁富、工作細密、辯論較多的論著最為適宜；內容較簡或規模不大的論著，就不必採用。

三、綱目變體

我在中學讀書時代，看到一部日本人所著《文化移動論》的中文譯本，各章正文非常簡單，而於每句或數句之下作一注號，注文說明極詳贍，皆置於本章之末，篇幅逾正文數倍。後讀桑原騭藏著《蒲壽庚事蹟》，也用此體。今以馮攸譯本（改名為《中國阿剌伯海上交通史》，一名《唐宋元時代中西通商史》）為依據，略述其體例。該書共分為五章，十四萬餘字。每章正文都極簡要，而聯貫書之，一句或數句下標一注號，其注文稱為「考證」，置於章末，各條「考證」且標立題目，或不止一目，每一標目之下，則詳為考論，多或數千字，少僅列舉一兩條原料以資證明。計第一章正文約一千八百餘字，「考證」二十八條共四十五標題，約二萬四千餘字。第三章正文最長，約四千二百餘字，「考證」三十三條共四十一標題，約四萬二千餘字。第五章正文最短，約一千二百餘字，「考證」二十一條，三十五標題，約二萬五千餘字。總計五章正文不過一萬一二千字，而注文考證乃為正文之十倍。此種體式，正文之每一句即後面「考證」之小結論。此與前述中國傳統的綱目體實際相同，只將綱文聯貫書之，而移目文於章末，稱為「考證」，又加以小標題耳。所以此體可視為綱目變體，亦有以簡馭繁的好處。桑原此書為國際學術界的名著，然他人似少模仿者，惟曹仕邦近年寫中國佛教史諸文頗用此體，甚為便利。

除此變體之外，我寫《唐僕尚丞郎表》，其「輯考」諸卷，以每一官任為一單節，而以人名為標目，下面正文簡述此人以某年月日由何官入遷此官，及中間加兼官階，至何年月日又出遷何官。每一事句，如無問題須加討論，即在此事句之下，以圓括弧識其出處；若須加討論，則標注〔考證一〕〔考證二〕，而考證之文或百十字或數千字，皆置於本單節之後。茲就「輯考一」前頁舉出極簡單一條如下：

> 李勣——貞觀二十三年九月十三日乙卯，由開府儀同三司、同中書門下三品遷左僕，仍開府、同三品，是為僕射帶同中書門下之始（舊紀〔八月〕、新紀、新表、通鑑、兩傳）。永徽元年十月三日戊辰，罷官，仍以開府同三品。〔考證〕

此為正文，下面另行附〔考證〕，今不錄。此條即講李勣入遷左僕射事，兩紀、兩傳、新表與《通鑑》皆同，無異說，惟舊紀作「八月」，為小異。而其遷出，則材料所見有不同說法，當討論，故另為「考證」。此法一方面運用中國舊式夾注體，一方面運用如桑原書之綱目變體，目的不但欲使正文簡練，而且盡量節省篇幅。回憶此書初稿逾二百萬字，各書所見官任，皆詳為綜錄，為長編，然後刪削為定稿。當時中央研究院遷台不久，全部經費據說只有新台幣十餘萬元，此書規模既大，如欲出版，非極度濃縮不可；而當時局勢尚未穩定，此書以早日出版為佳。所以我不遵守任何固有體式之常規，而變通運用，成此特殊新體式。而「輯考」之前有「通表」，為之總綱，又不啻即全書之正文，「輯考」即其考證。所以此書實亦可謂為雙重綱目變體。自信此書深得以簡馭繁之要義，體裁運用頗為成功，讀者可因「引得」以檢「通表」，因「通表」以尋「輯考」，極為方便；只是「輯考」中有不須考證者，只以圓括弧識其出處，讀者若欲核實，須檢查括弧中的書卷，較為費事耳。

四、複合體

上文所述諸體各有優劣，一般常行體，容易繁蕪，供專業學人閱讀，固無不可，若供一般人閱讀，往往病其冗長，尤其大書，使人難以卒讀，溫公《通鑑》文章精練，尚有此感，他人更不必論。綱目體誠為以簡馭繁的良法，但亦有弊害，如前論。尤其第三項缺點，即綱文極簡，或多作者精心締造之小結論，但也只有專家一看即知為作者新創獲，而感到興趣。一般人若不看目文內容，只就綱文一瞥而過，以為平常，不知作者之艱苦與內容之價值。這樣，就作者言，只要讀者能接受其綱文，已是成功；但就讀者言，雖已吸取了新的知識，但興趣不會很濃厚，認識也不會能深刻，此仍是一大損失！所以我想，寫作論著，貢獻社會，若只供專家閱讀，一般常行體或綱目體都無不可，雖然大著作用綱目體或許更為恰當。但若是一部下深刻功夫的大書，而欲兼供一般人閱讀，就得另想辦法，期能最滿意的達到此項雙重目的。

我的計畫，最後一部書是「國史人文地理」，既欲稍深探討，供專業學人的參考，復欲貫串通論，供一般知識分子的閱讀。為欲達到這樣雙重目的，所以想用一種複合體式，亦可謂簡文詳注體，而注文置於小段之後。稍詳言之，即正文仍如一般常行體，但文筆力求簡淨，惟採主要材料，作簡括論證，避免冗長繁複之病；至於次要材料與繁複委細之辯論以及有可補充正文之論點，皆納入詳注中。如此則正文或能精簡而不枯燥，注文則能委細曲折，暢所欲言。此種方式，庶能兼具常行體與綱目體兩者之所長，避去兩者之所短，以達到專業學人之參考與一般知識分子之閱讀的雙重目的。近人為文例有附注，但不甚長，或置於篇章之末，或置於所注本文同頁之下。我想注文置於篇章之末，則讀者不勝前後翻檢之勞，影響閱讀情趣，並不是個好方法；注文置於所注本文同頁之下，方法很好，但只限於簡注，不能太長。關於此點，另詳下篇。我想此書詳注既錄材料較詳，且往往有繁密曲折之辯論，自為一篇短文，占數頁篇幅，自不能置於本頁之下；故想視正文內容之起訖分為若干小段，本小段之各注文即置於本小段之後，用小字刊行。如此，既期正文之連貫，又免讀者前後翻檢之勞，影響閱讀情趣。去年所寫〈夏代都居與二里頭文化〉（刊《大陸雜誌》第六十一卷五期）即用這種複合體裁，以為嘗試。惟此種體式，讀者雖便，但作者則頗費心機，因為最重要材料與簡要辯論既放在正文中；但材料何者最重要，何者次之；論證何者應放入正文，何者當退入注文，進退組織之間，就很費斟酌，花時間，費心力。但我已漸入老境，這樣一部大書，又要特費心力創體式，也許已是心有餘而力不足，所以是否能精心結構，成此理想，尚待實驗證明。我在撰寫〈夏代都居與二里頭文化〉之前，曾由「國史人文地理講義」中抽刊〈揚雄方言地理區〉（刊《新亞學術年刊》第十七期）與〈戰國學術地理與人才分布〉（同上第十八期）兩文，體式各異，也都是試驗性質。〈學術地理〉即採常行體，稍加附注，置全篇之末；〈方言地理區〉雖亦採常行體，但正文較簡，而附注往往甚詳，篇幅逾正文之半，素材附後，又逾於正文，此其小異。目前傾向用複合體；如或力不從心，即用〈方言地理區〉之體式而再稍變通之。即將「注」分為兩種。其僅明出處者，或注文極簡短者，即置於所注正文本頁之下；其注文較繁，或為一篇短文者，則別稱為「考一」「考二」，附於各章之後。若是直排，則簡注不妨即作夾注尤為方便。要在隨宜適應，靈活變化，期便閱讀而已。

陸　引用材料與注釋方式

論文體式已如上述，此外引用材料方式與注釋方式，都與體式有關，續分述如下：

一、引用材料方式

現代人寫學術論文，對於材料的處理方法，有人將原料直接錄入文中，有人將原料加以融化，用自己的話轉述出來，有人參合這兩種方式，斟酌運用。我想直錄原料與作者轉述兩種方式，各有利弊，各有優劣。就作者來說，融化原料，以自己的話說出來，一方面一定要對原文透澈瞭解，同時作者自己的文字修養也要較高，這是難處；但也有便宜處，即以自己的話轉述史料，可以很流暢的與前後文打成一片，可免引用原文生硬阻塞之病。反過來說，引用原文，作者可以省去不少融化史料的功夫；但至少有兩項難處。第一，引用原料，原料並非專為你這篇論文而設的，有時原文很長，要盡量刪節到適合自己這篇論文的應用，而又不失原作者的本意，這就要加一番心思、一番訓練，並非易事；事實上有時比融化原料以自己的話說出來更難。好多人大段的抄錄原料，動輒百十字至千百字，那是要不得的！第二，把原料插在正文中，要想行文仍然流暢，條理井然，卻頗不易。

因為材料原文礙手礙腳，處理得不好，變成一大堆原料，前後不能通貫，甚至於自己說一句，接著一段原料，再自己說一句，又是一段原料，如此下去，弄得上下不連貫，不成其為文章。此類情形極普遍，翻開學術書刊，可謂比比皆是，甚至很有名的學人也不免此病。有一位地理教授要強寫歷史地理方面論文，送學報刊載，全篇論文大多如此，弄得編者頭痛，莫可奈何！前幾天看到胡菊人先生一篇題為〈文章〉的短文，大意說學術論文不講究章法文句，不能算是文章。就目前寫學術論文的情形來說，誠然不錯。但我認為學術文仍當注意章法與文句的鍛鍊，不過不必像寫一般文章那樣講究文字技巧而已！若如上面所提到的一般寫學術論文的情形，根本文理不能連貫，實在不像話，無論如何是要不得的！

至於讀者感受，直錄原料，若原料太多，自不免感到蕪累。不過若作者對於原料瞭解不夠，甚至誤解，而錯誤運用，讀者可一目瞭然，不會為作者所蒙騙。若原料經作者轉化述出，文章自能流暢輕快，但若轉述有誤，只有讀者程度很高或知道那條材料真相，纔能知是作者的誤解；至於一般讀者則只有和盤接受作者的誤解，那就為弊太大了！這種毛病相當普遍，試舉一個較離譜的例子如下：

某位先生著《中國經濟發展史》，述漢武帝鹽鐵專賣事說：元狩四年，御史大夫張湯建議鹽鐵的方策，「這事分由東郭咸陽和孔僅兩人主辦。咸陽專管齊鹽的煮製和運銷，孔僅專管南陽大冶。」並且繪了個行政系統圖，大司農下轄鹽鐵長丞，長丞下領兩大職任，其一掌「齊之大煮鹽」，其一掌「南陽大冶」。作者注明這是出於《史記・平準書》及《漢書・食貨志》。但〈平準書〉原文云：「咸陽，齊之大煮鹽；孔僅，南陽大冶；皆治生累千金，故鄭當時進言之。」〈食貨志〉同。這只是說明咸陽、孔僅二人的出身，不是居官任事後的分職；作者讀古書的能力太差，又粗心大意，致有此大錯。[1]讀者若對於咸陽、孔僅事本無認識，那只有查核原書始能發現了，但讀者勢不能逢注必查，豈非貽誤太大！

以上談現時寫論文者兩種處理史料方式的利弊。就我的觀點看，專門研究性論文與通論性論文，在材料處理上應有不同。通論性的文章當以作者自己轉述為主，儘可能少抄原料，除非原料極其重要而且原文本極簡要不繁；這樣可使行文簡練，使讀者易於領受。至於專門研究性論文，則相反的以錄引原料為原則，自己轉述只作輔助，而且只限於不太重要處。有時為了怕篇幅太多，不得不只用自己的話說出，注明出處，那就要特別小心，不要誤解，以免貽害讀者。我的《唐僕尚丞郎表》，凡不須考證處皆採此方式，以省篇幅。引用原料必然使篇幅增多，易見繁蕪，但不會貽誤讀者，最為重要。例如上引漢武帝時鹽鐵專賣事例，若作者直引原文，則作者雖有誤解，但程度稍好的讀者應可立辨，不致大有弊害；所以就學術觀點言，寧可引用原文有蕪累之病，不要貽害讀者。而且重要的材料，若直接引錄下來，也可增加真實感，使讀者不易輕忽而過，這也是直錄原料的一層好處！

不過引用原料又當注意兩點：即上文所說兩項難處。第一，原料本極簡要，自不成問題。但大多數原料頗長，若全部照抄，實在太多，有時多條材料證明一件事，若都照抄，實在要不得。所以作者在引用時絕對必要痛下剪裁功夫，一字一句皆須斟酌刪略，以虛線表示，愈刪節得多愈好，使

[1] 此條為宋敍五先生所發現，見其所著〈評錢著中國經濟發展史〉，刊《新亞書院學術年刊》第十七期。

每條引錄的原文都很簡短，但又不能有失原意。這也是一項鍛鍊功夫，不可不學。不過也有例外，如遇特殊基本史料，則不妨照抄，或節錄較詳；但這不是經常出現的情形。第二，將原料插入正文中，務須注意上下文意脈絡的聯貫，在一條或多條材料之前之後，通常至少要用幾個字加以聯絡，使材料納入正文，顯得頗為自然，不能抽去。不要把材料硬塞在中間，使文脈阻斷不相連屬；若將原材料抽去，反見前後文理通順。這樣引用原料，就更要不得。

再者關於引錄原料格式，作者每以某條材料極重要或太長，而將其另行低若干格排列。這是為引起讀者注意，或為欲使文字眉目清晰，自有其必要。現在寫文通例，每段首行低兩格，第二行以下皆頂格；則引用原料而提行低格者，應有不同，以示區別。最好通體低三或四格較為清楚。有些人引用原料，第一行低兩格，第二行以下頂格，此便與自己文章一般，就易顯得混淆不清。我寫〈唐代府州上佐與錄事參軍〉一文，刊於《清華學報》新八卷第一、二期合刊《蕭公權教授七秩壽慶論文集》。原稿按我的慣例，引用原料，各行一律低三格排列，非常清楚。但主持校稿者說，該刊體例，引用原料提行者，首行低四格，以下各行皆只低兩格。低兩格即與每段起首相同。該刊為紀念性質，不便抽稿，只得由他。但是印出之後，看來就非常混亂。我引用原料，條數極多，而皆節錄極短，通常只兩三行，因此看起來滿紙一行高一行低，非常參差，就使讀者眼花撩亂了。大抵西方論文有如此者；若引用原文之處不多，本不關緊要，若引用原料條數太多，又很簡短如我的論文，就很不妥當。以前人「食古不化」，現在人又「食西不化」，不通過自己思考是否合理，一味模仿，真是沒法！

二、注釋方式

論文為避免正文累贅而又欲詳明周贍，因此自作注文，是很有必要的；但注文放在何處與排列方式，值得討論。

中國古代學人著作很少自己作注，但為前人的書作注則極普遍，尤其是經書。經書有經、傳、注、疏，傳就是為經作注，注就是為傳或經作注，疏就是為傳與注作注。就體裁言，經傳猶如綱與目，注疏則純如現在的注釋，不過通行版本，注文就夾在所注釋經傳本字本句之下，多作小字雙行。最重要的古代史書也多此例。如《史記》有裴駰《集解》、司馬貞《索隱》、張守節《正義》，《漢書》有顏師古《注》，《三國志》有裴松之《注》，《後漢書》有章懷太子《注》，都極有價值，為不朽的名著。通行版本，各條注釋也都夾在原書史文本字本句之下，作小字雙行。因為這樣的方式，注文夾在正文中，而作雙行小字排列，所以通稱為「雙行夾注」。四、五十年前，中國學人寫書已多自己作注釋，而沿用此體，作雙行夾注。但後來也許為了排版的方便，改用與正文同號或稍小號字，也排成單行，只加一括弧以資識別；這或許是抗日戰爭期間因陋就簡之故。平心而論，雙行夾注，於作者讀者皆極方便，而且不易排錯，不會出現張冠李戴的毛病。不過注文不適宜太長，如長至數頁，就多少影響正文（即本文）上下的聯貫性。至於改用與正文同號或稍小字型排成單行，只加括弧為別，如注文只有幾個字還可以，若是長了，不但更影響正文的聯貫性，而且可能一時找不到正文的下一句在何處，所以此類注文絕不能長。

西方論著，例採附注方式。即所有注文附列於章節之末，依次編號，而正文中只於所注文句之下作一注號，讀者可依注號數第在章節後附注中去查。近人一切模仿西方，所以此種附注體裁自為一般人所不加思索的全盤採用。我的想法，這種體式本也是個很好辦法，尤其注文較長的論著應當採用；若很簡單，甚至只注明出處某書某卷幾個字，那就無大意義。這種章節後的附注，對於讀者本來就有前後翻檢之勞的毛病，甚至於影響閱讀的情趣，若翻到後面，只是注明出處，並無其他說明，往往使人不免失望。我看此類論著就常有此種感覺，有時看正文不太明白，但句下有一注號，希望在注中得到更深入詳明的解釋，結果大失所望。不過就西方書籍而言，每個字由多數字母拼成，每行只能非幾個字或十幾個字，雖然只是個短注或出處書名，至少也要占去一兩行，為了避免妨礙正文閱讀的流暢，不得已移到章節之後作附注，此猶有可說；中國字方形，每行至少可排三十字，多至五六十字，此類短注倒不如就夾在正文中，若是雙行夾注，每四個字纔占正文一格，故全注所占行格不會太多，既不影響正文的閱讀，更不會使讀者有前後翻檢之勞，豈非很好！而且此種西式附注體，一般粗心匆忙的作者還易犯一種張冠李戴的錯誤。即在正文中所記的注號與後面注文的編號數目不符；還有些有注文，而在正文中忘記寫注號；甚至正文中有注號而後面附列的注文卻無此條，這就更粗心了；若是夾注自不會有此毛病發生！

不過最近二三十年又流行一種新的底注體式，這大約也創自西方論著。此種體式，附注仍與前面所說的一般，不過注文不放在章節之末，而放在所注釋正文本句之同一頁的下段，用小字刊行。我想這是一項進步，也可能就是為矯正過去一般論文附注的缺點而改進的。這樣體式既不會妨礙正文，有中間隔斷的毛病；而檢對起來又極方便，不必前後翻檢，更不至使人有失望的感覺。不過這種體式也只能適合於簡注，至多只能用於注文不太長的論著，若注文太長，甚至超過正文，就絕不適用。而且這種注式只能適用於橫排的書，若是中國舊式直排的書，雖然也已有很多人用此體，但每頁正文都要中斷，以便讓出最後若干行去排注文，那就很不好，倒不如用小字作夾注了。

以上將各種注釋體式逐一說明，並以個人觀點加以評論，認為各有優劣。大體上說，利用小注作為正文的輔助，主要是一般常行體的論文；至於其他各體，因為綱目體的「目」與綱目變體的「考證」，事實上也等於是變相的注釋，所以要再利用小注作輔助的必要已減少；尤其變體的「考證」與複合體的「詳注」本身已是注的形式，若在「考證」「詳注」中用注，只好用夾注體了。

再就上文評論各種注式的優劣看，無疑的以注文排在所注釋正文之同頁的下段為最佳，當然要盡量避免長注，如有少數長注，可另標作「附考一」「附考二」…附列於章節之後，有如綱目變體的「考證」。又若專就中文論著言，只有幾個字的短注及只明出處的注，或者就作夾注以括弧識之，以省篇幅；作雙行夾注尤佳；長注始作附注處理，放在章節之末。這兩種方式，都是變通的辦法，參合運用，最為妥當。或者曰，如此參合運用，體例參差不一致。其實此類事，只求讀者便利，盡可靈活運用，不必拘泥於表面形式。有些人或者說，出處書名列在文後，可以一目瞭然，知作者曾參考什麼書；又中國書名雖簡單，但標明卷數頁數及版本，也就不短，放在正文中作夾注也有不便。其實現代論著例附參考書目，又有版本，都不必在注中說明。標明頁數，只有在學位論文中有其必要，因為可以訓練初學要自己直接找材料，標明頁數，以便審閱者易於檢對；一位訓練有素的學人，不必在此小處拘泥。尤其是規模大、篇幅長的著作，如在此等小處嚕嗦，每條注明出處的小注也必占一行甚至兩行，以正文五十萬字計，注明出處的小注至少當有一千條，占去篇幅也當在五萬字以上，豈不浪費！若以我的《唐僕尚丞郎表》為例：「輯考」約六十一二萬字，考出居官者三千數百任次，以括弧作注夾於正文中以明出處者，每任次平均以兩括弧計，即有六千至七千括弧，每一括弧平均約七八字，即此等小注占去篇幅不會超過六七萬字。但括弧中所記不只一書，若改作附注，且詳列其卷數頁數，則每一括弧中之注改為附注後，要占一行半至兩行，即是一萬行以上，每行四十六字，即要用四五十萬字篇幅，幾乎要與正文篇幅相等。換言之，如不作夾注而作附注，將會增加三四十萬字篇幅，豈不可驚！此等處豈可不加考慮！至於有些人務欲張大其書的體積，以「大」為貴，那就不足與論！

柒　論文撰寫與改訂

史學論文最重要的是搜錄材料，等到材料搜集得很完備時纔開始撰寫，這樣可以一氣呵成。寫成之後，只能續作補訂；若要大改，就很麻煩。此如藝術品一般，繪一張畫，寫一幅字，布局著墨，都該有一定意趣與匠心；繪成寫成之後，若要改動，一定很難顯得完美。寫文章也是如此，運用材料作實證的文章更是如此。若是寫成後發現反面證據，改動勢必較多，更是牽一髮動全身，就很困難。尤忌找到一點材料，有了一點意見，就搶急捉筆，將來材料增加了，再來修補，陸續增加，就陸續的補訂；那除非是作者本無中心意見，或者只是編排材料，不須嚴密組織的文章則可。若是須要嚴密組織的論著，就一定要將所有材料儘可能的搜集齊全始能動筆。

例如我的《唐僕尚丞郎表》，這部書研究唐代中央政府行政中樞尚書省行政長官的任次，因為各種官有一定的員額，例如六部尚書各一員，侍郎有些部一員，有些部兩員，所以同一時間，任各部尚書與侍郎的人不可能超過規定的數額。但史料所見，有兩人同時在某部尚書任者，同時在侍郎任者也往往超過本部員額；又或者此條史料說某人某年月日在吏部任，另條材料又顯示同年月日此人在戶部任。如此種種衝突，中間必有問題，須得綜合所有資料（例如此人其他官歷，或其他的人此時期的官歷），轉彎抹角，作種種推論，然後始能作出判斷，安排下來。若是寫錄的材料掛一漏萬，不很全備，雖然根據當時手上的資料安排下來，若將來又發現非常可信的資料與我的安排有衝突，勢必要改，那就可能牽涉到好多人在本部的官任年月，在他部的官任年月，如此連鎖反應，豈非麻煩之至！這就因為這部書的工作，組織嚴密，彼此牽連；若是我的《中國地方行政制度史》，則增補改訂就比較省事得多！

然而文章初稿寫成之後又一定要改。必要時且要不怕麻煩，不惜大改。因為初稿往往只是講出大致意旨，或論證主體，也可說文章的粗胚，很可能有毛病（論證錯誤），或有漏洞（不夠精密），或者還有可進一層講的地方，這一切都待改訂時的審核與補充。而且最好初稿寫成之後，打鐵就熱，馬上審核補充。因為由排比材料到初稿寫成，腦海中對於此問題已有深度了，再進一步不難；若寫成初稿就擱置下來，那末你的腦筋慢慢從問題曲折中退了出來，對於材料也生疏了，以後再去審核補訂，就較困難。所以要即時再追下去，直到當時自覺已不能再改進了，纔放下來。此時最好仍不發表，過些時也許又發現材料或新的意見，可再來一次二次乃至多次的補訂，那就最好。

我去年寫〈北魏參合陂考〉（刊《新亞學報》第十三卷），先把主要材料都已準備好了，主旨自然亦已確定，然後動筆撰寫，只用一天時間便寫成初稿約四千字；但第二天第三天作修補功夫，卻花了兩天，篇幅只增加了一千餘字；雖然篇幅增加得不多，但漏洞以及各方面可能的理由都講到了，也就比初稿縝密得多了，這就是一例。又如〈天寶荔枝道考〉（刊《大陸雜誌》五十七卷一期），在再稿中已改訂不少，正擬送出刊行，又發覺尚有可修訂處，乃再詳加改訂為第三稿。此次精進頗大，正見文章之貴能仔細精改。若自恃才學，寫學術論文也率筆一揮，不加覆核與改訂，即匆匆刊布，那種文章必然漏洞百出，或顯得論證鬆懈！

再就我已出版的兩部書說。《唐僕尚丞郎表》初稿二百萬字以上，文章鬆懈得多，經過全盤改寫，刪為定稿，連「通表」不到一百萬字，可謂相當精練，出版至今已二十餘年，除了下文所談到的一些遺憾之外，就寫作言，已無所憾，這也是寫成初稿，馬上變換體式，詳加刪改之故；若時間一過，也許就不可能！《中國地方行政制度史》已出秦漢與魏晉南北朝兩部各兩冊。《秦漢地方行政制度》本為大學時代畢業論文，到齊魯研究所時續寫完成。當時賓四師送到商務印書館，希能出版，但彼時後方物資缺乏，經濟困難，這部書又頗大（當時附有兩漢太守刺史表，後來分別刊行），商務不想印，免致虧累；後來有幸進入中央研究院史語所，復加改訂易稿擬出版，又值時局變化，遷到臺灣，繼續改訂工作，最後且改易寫作體式成為今本刊行。計此書自一九四〇年工作開始至出版時將近二十二年，中間除了刪削本外，全部易稿凡三次，局部改訂不知若干次，至今對於此書的材料運用與行文論斷仍感滿意。而《魏晉南北朝地方行政制度》，雖然工作開始也早在一九四〇年代初期，並且陸續寫了幾篇論文，但在一九六〇年前後全書撰述時，因為要趕其他工作（看成書後記），又因為有一筆錢等待印書，迫得我將此書提前付印，所以只是初稿，未及詳加刪訂，粗糙繁蕪之病在所難免，至今為憾。若當時能再精心刪改一過，或放置些時再改訂一次，論斷成果可能並無大異，但材料運用與文字精練，必大有進境。

再進一步說，文章改訂，要在未發表之前；一經發表，改訂的機會就很微。因為時過境遷，不但興趣消失，而且可能為其他工作拖住，不能再顧，剛才所提到的《魏晉南北朝地方行政制度》就是一例。再如我寫《唐僕尚丞郎表》，在起草之前，本已看了《金石錄》與《寶刻類編》，將材料抄錄下來，但不知怎地，在檢查材料作分類時，將此兩書的材料漏去一部分，到全書出版以後纔發現，幸無與已安排之官任有衝突處，只可據以增補數任。又此書搜集材料與撰寫，是在中研院極度困難時進行，當時史語所圖書未開箱，找一部書極不易。唐人文章只有一部《全唐文》，《文苑英華》也看不到。後來很想根據遺漏的金石史料與《文苑英華》作一補正，迄未果行。又如我在一九四六年所寫的〈北魏尚書制度考〉（刊《史語所集刊》第十八本），這是我進史語所後所寫刊的第一篇論文。當時年輕，自信所獲成果甚豐，有機會馬上發表，就不及刪改而發表了。多少年來總覺得這篇文章雖然成果豐碩，價值極高，但寫得太粗糙、欠精練，只能算是長編，若大事刪削為五六萬字篇幅（長編約十一萬字），則尤佳。可是一直為其他工作拖住，不暇再改。大前年中華學術院為紀念　故總統蔣公九秩誕辰，編輯《中華學術與現代叢書》，向我徵稿，限在魏晉南北朝時代擬題，云不避舊文之改作，但以一萬字為原則。我為嚮應此項徵稿，乃抽暇就此文作一述要，刊於該叢書第三冊《史學論集》（華岡出版公司），仍未能認真改作，不知俟之何日！

這些都是我自己的親身經驗。不過我已可謂最能捨力修改舊作，且不惜大改，凡論文重印，幾乎例必改訂，如《唐史研究叢稿》內有幾篇已經刊印過的舊作，無不再悉心改訂。其第一篇〈論唐代尚書省之職權與地位〉，不但改訂，而且更易體式，費時甚多。至於我寫新的論文，如唐代交通諸篇，往往改來改去，滿紙糊塗，幾不能自辨，只得易稿謄正，又可能再改。即如這本小冊，並非嚴格的學術性論文，但再稿完成後，仍隨時拿出改訂不下四五十次，或刪削、或增補、或幾個字、或數百字不等，因此有一部分必得易作三稿四稿。不過改稿習慣過深，也不很好，縱是寫一張便條，寫一封給兒女的信，也要起草，儘管草成並無大改動，但不起草，就思路凝滯，不能下筆，這也是一病！

捌　努力途徑與工作要訣

一個人在學術上的成就，通常總是要有主觀條件與客觀環境兩者相配合。客觀環境所涉甚廣，可說整個國家社會無不息息相關，而最直接影響個人成就的當是早期的教育與成年後的工作環境。主觀條件，最主要的是自己的天分、性情與身體健康等等。教育與工作環境多少有些要碰機會，天分更是先天生成，不可強求。但不懈的努力對於這些多少都可作若干主動的創造與控制。

就教育言，現代教育幾乎是絕對開放的，自己的努力，雖不一定能百分之百的取得如意的機會，但能獲得的可能性總很大。謀取適合的工作環境，雖然比求學難得多，但我相信，只要自己具備應有的條件，至少可以自己操縱一半。好多人頻遭頓折，總以為懷才不遇，怨天尤人，詛咒社會；其實大半還是自己沒有具備各種適當的條件（不只是自己的能力）！我相信這個社會雖然不是絕對的公平，但還是有相當公平的，真正能先充實自己，做人正常，大都不會被埋沒！我個人今日有這一點成就，中央研究院歷史語言研究所十九年的培養，無疑的是項重要因素，這當歸功於當年傅孟真先生大公無私的錄用一個毛遂自薦的陌生青年。[1]這就是社會仍有公平的一個顯例。不過如果不是自己善於利用這一優良環境，而懈怠自己的工作（史語所工作是無人督促的），或分心外務（外騖名利的機會仍相當多），相信像我這樣才具平庸的人，恐怕很難有相當成就。李濟之先生曾慨乎言之的說：「你是充分利用了史語所的環境！」我自信這話非常正確。中研院誠然是中國唯一的最好的治學環境，但就我來香港中文大學教書十餘年的體驗，大學教職，若自己能摒除外務，淡薄名位，而集中心力，控制時間，至少有三分之二的時間可以做自己的研究工作。臺灣一般大學教職更較清閒（兼課太多自當別論），大可埋頭做自己工作。何況教書也有好處，在講授中往往發現新問題，湧現新見解，也可擴大注意範圍，而且多少有點心理上的壓力，這都是中研院環境中所不及的。因此可說正常的大學教職仍與中央研究院的環境相差不遠。所以主要的關鍵仍在自己的人生修養與工作精神！沒有這些主觀條件，環境再好，也沒有用！至於像錢賓四師在小學中學教書，每週授課時間，有時多到三十幾小時，仍能做出超人的成就，那是特例，自不能希望人人都能做得到！

再說人的天分雖然是先天生成，但「勤能補拙」這句話多少還有些真實性，並非只是鼓勵人的格言。就我的經驗而言，假若人的天分以理解悟性與記憶力為重要的兩方面，我認為記憶力很

1 我平生愚魯迂拙，卻有幸得到不少前輩學人的鼓勵與幫助。我對於這些前輩學人都永遠銘感在心，不能忘懷。民國三十四年秋我入中央研究院歷史語言研究所的經過，詳見〈我對傅孟真先生的感念〉，文刊《仙人掌雜誌》第一卷第一號《中國的出發》（民國六十六年三月）。在傅先生給我的回信中，還提到王撫五先生前曾有信介紹我到史語所，但無著作，無從考慮。這真大出我意料之外。原來在那年的春天，撫五校長到了我的臨時工作地北碚，我去看他時，表示希望能回母校讀書，得到他優先的考慮。不想他回校後，因故辭職！他在辭職前後百端紛忙中，居然還記得遠隔千里之外的一個學生。母校沒有機會，仍想另外安置在一個更適當的地方。此番愛護的熱忱，實在使我感動萬分！十年前我曾寫過一篇〈我與兩位王校長〉，對於此事有一段感念的回憶。文刊《珞珈》第二十八期（民國五十九年十月，武漢大學旅台校友會編刊。）我自愧無能，除了遇有公開推薦或被諮詢的機會可盡我所知提供有利意見之外，對於後輩青年無力提拔；惟有自我努力期於學術上有點滴貢獻，講書時作充分準備而已。今又不揣淺陋，不避自伐之嫌，「要把金針度與人」（胡先生語），亦前輩學人遺愛之感召也！

難憑努力而得到增進。努力雖不能真正增長記憶力，[2]但不斷努力的結果，仍可吸收到豐富知識。我實在魯鈍之至，尤其記憶力之壞，到了不可想像的程度。在大學讀書時代，碰到兩位記憶力的同學，他們幾乎真能過目不忘。其中一位，《水滸傳》、《西遊記》、《三國志》、《紅樓夢》等能整部背誦，自己真很慚愧，深感人類記憶力何以相差如此之遠！但我並不氣餒，隨時與書本接觸，也就記得不少，只是不能整篇大段背誦耳。而那兩位同學並不因為記憶力而有優良成績，後來一個英年夭折，一個迄無所聞。所以歸根究柢，仍是努力最為重要！但努力不是一時的，是要長久不懈的，有方向有計畫的，這就牽涉方面很廣；而且自己的日常生活與人生修養對於治學的成就尤有絕大關係！

此下兩篇，我想就做學問努力的途徑、工作要訣與日常生活、人生修養等問題，提出一點意見。其中雖多屬老生常譚，但默察今日社會情形，仍覺有提醒一般青年的必要。惟是涉及範圍比較龐雜，亦只拉雜言之，分節標題不定恰當。

茲先談努力途徑與工作要訣：

一、立志與計畫

做學問要想有較高成就，最好能先有抱負、有信心、有計畫，這是努力途徑的起點。

第一有抱負　也就是要有大志，這種志趣抱負，不專為己，兼要為群，對於社會人群有一份責任感。談起立志，記得我在小學初中讀書時，老師常常灌輸同學此種意識，自己也跟著看些講立志的文章，憧憬著某些古人的豐功偉業，也想著自己將來要如何如何。現在青少年，似乎很少能接受到這類薰陶。當我的兒子曉田在高中讀書時，我曾經向他提到要立志，他竟然毫無此種觀念，似乎學校教育，從來未向他灌輸此種意識，這也是我的疏忽。默察其他青年，恐怕也大多如此，只知讀書謀生，爭取社會地位，上焉者有些為社會服務的意念，但問他有什麼遠大抱負，恐怕很少人能具體作答。這樣一個沒有長遠目標的青年，離開學校，投身社會，自然完全為社會環境所控制，沒有一點自立的餘地，機會好的，可在社會上做出一份事業，頗有成績，在學校可充當一位教師，甚至頗有名的教授，但要在學術上有真正較高的成就，就不太可能；至少史學方面是如此。因為有些學術園地，尚可半憑天才，史學則十之八九要靠努力，所以國際上、歷史上，有極有名的年輕科學家、文學家，但不見有一位很年輕的大史學家，因為史學必須要經過長時間持續堅強的努力始可能做得到，沒有遠大志氣，如何能長時間持續堅強的努力！

或者曰懸立個遠大志向，但不一定能達得到，豈非徒然妄想，不切實際。其實不然。有了遠大志向，始能有個目標，比如大海航船也要有個固定的目的地，纔能有一定方向，中途縱然遇到種種海流的阻撓，終能曲曲折折，突破種種困難達到目的地。若無固定的目的地，那只有隨波逐流，不知漂航到何處！至於說立志不一定能達得到，那誠然也是事實，但有有志而不成，無無志而有成，

---

2 此所謂努力是指多方面的，但我卻未曾試圖努力磨練增強記憶的能力。因為我覺得記憶力好，記誦得多，對於研究問題的思考固然大有幫助，但我想自己記憶力既不好，勉強謀求增進，恐怕效果也不大，與其花太多工夫去記憶，不如多多閱讀，多多思考；至於材料，縱然記憶力好，也要抄錄，能記得的究竟有限，所以我也就不特意在記憶方面下功夫。

立志可能失敗，亦可能成功，若無一定的志向則絕少成功的可能，這中間自然有很大差別。何妨有個遠大抱負，一步步的去做，縱然落於空想，有如作夢；但能好好的作一番夢，也很不錯，是幻是真，姑且不論！

第二能自信　這是跟著立志而來的必要的信念。一個人沒有自信心，縱然立志，也等於未立志。自信心的基礎不能建築在天才上，不能自信自己有天才，想憑藉天才以達到立志的目標，那是不可靠的；必須要下定決心，奮發努力百折不回的去達成目標，縱然明明沒有成功的希望，也要堅定自信，以「知其不可而為之」的精神去做，企求愈能接近目標愈好。

第三有計畫　有大志有信心還不夠，因為只有大志有信心，仍是空洞的，必需採取實行的步驟。實行的步驟第一要有較長遠可行的計畫。古人為學，也許有些並無一定長遠的計畫而能成為大家，哲學家、文學家可能較多，史學方面也可能有，但相信比較少，一般大史學家仍是以有目標有計畫的工作者為多。例如司馬遷寫《史記》，司馬光寫《通鑑》，馬端臨寫《通考》。這些都是大規模的艱巨的工作，要說是事先沒有計畫，可謂絕不可能。溫公作《通鑑》的過程最為人所知，那是絕對事前有周詳計畫的工作，決非隨意工作的成果。近代史學更趨繁難，若只求小小成就，固無所謂，若求取較大成就，決非事先有個大體固定切實可行的計畫不可；否則縱能有成，也將大打折扣。例如陳寅恪先生，是近代一位偉大史學家，據俞大維先生說，陳先生有意寫一部「中國通史」，但未成功（見〈懷念陳寅恪先生〉，刊史語所出版《陳寅恪先生論文集》），原因可能很多，但陳先生似乎始終沒有個計畫，當為最大原因之一。

就我個人而言，為學志趣經過幾次變遷或修正，但每一個階段總有一個目標與計畫。自一九四六年以後，我為學重心轉到中國歷代人文地理方面，要想從地理觀點講中國歷史，也妄想為中國歷史建立一個立體的歷史觀。在這個大前提下，遂有三步計畫。第一「唐代交通圖考」，第二「唐代人文地理」，最後「國史人文地理」。這三步計畫，由小而大，由專而通，有其一貫性；中間儘管曾經自覺才力有限，時間不足，有放棄最後一項計畫的想法，但後來仍是想盡力而為，不輕易放棄最後目標！有了這樣三步驟的計畫，三十餘年來一直以此為中心，不懈的工作，也成為我生活中乃至生命中最主要的支柱，樂此不疲。今日看來，第一部書「唐代交通圖考」已接近完成階段，應無問題。第二部書「唐代人文地理」，雖然按照既定計畫搜錄材料已逾八、九萬條，略近完備，但仍撰述需時。第三部書「國史人文地理」只雜集史料為講義，逾百萬言，抄錄複印資料、購置參考書刊亦不少，但撰布論文纔三、四篇，去完成階段更為遙遠，而年事已長，惟當知其不可而為之耳！我這些工作，雖不一定都能完成，但可完成逾半，殆無問題。然若事先無一定的目標，無堅強的信心，無長遠的計畫，相信一部都不能完成。即以「唐代交通圖考」一書而論，單講規模之大，或工作之仔細，都不足異；但兼而有之，恐怕並非易事，決不是隨意工作者所能倖致！

二、工作要訣

在學術工作進行中，有幾點須要切實做到。胡適之先生曾提出「動」「謹」「和」「緩」四字訣，似乎宋人也已說過。我想這是基本的工作要訣，還有「恆」「定」「毅」「勇」四字，也同樣重要，當切實做到。就中「定」字訣留在下一篇再談，茲先就其餘七事略加說明。

（一）勤　這是學術工作者所應具備的起碼條件，不能勤，根本談不上做學問，做其他的事，恐怕也不會有多大成就。就治學言，要勤於閱讀，勤於思考，勤於抄錄，勤於寫作，也相當勤於聽受與講授。下文就此各點稍加說明。

閱讀要精讀、粗讀、檢讀、泛覽兼具並行。精讀是指基本的書、基本史料言，隨讀隨作筆記，最好同時進行圈點，至少作選擇性的圈點，將緊要處圈識出來，以便再檢時易於發現。粗讀是指一般非基本書籍史料而言。檢讀大抵就寫作時臨時檢查而言。論著寫作，基本功夫在平時閱讀思考與抄錄。而臨時勤於檢查也極重要，有時覆查已錄材料再次精讀，有時因已錄材料而聯想其他材料，有時為問題的聯繫而臨時翻查，總之有種種必要，須不惜時間，不怕麻煩的檢查，縱只一兩個字，也不能馬虎，輕易混過！泛覽則博識群書，略識大義，尤指自己論題專門工作以外的知識而言，這樣可以擴大眼界，有時對於專門論題也有幫助。

思考與閱讀事實上是同時進行的，閱讀而有所識別，就已經用了思考，若不用思考識別，則閱讀何用？此所謂「學而不思則罔」；然而有些聰明的作者，喜歡憑空思考，懶於閱讀，這在史學絕對要不得，此所謂「思而不學則殆」。不過有時卻不妨丟開書本，脫離材料，到山巔海濱去玩一玩，凌空的想一想，對於材料的聯繫，條理的抽繹，系統的建立，也許有很大幫助；不過基本功夫還是在一邊閱讀一邊思考上。

抄錄，在古人治學，抄錄或許不太重要，因為須要閱讀的書籍少，特別著重記憶，四書五經四史之類多能上口成誦，所以不重抄錄材料。但書籍不易得，動輒全本抄錄，也能增加瞭解與記錄。現在書籍太多了，工作也更精細了，無論記憶力強到什麼程度，都不能專憑記憶來做學問，必須在閱讀的同時，選擇與自己論題目標有關的內容動手抄錄，記憶反居於次要的輔助地位。內容簡短或極重要，就須節錄原文；內容太長或次要，就當摘錄要點。在摘錄的同時，就要考慮到此條的作用，以一兩字識之，或在原文重要字句旁作一記號，以便將來應用時觸目即知其用處。一俟材料書閱讀完畢，即可運用這些抄錄的材料分類排列，逐章逐節完成。在寫作進行中只能臨時翻查材料作為輔助聯繫之用，或就已錄材料加以核對；[3]若專靠臨時翻查，或大部分材料靠臨時翻查，則必掛一漏萬，其文必不能精。這樣抄錄材料，近人謂之做卡片；但一般卡片，太講究形式整齊，或又太厚，供大家公用，固極稱便，但就個人而言，寫錄慢，運用時又欠靈活，倒不如我只用薄紙片、小紙條，來得省事方便，有時一片中不只一條材料，有時一片中只極簡單提示幾個字，更見省事，增加工作速度！此外應準備小紙簿，帶在身邊，以便隨時想到什麼，立即寫錄，以免悠忽即忘，可惜我於此點並未養成習慣！

再談寫作。一般而言，寫作只為發表。有了學問要向外發表，讓他人認識，就必須寫作，所以寫作似乎只為對外而言。然則假若有人非常恬靜，有學問並不想發表為人知，那麼他就可以只研究

3 學術工作，自己多購書也很重要。「書非借，不能讀」，誠然也不錯；但基本書籍，包括基本工具書，就必須自置。因為自己的書，看時可就內容要點自作標識，又可標記某卷約在何冊，以便臨時翻查，比較容易。尤重要者，基本書籍隨時要用到，當寫文章臨時碰到問題要檢查一下，或核對一下，自己有書，可能幾分鐘之內就可解決。若要到圖書館去查，縱很方便，也要浪費十倍以上的時間。有時以為問題不大，不免馬虎，懶得費時去查，就可能出毛病。

問題不必寫作了！我想此大不然。寫作事實上不但是為了向外發表、貢獻社會，同時也是研究工作的最後階段，而且是最重要最嚴肅的研究階段；不寫作為文，根本就未完成研究功夫，學問也未成熟。常有人說某人學問極好，可惜不寫作。事實上，此話大有問題。某人可能常識豐富，也有見解，但不寫作為文，他的學問議論只停留在見解看法的階段，沒有經過嚴肅的考驗階段，就不可能是有系統的真正成熟的知識。一個人的學術見解要想成為有系統的成熟的知識，就必須經過搜集材料，加以思考，最後系統化的寫作出來，始能成為真知識真學問。因為平時找材料用思考，都是零碎的，未必嚴密，也無系統。要到寫作時，各種矛盾、各種缺隙、各種問題可能都鑽出來了，須得經過更精細的覆讀，更嚴密的思考，一一解決，理出一條線索，把論斷顯豁出來，這條論斷纔站得住；否則只能算是個人看法而已，不足稱為成熟的學問。所以寫作是最精細的閱讀、最嚴密的思考，也是問題研究進程中最嚴肅的最後階段，非寫作成文，不能視為研究終結。至於發表不發表，就治學本身言，反不是寫作的最大作用！

寫作是學問成熟的最後階段，然則寫作就一定是成熟的嗎？此又大不然，要看各人的學力與訓練。不過就一個人的一生而言，也不能等到學問接近成熟時纔寫，而要在青年時代就訓練寫作。據我所瞭解，一個人在三十五歲以前，至遲四十歲以前，若不常常寫作，以後就不大能寫作了。所以我常常勸告青年同學，要及早訓練寫作技術，但不要搶著發表！不但要即青年時代開始訓練寫作，中間還得常常寫作，擱筆太久，再從事寫作，有時也會感到下筆凝滯。我是一九六四年來香港任教的，過去不曾正式教過書，而且一向不大說話，口才顯得太差，突然要講授幾個課，就得先作充分準備；因此不得不暫時擱置論文寫作，準備講稿。到一九六六年夏天，纔得暇再事論文寫作。來港之前，我每年至少寫一兩篇論文，總出版量大約已近三百萬字，寫作經驗不可謂不豐富。不意停了兩年，就顯得頗為生疏。第一篇論文是〈唐藍田武關道驛程考〉（刊《史語所集刊》第三十九本下冊）就寫得非常吃力，浪費了很多稿紙。固然可說這次寫的是關於歷史地理問題，性質與以前偏重制度或人事者不同，但兩年未寫，技術稍疏，也不無關係。俗語說「拳不離手，曲不離口」，寫論文正也如此，不能中斷！

最後談聽受與講授。聽受在青年學習時代固不待言，優良教師的課應該仔細的聽，一則他們講授的內容可能很多是他一家之言，別處聽不到看不到。二則聽來的印象較閱讀得來的印象要深刻些。在離開學校以後，聽受的機會少了，但有好的機會，也要能聽受他人意見，不能以為自己學問成熟，而固拒自蔽！講授當是學問相當成熟以後的事。職業性的講授太多，固然浪費時間與精神，有害於治學，但不太多的講授仍極需要，因為興致淋漓的講授中，思考常很敏銳，所以往往在講壇徘徊講說中發現新問題，湧出新看法，此即有利於研究。若能有好的學生，提出有意義的詢問，那就更加有助於問題的研究了！所謂教學相長，並非虛言。

（二）恆　對於治學而言，「勤」是基本要訣，但若無「恆」以濟之，雖勤亦不能有成。而且在我看來，恆比勤更重要，也更難做到。我常向青年朋友說：「不怕不太勤，只怕沒有恆。」因為一時或短時期的勤，幾乎人人可以做到，但一時短期的勤實無濟於事，最要緊的是長時間永恆的勤，這就不易做到；若能做到，學問必有成就。就我個人言，朋友們都說能勤奮用功；其實我不算頂勤奮。我在學校讀書時代，誠然相當用功，但我總按時就寢，絕少為考試溫習功課而延遲上床時間，出校門以後更不會有。只有二十年前在哈佛訪問時，看到他們中日文圖書館所藏日文圖書豐富，且對我極有用，故臨時再參加學生行列，去學日文，趕看日文書，因為時間有限，往往讀到深夜兩三點鐘，這是我平生的唯一例外時期。現已老年，晚上更少讀書。就是白天，工作也不緊張，大約每天真正工作平均不會超過五小時，當然不能算是極用功。不過我除了幼年時代有一段頑童生活之外，自十二三歲開始迄今五十年歲月，幾乎沒有一天離開書本，而且一心一意的做我的學術工作，不參與任何活動——包括學術活動；連學術會議也不主動的參加，因為我覺得花費時間太多，所得不償所失，不如自己多多的泛覽各方面的書刊；至於行政性的工作，當然更不願沾惹，就是教書也是最近十幾年到香港以後的事。記得新亞書院接受雅禮協會補助的初期，賓四師來到台北，約牟潤孫兄到港任教，並囑其到楊梅鄉間來約我。當時我的生活雖極困難，一家四五口往往只有一碗青菜佐餐，但自覺學業基礎尚未鞏固，所以堅持不兼差，也絕不考慮到香港謀求生活的改善；畹蘭不曾敦促我多賺些錢，補貼家用，也很難能！

這是我對學術工作之能永恆堅持處。所以要說我對於學術工作有一點小成就，主要是靠一個「恆」字訣；「勤」還在其次，因為只是相當勤，並不頂勤。所以我常向青年朋友說，出了校門置身社會，任職謀生，不可能人人都有充裕的時間做學問。但無論職業怎樣忙，年輕人，精力旺盛，每天抽出兩小時讀書，絕不困難，只要減少無謂的交際應酬與消遣，便可做到。每天兩小時雖不多，但十年累積就很可觀。若能永恆的堅持十年以上，一定會有相當成就。若不能持恆努力，縱然得到好機會，出國留學，得博士，在大學謀得悠閒的教職，在名位上可能得意，但學術成就仍不可必，因為未必能每日認真讀兩小時的書！

（三）毅　上文說的「恆」，就已包括「毅」，沒有堅強的毅力，如何能永恆的工作下去？再者，毅力在另一方面表現是耐性。學術工作，耐性極重要。因為工作有時不免繁重，或遭遇困難，非用無比的耐性加以克服不可。而有了堅強的毅力，無比的耐性，問題也一定會獲得解決，很少白費功夫！我的經驗，有時寫論文，剛把材料攤開來時，往往顯得頭緒紛繁，甚至矛盾重重，不知從何下手，嘗試著這樣做不對，那樣做也不對，但我不灰心，堅持著慢慢的想辦法，最後總能理出一點頭緒，找到一條線索，把那些紛繁矛盾的材料穿貫起來，寫成一篇相當滿意的論文。當然我有時也想到，這是我作繭自縛。有些人寫論文，只搜錄重要的材料，那些瑣細似乎不關緊要的材料就不管，那末寫起文章就較簡單輕快。我搜錄材料太細太詳，有如收荒貨一般，細大不捐，因此不免繁雜，要把這些繁雜的材料都組織起來，自然比較困難，這不是作繭自縛嗎？不過經過整理穿插仔細的組織所寫出來的論文，總要比較踏實堅強些！

（四）勇　勇敢也是治學的一個要訣。前文所說「立志」，就要有勇氣；要大規模的做大問題，也要有勇氣，要永恆的堅持下去，也是一種勇氣。此外對於問題要勇於懷疑、勇於設想、勇於立論。胡先生說「大膽假設」，也就是此意。若是沒有勇氣，就不會能提出新意見，得出新結論，大規模的著作更談不上！

（五）謹　謹慎是勇敢的反面，但相反而相成。只是勇於懷疑、勇於立論，若不能慎於判斷，就很容易出錯誤，甚至鬧笑話。胡先生一方面說「大膽假設」，同時又說「小心求證」，正是此意。他又屢次提到一分證據說一分話，七分證據不能說八分話，也就是謹慎之意。

（六）和　在謹慎中已寓有溫和。研究問題要從容客觀，尤其與別人討論問題，要態度溫和，絕不可採取敵對立場，不但不要嫉視反對意見，無寧要盡量聽取反對意見，看看自己的想法是否為自己的主觀所蔽。有了反對意見，正好藉此反省一下。因為每個人的想法，都不免有主觀成分在內。也許自己由此一條線索去設想，而忽略了別的線索，所以想得偏了，有人從另一角度另一線索去設想，豈不很好，比勘一下，也許別人的反對意見正確，也許更顯得自己的意見正確，也許相互磨礪，引出另一個更好的看法，也未可知。學術是天下公器，真理愈辯而愈明，沒有面子問題在內。若是意氣用事，文過飾非，縱可爭狠於一時，終當暴白於異日，強辯飾非，只見其識見之隘陋，度量之不恢宏耳！

（七）緩　緩慢在學術工作中可有兩層意思。其一，工作緩緩的做，不要搶快。其二，著作完成後，最好暫緩發表。

先談第一點。學術工作，尤其文史學術工作是期永久價值，不是商業廣告，不是政治宣傳，不須要爭取一時之效。既要做文史學術工作，就要認定能坐冷板凳，慢慢去做。因為任何問題，甚至很小問題，要搜集充分資料，都不是短時間中所能湊功，動輒要屢經寒暑，所以千萬不能急功。慢工誠然不一定能出細貨，但細貨則必定出於慢工，草率搶工完成的東西，決不會好。現在研究院碩士班學生大多沒有寫過正式論文，要在兩年修課期間寫成論文，殊為不易。所以我常告訴他們，只是作為訓練，不要期望為成熟之作。就是我要在兩年之內做個陌生題目，也未必能做得好。事實上，我寫論文，除了應酬之作，凡是正式論文，自起意到寫成，大約至少要四、五年以上，目前陸續發表的論文更是在三十年前已開始準備了，可謂緩慢之至！就是這樣，還有些寫得不滿意，甚至講錯了！所以決不能搶快。然則這樣慢，豈非一生中做不了幾篇東西？此又大不然。就以我而論，每篇論文準備的時間雖長，但作品總不算少，原因是第一篇所說作廣面的全面的研究，同時注意很多問題。準備時間雖長，一旦準備充分，就有很多論題可寫。例如我目前所寫歷史地理方面問題，三十幾年前就已開始準備，中間二十年毫無聲氣，幾乎無人知道我在做這種工作。但一旦開始寫作，就每年可出若干篇，至今至少還有二三十篇交通與其他有關人文地理的文章，可隨時抽出來就寫，如此總算起來，豈不很快！所以工作雖慢，成績卻不一定就少。[4]換言之，從長遠來看，工作緩慢，

---

4 我三十餘年來所發表的文字，除了極少數幾篇雜文與這一小冊之外，都是極嚴肅的學術論著，總量約在四百萬字以上，不可謂少。有一位同學留學日本，據他說，好多日本學人以為我有一個研究班子，跟我搜集材料。其實我還沒有力量能請幾個人協助做工作；史語所也無此制度，每位研究人員，不論職位高低，都是獨立的研究。所以我所有的每條材料都是自己搜集的；只有在史語所的最後兩三年，有一位書記幫我抄錄，這當感謝陳槃　與李濟之兩位先生的好意。我用小簽條寫明自某頁某行某字起，至某行某字止，插在書頁中，交書記抄寫，抄好後，我再自己看一遍，用不同顏色的筆加以標識。至於撰寫，更是沒有一個字假手他人。我的工作完全由自己一人擔負，不但是由於無力請人協助，而且縱然有人協助，我也不會要。我在史語所工作的最後一年，擔任國科會設立的研究講座，照章可請兩人協助，一人就用原來的書記，另加請一位助理研究員，但也只請他代我節譯幾篇日本學人論文，並未請他為我搜集材料。因為我認為文科研究，一定要一點一滴的都通過自己的腦海；就是材料，也必須自己去看。因為同樣看一卷書，程度不同，所瞭解的深度也不一樣，也許有極重要材料，程度不夠，往往就看不出來，所以我不想假手於人。有一位頗有名的學人，曾很得意地說：「我每年發表幾十萬字，但我自己不曾寫一個字！」我想除非是編輯工作，若是論著，那不可能是一部好書！

並不礙於進度之速！此之謂以慢為快。

次論第二點，論著最好暫緩發表。人人都有發表慾，論著完成，就想發表，這是人之常情；不過最好能克制一下，擱置一個時期再發表為佳。因為論著初成，必尚多問題未考慮周全，致有小漏洞，至少在撰寫方面尚不夠精練，有可改進處。當然在初稿寫撰時已仔細改了，但文章工整，絕無止境，擱置一個時期，必定發現有當改進處；若已發表，便懶得再改了。這在我已有不少經驗：如《秦漢地方行政制度》，因為屢次拖延未能出版，結果屢經改訂，臻於滿意。《魏晉南北朝地方行政制度》，初稿撰成即為印刷費所迫立即付印，未能再加刪改，至今為憾。又如《北魏尚書制度考》，即以長編付印，久欲改作而未果；若當時未迅即發表，相信必已改訂，較合理想。復如《唐僕尚丞郎表》，發表以後發現部分金石材料已錄而未用到，《文苑英華》亦因當時環境所限未加利用，若非當時政局不佳，不得不即早印行，則至少必已就此兩點詳加增訂，更趨完美。這些都是我的親身經驗，前文（第七篇）亦已分別提到過，不再詳談。近十餘年來，寫唐代交通問題，也不免為文債所迫，文成即印，出版後卻發現不少當增補或當改訂處。好在已發表者為散篇論文，等待全書出版時，仍可做一番改進功夫，期能彌補，達於較完美境界。即如這本小冊，不是嚴肅的學術論著，但我也準備在初稿寫成後擱置幾個月纔付印，以期能隨時有所改進！

玖　生活、修養與治學之關係

一個人學問成就的深淺，可以從他的生活修養中看出一些端倪，因為日常生活與人生修養對於學術工作影響極大。

治學本不是件輕鬆的事，近代學術工作日趨複雜，步入分工專精之途徑，但又不能不相當博通，史學工作所涉尤廣，更為不易。個人以為，要想在學術上有較大成就，尤其是史學，若只在學術工作本身下功夫，還嫌不夠，尤當從日常生活與人生修養方面鍛鍊自己，成為一個堅強純淨的「學術人」。想達成這一目標，須要真能做到：

「工作隨時努力，
生活隨遇而安。」

這句話等於是我的座右銘，雖不能至，而心向往之。據我的體驗與觀察，前六個字還比較容易做到，後六個字卻極不易做到，而這點尤與人生修養有關；不過在我似乎天性與此相近。我自幼年就對於物質享受沒有多大奢望，這或許與出身農家有關。成年後，生活曾經有過一段極困苦的時期，但我仍是無憂無慮的耐心過日子，既不羨慕別人的物質享受，更不怨天尤人。因為我覺得生活享受絕無一定的標準，要不滿足，無論多好享受仍是不能滿足；要滿足，就隨時都能滿足；古人說「知足常樂」，這一點我是真正能體驗到，唯一常感不足的是學術工作。我常自己反省，覺得我非貪人，但對於學術工作卻很貪，既欲精深，又想有相當宏通，如此就不免隨時努力去做。從這一點看來，自愧仍非達人！

下面姑就一般生活與人生修養之影響學術工作者，拉雜言之。

一、健強身體、健康心理

要想在學術上有相當成就，第一必須有健康的身心——身體健康與心理健康。記得在初中讀書時代，實頗用功，尤不愛運動。長兄德明有一次信上勸我注意身體。他說身體如一隻船，學問如同載量，船不堅固，甚至破壞了，如何還能運載！此語給我的印象極為深刻。最近看《明報》一篇短文，把身體比作成功的機器，意義也是一樣。機器性能不良，甚至破爛，如何能利用它製出優良的成品來！要想身體健康，自必生活有節度，飲食、寒暖、運動、休息，皆當注意節度，此不待言。而心理健康，亦同樣重要，並且大有影響於身體健康。

心理健康是醫學上的專門問題，不敢深論。不過就我個人的體驗，快樂的人生觀，心情輕鬆，胸懷坦蕩，是心理健康的基礎，對於身心健康大有好處。最近看報，說醫學界對於健康提出了九個標準：第一，心裡常覺有幸福感。第二，對工作有熱忱，辦事有效率。第三，笑口常開，第四，有信心。第五，有自我克制的能力。第六，沒有疾病和痛苦。第七，不會杞人憂天。第八，能勇敢地面對現實。第九，不失眠。這一大半與快樂的人生觀有關。我是個絕對的樂觀派，對於自己、對於社會、對於國家民族、人類前途，永遠覺得有辦法、有希望、不悲觀。當然不見得遇事都真能樂觀，但糊塗的樂觀至少自己得到輕鬆快樂，豈不很好！至於對事對人，我覺得寧滯毋敏，寧可遲鈍一點，不要太敏感，多疑慮；縱然覺察到他人對己有不利跡象，也要有胸襟化解，不要放在心上。有人要說，太遲鈍豈不要吃虧。其實吃點虧也不算什麼，何必斤斤計較一日的得失！何況這個社會，還是心術正常的人居多，不過有些人心地狹隘，有些人有自卑感，不能吃虧，務欲逞強而已，真正小人還是比較少數；只要能遇事裝點糊塗，讓人一步，也就相安無事。十幾年前我來香港，有位好朋友告訴我說，來到新地方，環境比較複雜，「害人之心不可有，防人之心不可無。」我很感謝這位朋友的忠告，但我自譬是個不設防的城市，不會有人來攻；縱然有人來攻，也不在乎。又有位朋友告訴我，像我也該有人忌妒了；蓋有所聞而言。我雖也有覺察，但只付之一笑，若無所知，絕不計較。這不但是品德修養問題，也關乎心理健康。我自信這些事對於我無大影響，不計較即無縈於懷，不影響自己情緒，不浪費心力時光，這對於身體健康與學術工作都大有關係。我前面說過，有青年大文學家、大科學家，但沒有青年大史學家，史學有較大成就，總得在五十以後，至少近五十歲，最好能活七十八十，而且要身心健康。自己不樂觀，心情不輕鬆，對人對事斤斤計較放不開，身體自然不會很健康。悲觀、放不開、身體不健康的人，自然精神不濟，無法有堅強的毅力達成他的遠大志願。

寫到此處，不免想起陳寅恪先生。我們這個時代的史學家群推陳先生為巨擘，以陳先生天分之高，學養之深，語文工具之博備，誠為曠世難得之人才。據俞大維先生在〈懷念陳寅恪先生〉一文（中研院史語所出版《陳寅恪先生論文集》卷首）中說，他有志寫一部「中國通史」，似也有意寫一部「蒙古史」；但皆無所成，「只倉促寫成〈唐代政治史述論稿〉及〈隋唐制度淵源略論稿〉」及數十篇有啟發性的論文。若在他人，自然已是極大成就，但就陳先生來說，實未盡其才學。這不僅是他個人的悲劇，尤為史學界一項無可補救的損失。我想陳先生的大志不遂，最基本的原因是身體健康太差，又是悲觀主義者（身體不健康的人很難樂觀），自不勝負荷其志願。加以陳先生雖是個謹嚴的史學家，生活修養所表現的性格也是最標準的「學術人」；但另一方面仍不脫才子文士的風格，不是個科學工作者，所以雖有大志而似無具體計畫，也不會能耐煩的去做一個有組織的大工作。至於俞先生所謂時代喪亂、生活不安，尚在其次。因為以陳先生的聲望，為國內外上下群情所尊仰，一般人際關係也良好，又得傅孟真先生的特別尊敬與支持，若他本人身體健康，意志堅強，想有計畫的做一項大工作，相信環境對於他不會有多大困難；但健康太差，此志不遂，殊為可惜！

二、心力、惜時光

學問是由心力與時光交織而成，缺一不可。但一個人無論身體多健強，但精神心力都有限度，時間更是有限度。要將自己有限度的精神心力集中在治學工作上，始能有成，若不能精神集中，將心力分散到其他方面，則學問必不能有多大成就，其他方面也將會失望。此如河渠，固定的相當大的水量，放入一條渠中，必然顯得流量很大，氣勢雄壯；若分入數條渠道，各渠勢必顯得流量減少，氣勢微弱，無大作用。一個人的心力時光分散到多方面，各方面的成果也勢必都大打折扣。心力時光既然都有限度，而學問又是心力時光交織而成，故心力與時光愈能集中，成果必愈大，最好他的生活一切都投注浸潤在學術工作中，成為一個純淨的學術人。我個人雖然還不能達到這一境界，但已儘可能向往此途，名利無大興趣，權位尤不敢沾，專心一意的做學術工作，這在上一章講「恆」字訣已談過。惟生活消遣則興趣頗為廣泛，如朋友談天、遨遊山水、瀏覽報章雜誌、看電影電視。但談天遨遊的機會並不多（近年香港治安不佳，少數人也不敢到鄉間去），至於影視報章，亦隨時警惕，盡量放棄，緊縮到瞭解時局與娛樂生活所必要的最小限度，每天只看一種報紙，至多一節電視，以使心力時間不要分散。此外我還有一點分神處，即吾妻體弱，家庭雜務須我分任。不過此與外務不同，只分點時間作體力勞動，不費心力；而且使心神頭腦能輕鬆一下，對於健康也未始無好處！

三、淡名利、避權位

治學貴能一心力、惜時光；然而一般人大多不能注意到這一點，總不免為「名」「利」「權」「位」所困擾，分心力，分時間。當然人非賢聖，名利權位誰不有興趣，想爭取！但這四者的爭取，對於學術工作都絕對有妨礙，原因就是要分心力分時間。

四者之中亦有分別：就「名」而言，學術上若真有成就，名不求而自至。不過學術之名只是清名，不能憑以有所享受，而且在學術工作進行中也不能以求名為目的，若以求名為目的，則其學術成就必極有限度。有位朋友說，四十歲以前賣力，四十以後賣名。果然這樣，則學術上的真正成就到四十歲前後即將停止，很難再真有進境，因為治學的動機不在學術而在成名，名已成了，真正學術工作自然也就停止了。何況學術界的名氣又與學術成就並不真相一致，有高名的，學術成就不一定高，成就高的也不一定就極有名，所以名與實仍是兩回事，一個真正學術工作者仍當把「名」字撇開！何況更進一層說，名不但不能特意追求，名頭太大，對於治學也有妨礙。只就我所及見的前輩學人說，似乎只有陳寅恪先生未為盛名而影響了治學工作，其他享大名的史學家幾乎無不受了盛名之累。最顯著的例子，如顧師頡剛，二十幾歲就享大名，為時代青年所矚目，為當時鋒頭最健的史學家，每天忙得不得了，幾乎毫無工作時間。中年以後，他非常後悔。一九四四年，我到重慶，在他主持的機構寄居多日，據他自己評論說，他深悔年輕時弄得名氣太大，不能安心工作，對於史學並無多大貢獻，只是研究孟姜女真正有了成就。我想這是頡剛師肺腑之言，但不免過分謙虛耳！再如胡適之先生。胡先生在近代學術界，無疑為大名第一的學人。他的主要成就，在文學革命、思想解放方面，對於近代中國給予重大影響、重大貢獻。但這是他青年中年時代的貢獻；中年以後漸漸專於他認為本行的史學。雖然他工作精神仍很旺盛，不減壯年，以他的天分學力，應再有一番高度貢獻；但為大名所累，復為國事操勞，始終不能全神貫注在學術工作方面，所以成效未宏！不過以胡先生對社會國家的貢獻而論，犧牲一點專業的成就，已很值得，不足為惜了！

就「利」而言，當然一個人總得有基本生活費，不過我想這非絕大問題。何況現在學術人才荒，學術工作真有表現，絕不至於窮得沒有飯吃！記得我在中學時代，當時已如現在一樣崇尚理工科，大學文科畢業生，多半找不到適當職業，所以中學數理化成績好的同學一定都投考理工科，考取理工科，回到母校都特顯光采；只有數理化成績差的同學纔不得已投考文科。我自小學到高中，一直以數理科見長，為師友所看重；文科成績反極平平。但在高中時代，我的實際興趣已確定轉移到史學方面，所以我決然投考歷史系。當時我的想法，天下沒有個勤奮的人會找不到飯吃，只是物質生活有好有差而已。學術當因興之所之，不能功利主義，所以斷然採取與一般時尚相反的決定，使得平日不太接近的師友都大感詫異！現在想來，初出學校幾年，誠然有過近於斷炊之虞，但總的說來，仍是生活得不錯，實出我預期之外！

就「權」與「位」而言，尤於治學有百害而無一利。因為謀取權位不但要分心力分時間，而取得之後，仍有麻煩，位愈高權愈重，麻煩愈多，不僅因為有權位就有職務要做，而是世俗趨附，習於請託，有權位必然應酬大增，為職務為應酬之不暇，何能一心一意的浸潤在學術中！但現在學術界人士多喜歡兼任官吏，至少喜歡在學校當什麼長什麼主任，以為有位有權，自以為榮。或許他對於學術本無多大興趣與期望，故樂此不疲；若對於學術研究真有興趣、有抱負，這樣做，豈非緣木求魚！因為現在做官很忙，學校部分行政負責人也相當忙，皆絕不利於治學，所以真正做學問的人絕不能兼任此類工作。我不是看不起此類工作，中國古訓，太上立德，其次立功，其次立言。做官辦行政，意在立功，序次猶在立言之上。不過魚與熊掌不可得兼，若欲兼而有之，勢必兩面不討好，一事無成！

總而言之，學術工作只為興趣與求真的責任感。為了學術成就，名利權位，皆不能分心爭取。而權位兩者，不但不能爭取，而且要絕對避而遠之，就是無意中為形勢所迫落到頭上，也要設法避開，決不可貪圖暫時虛榮，阻礙大計。因為行政工作不但分散了心力與時間，減少了學術工作量，而且因為關心的範圍增廣，時間零碎，精神不集中，就很難長時間安靜下來，深思窮追，如何能深入學術奧壤，探得靈珠！好多年前，有位學人來港在中文大學歷史系作一次講演。他說做學問要有兩個條件，富與貴。有錢買書容易；居高位，找書方便，並且舉出胡適之先生某次找書為例。不知胡先生正是受了盛名高位之累，致中年以後不能安心學術工作；有找書之便，亦復何用！這種論調，真是因小利而忘大弊，淺薄之至。此君為學有找書之勤，甚為可佩，但不能深入，豈是偶然！

四、堅定力、戒浮躁

定力本為佛家名詞，我想若希望治學有較大成就，定力也極其重要。治學的定力，可分對內對外兩方面來說：就內在的興趣與工作方向言，要堅定信心，不要見異思遷，自己既已打定主意要向這方面發展，就要堅定自信，不要又逐時尚而動搖，更不可看見他人研究其他方面問題多所創獲，而欲跟蹤冒進。見異思遷，跟蹤冒進，都是定力不夠的表現。就對外而言，遭遇到外面的壓力，不能屈服，面對外面的誘惑力，也要堅定意志，不能動搖。就我的體驗與觀察，大多數的讀書人都有倔強的個性。當他未成名前，對外面的壓力，乃至生活困窘，往往都能咬緊牙關，極力抵擋；但一到漸露頭角，小有名氣，外面將有不少的誘惑力向他招手，這時能堅定不移，寧坐冷板凳，不被誘引入外務之歧途，不出鋒頭、任行政、爭取名利權位者，千百人中蓋一二而已！這都是定力不夠之病。所以為了內在志趣的穩定，外在壓力、誘惑力的抵抗，不能不在定力方面下修養功夫，達到老僧入定，不為名利權位等任何衝擊所動搖！如此則治學有成，無待耆龜！記得一九四一年，我自武漢大學畢業，到成都從賓四師繼續讀書。一晚散步中庭，師謂我曰：「你將來治學有成，必無問題；但中國人做學問的環境並不很好，在未成名前，找一碗飯吃都有困難，一旦成名，又必為多方面拉扯，做這樣，做那樣。你要切記，到那時，不要分心旁騖！」這一番訓誨，就是教我要有定力；迄今近四十年，記憶猶新，不敢忘，影響我的治學亦極大！

浮躁可謂為定力的反面。性情輕浮急躁，不但是品德上一大缺點，也為治學大忌。因為浮躁的人，行為做事必定虛浮，治學何能例外，自然也是浮而不實，更何能做到勤謹和緩，亦何能有堅強的定力、集中心力與時光在學問上用大功夫？對於問題的探討也必然淺嚐即止，絕不可能鍥而不捨的去深入發掘，縝密研究，徹底解決！這種個性的人，如有才氣，自可小成，但絕難深入達成較高境界！而且浮躁的人亦易驕滿，甚至狂妄，很難永遠虛心的求長進！所以一個做學問的人，也要隨時反省自己為學為人，是否輕浮急躁；如犯此病，就當極力戒除！

五、開闊胸襟

近代人提起治史，總說要客觀。事實上，絕對客觀幾乎是不可能的事，只是總應該向這方面去做，做到儘可能的客觀。而客觀的前提條件是要有開闊的胸襟。有了開闊的胸襟，纔能容納眾說，至少能容忍眾說，包括各種理論與個別問題的各種異見；乃至對於他人成就的態度，也當如此。就個別問題的異見而言，各人看法不同，也必各有其相當理據，何妨多方取攝，作參考之用。就理論而言，各種理論都非十全十美，放諸四海而皆準的；但一種理論若果已能成立，為一部分學人所尊奉，這種理論也必有相當的真實性與可用性，我們絕不能採取輕蔑甚至排斥的態度，一棍子打死；反之，要採取容受的態度，在某一種情況下，或許有其用處。只是此種理論亦必有其局限性，不能無條件的遵用，以為不二法門的聖神法寶！其他任何理論也都是如此，不能蔑視它，也不能迷信其有無邊的法力！就對於他人成就的態度來說，無論對任何人的工作都當予以尊重，不能因為自己不欣賞、無興趣，甚至自己不懂，而看低他人工作的成就，甚至加以否定；那是專制自隘的態度與思想，不但是品德做人方面的缺點，只就做學問而言，一有此種態度，就很難步入博大之路，甚至愈走路子愈狹，終至逼處一隅，自我陶醉而已！不過反過來說，對於他人的成就——不論古人或今人——也只能採取尊重的態度，乃至佩服採用，但不能崇拜。一有崇拜心理，便易步入迷信，失去理智的判斷與採擇，那也是專制狹隘思想的根源，使自己心思不能更進一步的發展。這樣對於各種理論、各種異見，以及各種學問領域，無所不能容，無所不涵蓋，則自己治學纔能不自隘、不自滿，無止境的向前發展下去。此所謂「有容乃大」，亦「江河不擇細流，故能成其大」之意！

六、慎戒執著

對外要開闊胸襟，迎接萬千；對內則當戒除執著，免得陷於拘泥不化。

做事做學問都不能不有相當固執，但也要得中庸之道，不能過分固執有拘泥執著之病。不過我所說的「固執」與「執著」只是一種性格的兩個階段，很難指出其分野；要在各人自己體察，「允執厥中」即固執應適可而止，不要過分；也可說是能抓得緊，也能放得開；也就是堅定一定的原則，而因應現實情況，靈活運用，不要死執一點，不能隨宜變化。這對於治學大有關係，相信做事也當如此。但所謂固執而不過分，抓得緊，放開開，堅守原則，靈活運用，仍非具體，今姑舉一事以例之。

我在武漢大學讀書時，於同學中最佩服好友某君。他的天分努力皆在我之上，所以論成績，尤其國文書法都較我為優，我寫文章一定要先請他看過；只是社會科學知識，我有一日之長。在當時，兩人同讀《史記》，他於書眉用蠅頭小字節錄名家評語殆遍；我雖也相當用功，但遠不如他的精勤。同讀《漢書・地理志》，他能幾於成誦；我記憶力特差，只略識各郡縣約在何方位而已。同摩繪楊守敬《水經注圖》，他筆筆依循不苟；我則大致規摩而已，以為細節處，楊氏亦只以意為之，無所依據。課堂筆記，他書寫快捷，故極完備，我則斷續不能全。由此可見兩人天分勤力，都頗有差距。畢業後，賓四師約我到成都齊魯國學研究所繼續學業，第二學期他也到齊魯。一日我與賓四師談到他，深佩其學業，而師則謂彼之前途不如我，令我深感詫異。請其故，師謂彼稟性執著。當時我尚以為疑。不數年，我的工作愈做愈起勁，而他似顯諸路不通，無可表現，始服賓師之有遠見。再回憶大學時代，兩人同習太極拳，我很快即能略得其形似，而他的拳腳伸出始終強勁如少林，教師糾正，亦不能改。此正見個性之差異，表現於動作行事之不同。大約他能剛而不能柔，能認真而不能迴環有彈性。也可說，能抓得緊，但不能放得開；用於治學，易執著，不能靈活通變，終至四處阻塞，興味索然，無可發揮，殊為可惜！觀此一例，性情執著之徵候略可知曉，足為警戒！

一九七九年九月二日全冊完稿，二十七日再稿，其後陸續增補改訂，局部易稿若干次，至一九八〇年五月二十六日最後審訂畢功。

校後記

此書出版後，發現有少數錯字，曾逐條寫錄，惜未及時刊正，好在無害大旨。頃復校讀一過，本欲作若干增補，但恐影響版面較大，有所未便，故除改訂錯字外，只在不影響版面原則下作輕微增刪而已。

又手頭自用本卷末，有一九八二年九月十一日所寫跋語一條說：

「今日偶檢往日生活記，民國五十一年除夕一條云：近一年多來，常想寫一篇文字，題為治史方法之我見。但工作忙，家事忙，一直拖著未動筆。今天除夕，想把平日所想的標目大意寫錄如次：

一、極高明，而道中庸。此分兩方著眼：第一，看人人所常看的書，說人人所未說的話。第二，累積極平庸的材料，得出不平庸的結論。第一點舉錢先生與陳寅恪先生為例，第二點運用平庸的事例，最好能用統計法來表現。

二、抽讀書，巧擇題。重要的基本書籍，必須從頭到尾的看，決不能取巧、玩聰明；但選擇論題，卻不妨取巧，不能隨便找個題目。擇題要注意幾點：第一，選重要的題目，不要做不相干的題目。第二，擇題要注意材料情況。

三、大題與小題，大做與小做。

四、社會科學知識，與數學論理學的修養。

五、多做具體問題，少做空洞問題。

全文共約八九百字。看此短記，本書頗多論點，彼時已盤桓胸中了。」

今就全書稍作校訂既畢，因附錄此跋，聊供參看。

一九九〇年一月十六日

卷　二

治史答問

序言一

前年八月寫成《治史答問》十二則，本擬作為一篇雜文發表，但一則這十二條多半為黃寬重先生代表《漢學通訊》所提出的問題，應該等待他的〈訪問記〉刊出後纔好發表；二則我一向覺得文章寫成最好留在手邊一段時期，可以有斟酌訂正的機會。在這等待期間，又陸續有所寫述，至今年暑前，共得九則，合併前稿凡二十一則，可以作為一本小冊子發表了。最近得暇將此二十一則答問，稍加整理，各加標題，單獨為篇，前十二篇即前年一時寫成之舊稿，後九篇則續述之稿。全部內容包括個人治史歷程與對於治史的一些意見，就中兩篇談到已謝世的三位前輩史學家，實亦見個人治史之意趣，故此小冊視為《治史經驗談》之續編可也。末附黃寬重先生所寫〈訪問記〉，蓋此〈記〉頗詳，有為個人筆述所未及者，故附供參考。

一九八四年七月三十日於南港中央研究院學人宿舍

序言二

來港任教已十八年之久，諸生問學往往涉及治史應取途徑與個人治史歷程，前撰《治史經驗談》，有些問答內容已分別寫入各篇，有些未能寫入。近兩年來，又續有問答，頗想作「答諸生問」一文，聊當續談。頃赴臺北，出席一項會議，欣悉《治史經驗談》在去年十二月已發行第二版，時去初版不過七個月，顯然臺灣史學界一般青年學人對於此書有相當興趣。看來該書不負所期，對於青年史學工作者可能有相當影響，發生一點積極作用，這對於我是一項鼓勵。適會中央圖書館《漢學通訊》編者蘇精、莊耀郎與史語所黃寬重三位先生聯袂來訪，所問多屬個人治學經歷。前人治學歷程，對於後學多少有些參考作用，自念一向拙於言詞，倉促應對，未能暢達，不如並前時答諸生問未寫入《經驗談》者，合而述之。故返港以後，趁研究工作尚未開始之前，草此答問若干條，藉存鴻爪。

一九八二年八月十七日於九龍霞明閣寓所

我研究歷史的興趣是怎樣引發的

問 你在《治史經驗談》中說，自小學到高中一直以數理科見長，文科成績反極平平（卷一第玖篇第三點）。何以在高中時代治學興趣就已轉移到歷史方面呢？

答 社會文化的演進大端可能有相當規律可尋；但歷史上的個別事件，偶然觸發的可能性就很大。我生長在桐城縣羅家嶺的鄉間，只能就近進入鄉鎮中唯一的小學。在高小時期，學校從省城安慶請來一位算術教師馮溶生先生，他教算術很能引起我的興趣，所以特別努力加工，做了很多課外作業，並且預習初中低年級的算術課題，尤其四則雜題做得很多，[1]所以當時算術一科顯得特長。小學畢業後，到安慶城進入安慶初級中學，仍對於數學特感興趣，而文科程度顯得很壞。一日我在樓上做功課，有一位鄉人在樓下與一位同學談起，罵我一封信都不會寫，數學再好有什麼用？我親自聽到這些話，不免有些感觸。適在那時長兄德明先生也勸我要對國文下點功夫，因此更自意動，想著如何增進自己的國文程度。聽說陳壽《三國志》

1 那時做算術還用毛筆，我的預習初中算術簿，直到一九四六年冬我復員回家時還留在羅家嶺初級中學做他們學生的範本。

是文章好的名著，自己看過《三國演義》，以為大概內容也差不多，因此買了部《三國志》來看，發現書內生字極多，文章更不易懂。我的個性決定要做的事，尤其是讀書，再困難也要堅持下去，因此借助字典，半懂不懂的看下去。一年下來，雖然還未看完，但閱讀能力卻頗有進步。後來又自修《左傳》，看《曾文正公家書》、梁任公《飲冰室文集》之類的書，這樣對於國文漸感興趣，而《左傳》、《三國志》兩部古籍都是史書。及到高中，中國歷史教師是李則綱先生，我聽他一次很有意義的演講，又讀到梁任公的《中國歷史研究法》，對於中國歷史的興趣因此明顯的被激發起來。這在《經驗談》的〈序言〉中已說過。

我在中學大學讀書時代的課外閱讀

問　你在大中學做學生時代，除了學校功課之外，喜歡看些什麼書？

答　在高中讀書時代，雖然早經決定將來從事史學研究工作，但求知慾極強，史學方面的書固然要讀，其他方面的書也讀得相當多，現在能明確數得出來的書名反而比史學方面的書為多。例如莫爾甘《古代社會》（楊東蒪譯本）、羅維《初民社會》（呂湘譯本）、林惠祥《文化人類學》、李則綱《始祖的誕生與圖騰》、岑家梧《圖騰藝術史》、恩格斯《家族私有財產與國家的起源》（忘譯者）及已忘記作者的《巫術科學宗教與神話》（李安宅譯）、《社會進化史》（陶孟和譯？）《婚姻進化史》、《文化移動論》、《史前體質人類學》等至少二、三十種，[1]大約偏重原始人類、落後民族社會生活方面的論著或調查（如廣西猺族調查），

1 《古代社會》譯本甚多，楊譯可能為最早的中譯本。其餘諸書著者譯者多已忘記。就中《文化移動論》係日文中譯本；《史前體質人類學》書名可能不正確，但內容印象頗深。

2 李先生出版過《史學通論》與《始祖的誕生與圖騰》等書，都由商務印書館出版。這本圖騰小書大約是中國學者運用圖騰學說講中國古史最早的一本書。稍後他又寫了一本有關圖騰問題的較大的書。

這是受了李則綱師的影響，[2]想運用人類學的知識來研究中國古代史，我所寫的第一篇學術論文「堯舜禪讓問題研究」[3]就是在這個影響下所寫的。

史學方面，就古書言，明確記得用功較多的只有《評點史記論文》與《御批通鑑輯覽》。這時讀《史記》似特注意其文章，所以採用了這個本子，對於評語特別留意，根據評語，體會史公文章的脈絡，這對於我後來寫文章很注意組織，相信有相當影響。當時為什麼看《御批通鑑輯覽》，不看《通鑑》，現在想不起原因何在；也許當時有人介紹《輯覽》這部書內容比較簡要，便於初學。此外對於《史通》、《通志》二十略與《讀史方輿紀要》似乎也都用了些功夫。其餘還看了些什麼史部的書，或經子書，全不記得。但現在身邊還保存一冊孫馮翼集的《世本》宋衷注抄本，是高中時代同自修室田姓同學代為抄錄的，小楷端正，情至可感。回想田兄面貌如在眼前，惜忘其名！當時既然如此重視《世本》，想《竹書紀年》、《國語》、《國策》之類也都摸過，又賣了幾部子書，翻看了些。記得有一天晚上，訓導主任方百殊師到自修室查齋，看見我正在閱讀《尚書古文疏證》，告誡我說，「看得懂嗎？」事實上當然看不懂，但我讀書就是不自量力，喜歡硬闖，好的書不懂也要看，總看得懂幾分，所以樂此不疲，前面講到看第一部史書《三國志》，已是這樣。現在想來，這種硬闖式的讀書，固然也可有收穫，不過太吃力，事倍功半，還是循序漸進的比較好。

至於今人編著的史書，現在所能記得的，通史有呂思勉的《白話本國史》，章欽的《中華通史》，鄧之誠的《中華二千年史》。鄧書至今尚保存。[4]斷代史有夏曾佑的《中國古代史》

與陳恭祿的《中國近代史》等。其餘比較專門些的書只記得胡適之先生及馮友蘭兩部哲學史，還有梁任公的《先秦政治思想史》（書名可能有錯）。胡、馮兩書，我看得相當認真，做了摘要，我發表的第一篇學術論文《儒家之禮的理論》，[5]就是在這一影響下寫成的。此外印象比較深刻的是看了些史學方法論方面的書。除上文所提到的梁任公《中國歷史研究法》之外，有李則綱師的《史學通論》、何炳松譯的魯賓孫《新史學》及其他譯本若干種。至於雜誌，經常翻看的有《食貨》、《禹貢》兩種半月刊，所以我對於經濟史也早有興趣。[6]

當時商務印書館提出一種預約新書的方式，先付款十六元（當時十六元是學校四個月的伙食費）。以後一年內新書出版，任從選購，六折優待，直到購滿所付款額為止。那時商務的出版量很大，因此又提出一項宣傳推銷的方式，即就每週新出的許多書籍中，選出一種重要的，估計銷量也比較大的書作為「星期標準書」，也是六折優待。我每年都作前項預約，又另選購星期標準書，如《當代社會學》、《一九一四年後之世界》等書就是由後一種方式選購的。

---

3 此文未發表過，《經驗談》第一篇第一節已提到其大致內容。

4 平生好買書，幾乎有點癮。但屢經喪亂，東西播遷，藏書也幾次散失。中學時代所購圖書，現仍存身邊的大約只此一書。另一冊就是下面註五所提到的《學風》第七卷第一期。一九八〇年，幼侄祖同自蕪湖來信，說家中所存我青年時代所購圖書，都已散逸，後在樅陽友人處看到一部《論衡》，有我的簽名，索回珍藏。中學藏書除了《世本》抄本之外，可能只剩這三種了。

5 此文，民國二十五年十一月二十八日寫成，約九千餘字，刊於安徽省立圖書館所編《學風》第七卷第一期，民國二十六年春出版。

6 當時看的書實在相當雜，也相當多。我的記憶力太差，大部分都不記得了。最近寫「通貫的斷代史家呂思勉」一條，看到他的出版書名，就中《史通評》、《中國民族史》兩書，我當時不但看過，而且也購買了。因此我想若翻查當時出版書目，可能勾起一些回憶！

所以在我的消費上，購書費僅次於學校膳宿費，其他的用度都極節省。安慶商務印書館就在我所讀安慶高級中學的左隔壁，每個星期六晚上，我經常都去站在書攤旁看書。凡是新出的文史社會科學書籍，不論買或不買，都將牠的序言與目錄翻看一下，也增廣知識不少。這樣泛覽，雖不專於史學，但對於後來治史實有極大關係。

在這裡得順便提一句：中學時代，一般同學花在功課上的精力與時間，要以數學所占比例為最大，我的數學根基好，占了極大便宜。高中時代我於數學已不做課外習題了，但程度仍強，應付課堂習題，所花精神時間比一般同學要少得多，這也是我能多讀各種書刊的一大原因。

一九三七年，我在七七事變考取武漢大學歷史系。武大歷史系教授陣容不很強，斷代史似乎只選修了「殷周史」，由吳其昌子馨師講授；「明清史」由汪詒蓀師講授（實際上只講了明清之際）；「宋遼金元史」歷年由系主任方壯猷欣安師講授，但他覺得我們這一班最挑剔，自動不給我們開課；「秦漢史」「三國史」，新請徐光子明先生講授，他自以為名教授，倚老賣老，只取《通鑑紀事本末》撮要講授，而且頗多錯誤，講了兩堂，我們不滿意，徐先生就走了，後來錢賓四師來校講學一個月，開了「秦漢史導論」。本系的專史課程似乎只有方欣安師的「中國史學史」，陳登恪師的「中國近代外交史」，賓四師講學時開了「中國政治制度史導論」，還有吳子馨師給我們講「中國通史」，實際上只講了古代民族史。外國史也只有「西洋通史」、「中古史」（皆陳祖原師講授）、「近代史」（郭斌佳師講授）、「史學名著選讀」（忘記講授者姓名）及「日本史」（汪詒蓀師講授）等幾種。此外就是「世界地理」（韋潤珊師講授）。所修科目似乎不多，倒是別系的課選修了不少。文學院別系的課，有「文字學」、「聲韻學」、「訓詁學」（皆劉賾博平師講授）、「詩選」（徐天閔師講授）、「中國文學史」（蘇雪林師講授）、「論理學」、[7]「哲學概論」等，還有朱光潛孟實師所授的一課，似乎是「近代文藝思潮」。法學院的課有「政治學」、「社會學」、「經濟學」、「中國經濟史」等。所選範圍幾乎遍及文法兩院的各個學系。[8]不過課外閱讀似乎已漸漸限於史學方面，主要的是史學基本古書，泛覽其他科系的書已大為減少；只記得還是看了些經濟學方面的書與論文，也有少數政治學方面的書，其餘全無印象了！

7 我在初中、高中之間，曾讀了一年高級師範科，那年已讀「論理學」，所以這門學問對於我也有相當影響。

8 似乎未選法律系的課。但王雪艇校長的《比較憲法》一書，在我的腦海中印象很深，不知何故，是不是也聽過這門課。

我對於政治制度史的興趣是怎樣引發的

問　你研究中國歷史，著重在政治制度史與歷史上的人文地理，請問你對於政治制度史的興趣是怎樣引發起來的？

答　我在大學一、二年級時尚無意研究政治制度史，這方面的興趣是看了陶希聖先生的《秦漢政治制度》那本小書所引發起來的。我本來的興趣是在上古史，但我治學太謹慎，也太膽小，覺得上古史料太少，又太簡單，往往解釋上很困難，同樣一句話，甲可這樣解釋，乙可那樣解釋，丙又可另作解釋，是非難辨。我太謹慎，感到上古史問題很難作判斷，也許下了很大功夫，結果可能白廢，所以目標慢慢的向下移動。上大學後，對於秦史發生興趣，搜錄相當多的史料。[1]到三年級時，要準備寫畢業論文，但「秦史」不是個論文題目，抽出一部分寫，又覺分量不夠，勢必另找個題目。適會這時看到陶先生這部書，雖然篇幅不多，也寫得粗略，但寫作方法與十通式的傳統寫法完全不同，可說是運用近代方法寫中國政治制度的第一部書。我看了很感興趣，但覺得〈地方政府〉一章太簡略。當時我正在看翁方綱的《兩漢金石記》，發覺從諸碑的碑陰題名，可考郡縣政府中分曹甚繁，各置掾史，而兩《漢書》中都少記載，認為大可下些功夫，根據這些材料增補陶書之不足，所以選定「兩漢地方行政制度」做論文題目。後來果然得到相當豐富的收穫。一九四一年春，錢賓四師到武大講學，我以尚未完成的論文稿求教，惠蒙嘉許，增加我這方面的信心，遂決定向政治制度史方面發展。所以這方面影響我最大的是陶先生，但我為人太不活動，直到現在還未曾拜會過這位影響我很大的前輩先生。[2]

1 當時抄錄史料，本印製一種卡片紙。但後來覺得太機械，改用白紙本子，已抄約十來本，連卡片約二十餘萬字。戰時武漢大學遷校四川省西部樂山縣（嘉定），常有敵機空襲警報，每次跑警報，不論晝夜，手上提的只有這包資料，可想見當時敝　自珍的心情。但後來興趣下移，這批資料已不知何時遺失了！

2 此文寫成後，偶然翻閱生活日錄，民國五十年一月一日條，回憶《秦漢地方行政制度》撰述的緣起云：「適閱陶希聖先生與沈巨塵合著之《秦漢政治制度》，頗以為佳，但〈地方政府〉殊嫌粗略，而余其時對於沿革地理與政治制度兩方面最感興趣，故即決定就漢代地方政治制度作一番研究。」則閱陶書之前對於政治制度已有興趣了。但我現在無法追憶這種興趣最初萌芽究在何時，也許高中時代研究堯舜禪讓，本來就是政治制度問題，因此漸漸孕育了對於政治制度方面興趣歟？不過無論如何，陶書對於我的工作與興趣是有很大的激發作用。

我對於歷史地理的興趣是怎樣引發的

問　但你後來何以又轉而對於中國歷史人文地理發生興趣？

答　我對於中國歷史地理發生興趣，實際上遠在政制史之前，並非在政制史之後。我常說歷史事件的發生往往非常偶然，我對於歷史地理發生興趣，正可說是這樣。大約是在高小一年級時，長兄德明先生從安慶城回來，買了一冊商務出版的中國地圖給我，圖名編者都已忘記了。那本分省圖相當詳細，也印得很精美，記得定價兩元。那時兩塊銀元，至少抵現在港幣二百元，可謂是相當貴的一本書。鄉間小學的孩子何嘗見過這樣精美的好地圖，所以歡喜若狂，每天抱著那本地圖摩挲觀看，使我對於全國山川河流瞭如指掌，幾能脫手繪出。後來又買到一本相當詳細的地理問答書，參看地圖，更感興趣。所以我對於地理的興趣實奠定於小學時代。可惜這本地圖在一九四三年由成都北門外三十里崇義橋賴家院齊魯國研究所遷到成都近郊華西壩華西大學的途中失落了，至今為憾！到初中時代，每天早餐後、上課前的一段較短時間，仍是看地理圖書。後來因為希望改善國文程度而對歷史發生興趣，自然就注意歷史上的地理問題了。

大約就在高中時代，聽說顧祖禹的《讀史方輿紀要》是清代史學名著，看了前面〈歷代州域形勢〉九卷及各省〈方輿紀要序〉。顧氏才氣很高，文筆鋒利，講軍事形勢，頗能聳動，有相當魔力，[1]我讀了深感興趣，所以我對於歷史地理的興趣，最先是著眼於沿革地理與軍事地理（這也是傳統歷史地理學的重點）。還寫過一篇〈中國軍事地理今昔觀〉，是通論文字，在西北一張什麼報上發表。真正最早有關歷史地理學的學術論文是在大學三年級寒假中（一九三九年冬）寫的一篇〈楚置漢中郡地望考〉，後在《責善半月刊》第二卷第十六期發表。所以在大學末期，我本有「政治制度史」與「歷史地理」兩方面興趣。

一九四一年我從武漢大學畢業，到成都齊魯大學國學研究所從賓四師繼續學業，明年春同班好友錢樹棠也來了。我們兩人在大學時代的讀書生活有高度聯繫，互相影響，所以他對於歷史地理也有興趣。此時又在一起從事研究工作，遂相約，我專搞政治制度史，把歷史地理讓給他去做。他在漢代地理方面已下過不少功夫，《漢書・地理志》中的郡縣名稱幾乎可以背誦；可惜後來興趣轉變了！我進中央研究院史語所以後，覺得他放棄歷史地理的研究，深為可惜，不免又重拾舊業。但感到過去學人講沿革地理的已很多，軍事地理也無大發展，我既然對於政治、經濟、社會、民俗、宗教、文化各方面都有興趣，因此放寬眼界，擴及歷史

1 近十幾年來寫唐代交通問題，隨時利用顧書與《嘉慶一統志》為主要工具書，發現顧氏雖很有才氣，但其書內容甚粗疏，錯誤很多；《一統志》雖是官修的書，成於眾之人，但實甚精，往往轉勝顧書。此點我想將來專文論列。

上人文地理的各方面，以期有較大發展。所以一九四六至四七年間開始研究唐史，搜錄史料，就已政治制度與人文地理兩面兼顧。還因為要瞭解唐代南北人文之盛衰，士風之不同，對於中央政治所發生的影響，而欲徹底解決中央政治人物的籍居問題；事雖失敗，卻因此寫成《唐僕尚丞郎表》一書。

此書寫成後，深感兩部《唐書》錯誤與奪譌都很多，[2] 沈氏《合鈔》頗有整理功夫，但異者鈔之未盡，錯誤脫譌處，更少糾正。因此頗想再做一番功夫。此書〈序言〉記當時意趣說：「本沈氏《合鈔》，鈔之益審，糾之益精，又廣徵他籍，為之注補，俾政事制度，朗然賅備，學者研尋，取給為便。」但唐籍浩繁，若實現此一構想，必須全力貫注，終身以之。而唐代人文地理計畫內容包括國疆、政區、戶口、民族、產業、交通、都市、商業、宗教、文化各方面，可謂涉及唐代全史，規模很大。故此兩項工作絕不能兼顧；取捨之間，甚為躊躇。適會賓四師自港來臺，乃就此項問題向師請教。師曰：你對於兩《唐書》已下過那樣細密功夫，再追下去，將兩部《唐書》徹底整理一番，後人利用，誠為便利，其功將踰於王先謙之於兩部《漢書》。但終身沉酣於史籍校補，實太枯躁，心靈也將僵滯，失去活潑生機；不如講人文地理，可從多方面看問題，較為靈活有意義。我深契賓四師此言，即作決斷，放棄《唐書》整理計畫，專心歷史人文地理的研究。這大約是一九五六年秋冬間的事。一九五七年到哈佛訪問研究，即以此為第一中心課題，閱錄哈佛燕京學社圖書館的中日文藏書，頗多收穫。

由此說來，我對於歷史地理的興趣，早在五十年前心中已有萌芽，就是「唐代交通圖考」

與全盤「唐代人文地理」的構想與材料搜錄，也在三十幾年前已經開始。可以這樣說：自一九五〇年代中期以後，我的撰述重點雖仍在「政治制度史」，但搜錄材料的重點卻已轉移到「歷史人文地理」方面，只是很少發表論文；直到一九六〇年中期，才開始有較多的歷史地理方面的論文發表。

2 我寫《唐僕尚丞郎表》，糾正《舊唐書》錯誤六百多處，《新唐書》三百多處，初稿中逐條皆有標記，可謂為寫此書的副產品。後來寫〈舊唐書本紀拾誤初稿〉一百三十八條（刊新亞學報第二卷第一期；再稿一百五十五條，收入唐史研究叢稿。）就是根據這些副產品關涉《舊紀》的各條整理而成。此外與僕尚丞郎四種官員無關的錯誤一定更多。

我的研究重心何以放在唐代

問　你說青年時代本喜歡上古史，但治學態度太謹慎，怕難以得出能自信的成果，所以把目標慢慢下移到秦漢。秦漢是一大時代，可以大發展，何以後來又把治學中心下移到唐代？

答　我在大學與齊魯研究所時代，研究秦漢，實際上也只以政制史為中心，兼及歷史地理，並無廣泛研究秦漢史的意念。我研究政制史，就很自然的看重十通，當時理想計畫是用現代方法寫一部「國史政典」，所以我的意念還是通的專史，並非橫的斷代史。因此在齊魯研究所時代，寫作工作還在秦漢，但已下閱兩晉南北朝諸正史，寫錄政治制度方面的材料。所以一九四五年秋進入中央研究院史語所後，所寫第一篇論文就是〈北魏尚書制度考〉（一九四六年三月寫成，刊史語所集刊第十八本），緊接著寫的也是關乎魏晉南北朝地方政府諸問題。由於通的專史意念，自然又下及隋唐。我閱讀唐代重要書籍，搜錄材料，是始於齊魯研究所時代一九四二年的暑天看《全唐文》，那次看到三百幾十卷，[1] 戰後復員到南京以後，又復從頭看起。所以我研究唐代，實也可說自齊魯研究所時代已經開始了。唐代是中國史上具有關鍵性的大時代，史料又相當豐富，我這時搜錄史料又有「政治制度」

與「人文地理」兩個大範疇，尤其後者，所涉幾及史事的全面，所以必然停留下來，成為我研究的重心時代。

1 那時所寫卡片還有保存的，看到那時卡片的紙質，令人緬懷那時的物質生活，實在太差！

我對於上古史與考古學的興趣

問　你青年時代對於上古史有興趣，現在是否完全沒有興趣？對於考古學又如何？

答　一個人少年時代的喜愛是很難完全忘懷的，這猶如少年時代在家鄉的飲食口味永遠不能忘懷一般。我現在的研究中心雖在唐代，但對於上古史也還有興趣。前在中文大學歷史系講授「中國歷史地理」，頭十年中感到沒有人講先秦史，更無人能講史前史，所以我把上古人文地理作為一個重點去講，史前占去兩個月，三代與春秋戰國也占兩個月，共花去一學期，秦漢以下反而沒有時間作較詳講述。所編講義，也只史前與戰國略具規模。後來林壽晉先生參加中大歷史系陣容，他是考古學專家，講授「上古史」與「中國考古學」，我纔不講史前，只從三代講起。一九七八年，曾就一九七四年秋所寫夏代講義加工改作為〈夏代都居與二里頭文化〉一文，在《大陸雜誌》第六十一卷第五期發表，主要用的是鋤頭考古學資料與文獻資料相配合，頗為一般考古界所重視。林先生一次赴北平，見到夏作銘先生，談到我講上古問題特別重視考古資料，作銘先生說：「不要忘記他是史語所出身的」！我想這話有些道理。因此我想到研究機構涵蓋的學術範圍大一點也好，史語所有歷史、語言、考古、人類學、甲骨文五個組室，研究範圍包含廣泛，在行政上或許比較麻煩，在院裡分經費也比較吃虧，但就所內成員的研究工作而言，不無好處。因為各組研究的問題各異，方法有別，但大家在一塊，耳濡目染，只要自己開朗一點，自可互相影響，擴大眼界。就我而言，除了人類學是少年時代所熱烈持奉認為是研究古史的啟鑰之外，對於考古學有相當濃厚興趣，這與史語所的環境不無關係。我對於語言學完全外行，但寫《戰國人文地理講義》卻有一章是〈揚雄所記先秦方言地理區〉作為戰國文化區的具體表徵，後來整理抽刊於《新亞書院學術年刊》第十七期，這與我久從史語所的環境中成長起來，可能也有關係。這兩篇再加〈戰國學術地理與人才分布〉（刊新亞書院學術年刊第十八期），都是我近幾年所寫有關古代史的論文，可見興趣仍相當濃厚。

宋史是青年可大展拳腳的園地

問　你把宋史全部看了一遍，有沒有意思想把研究的時代下伸到宋代？

答　這不是想不想的問題，而是能不能的問題，因為我已無此精力，無此時間。我在《治史經驗談》第八篇第一節中已經談到三十多年來的研究計畫是「歷史人文地理」方面由專而通的三部書，已經料想到不可能都寫得成了，自然不敢再有向宋代發展的野心。不過兩宋時代實在是史學工作者可以大展拳腳的上好園地，如果我還有時間寫「國史人文地理」全書，希望至少能寫到宋代，但不希望能深入了。

近二十年來，好多學生問我應向什麼時代發展，我總是提出兩宋是可以首先考慮的時代。我這個想法，一方面著眼於史料情況，另一方面也是著眼於宋代在中國史上的特別意義，也考慮到前人對於兩宋的研究工作不如理想。

就政治軍事言，宋代雖然是中國衰弱不振的時代，但就社會經濟文化言，卻是中國史上一個大轉變大有進步的時代，可以視為中國近古時代的開始，有別於漢唐的中古時代，這已是人人所能瞭解的了。但中國歷史極長，書籍實在太多，過去學人做學問大多從經書開始，下及四史；到兩晉至隋唐已是強弩之末；或者關心時務，注意近代史的研究。我們看民國早期學人往往治古代史兼治明清近代史，截取兩頭，而兩宋居中，又非國史上的強盛時代，不免被忽略了。近二十多年來，國際學術界頗提倡宋史研究，臺灣學術界在這種國際風氣影響下，也有不少學人從事宋史研究，並有相當成績表現，《宋史研究集》已編刊十幾冊，內容大體上還過得去。尤其近幾年來有少數青年學人，成績表現認真紮實，突過他們的師長輩，是一可喜現象。不過，究竟人數不多，他們是否有長遠的大規模的深入研究計畫，我也不知道，所以很希望有更多優秀青年學人全副精神投入這一潮流。

再則就材料情況言，兩宋也是青年學人最好大顯身手的時代。我在《經驗談》第三篇〈論題選擇〉中有一節「論材料情況」說，不但要注意材料是否充分到足以圓滿的解決問題，也要注意到自己是否有力量控制這些材料。就這一點言，綜觀各個斷代史，當以兩宋時代的材料情況最為適中。宋代人文發達，印刷業也已相當發達，當時人寫的大部頭史書與重要人物的文集以及筆記類書保存得很多，所以研究這個時代不虞材料缺乏，這比研究漢唐要好得多，更不說先秦古史了。我在同書第一篇第四節中又說研究中古史，「要儘可能的把所有關涉這個時期的史料書全部從頭到尾的看一遍。」研究中古以下的時代，當然最好也能這樣。然而從事明清及近代史的研究，就幾乎根本辦不到，也就是說，任何人研究任何問題，幾不可能掌握該問題現存的全盤史料，這是莫可奈何的先天局限。只有兩宋的研究，若能自青年時代就有大決心，下大功夫，是可以將現存的宋代重要史料書全盤看一遍的。何況現在臺灣書商已把大部分的兩宋重要史料書影印出來，憑個人力量要將重要史料書大體搜集齊備已非絕不可能，這樣運用起來更為方便。所以就我的觀點說，兩宋史料情況最為適中，是最可以讓青年學人大開拳腳的地方。這就是我常常鼓勵青年學人投進宋史研究的基本原因。

況且宋史既被前人所忽略，已有的研究成績自較薄弱，與上古史、中古史比較起來，可以說宋史還是塊尚待開發的新園地。在已開發的舊園地裡，研究成績要突過前人很不容易；反之，在新園地裡，要想突過前人就不難。還有，材料愈少的時代，所需要的學力就愈高，上古中古時代，材料較少，須有高度的學力纔能創出好的成績；宋代史料多，但又非多到不能控制的地步，能下大功夫固然必能產生大成績；縱然不能下大功夫，也可獲得相當的成績，不至於找不到材料，寫不成論文。這是退一步的想法，認為研究宋代史，不論天分如何，功力如何，選題如何（前人工作成績少，所以選題的範圍寬得多），只要相當努力，總不會落空；但在上古、中古的園地裡，若是功力不夠，又沒有選到個適當的好題目，就很可能完全落空，毫無所獲，乃至興味索然。這又是我鼓勵青年投身宋史研究的另一原因。

我對於唐詩史料的利用

問　你寫論文常常引用唐詩，是否對於舊詩有濃厚興趣？

答　我實際上不懂詩學，只是對於舊詩有相當興趣。但是除了杜詩之外，興趣不算很濃厚。

我對於唐詩可分兩方面說：第一，我把讀詩當作娛樂，這是自幼年時代開始的。因為長兄德明先生略能詩文，家中也有幾部詩文選集與專集。我父親裕榮公務農為生，一個字都不識，但卻花了一筆可觀的代價換來一部善本《李太白集》，實在難能！[1]我中學讀書時代，寒暑假回家，總不免時時翻閱詩集作消遣，只是伊唔亂唱，並不真懂。後在齊魯研究所時代，開始對於杜詩發生特別興趣，暇時經常朗誦杜詩作為消遣。我愛杜詩，是深感杜翁對家庭、對朋友、對社會人群都有一分真摯深厚的感情，而以沉鬱雄渾的風格發之於詩篇，對於我有極

1　這部《李太白集》是刻得非常好的仿宋體，紙色古樸，分裝兩套，函套外面精繡著龍鳳圖案，看來非常美觀。據說本是合肥一位高宦家（一說李氏）藏書，後歸他的管家某氏。某氏嗜鴉片，窮困無資，將此書出讓，索價若干石稻穀。我家並非富有，在鄉間只算小康，那時年收稻穀不會超過七八十石，聽說此書來頭大，看了又極美觀可愛，所以買下。現在想來，以一個不識字的老農，肯花那樣高的代價買一部書，這種胸襟魄力真是令人驚服！一九四六年冬我復員回家，把這部《太白集》帶到南京，曾請教傅孟真先生。據他說可能是康熙年間某氏的精刻本，已是很難得的善本書。

大的吸引力，所以深愛其詩。以我的記憶力之差，也能背誦一百多首，往往山林海濱高歌狂吟，似有「意氣風發」之概！我對於古今任何人物，只有欽佩，而無崇拜，只是對於杜翁近乎崇拜，是個例外。所以我常常說，一個人對於社會人群最具自發性影響力的要以文學家為第一，[2]就基於此一感受而發。此外我對於王維等人有山林氣味的詩篇也很喜歡，這大概與我稟性愛好大自然有關。

第二，我把詩篇當作史料。唐代詩學發達，文人對於一切事物喜歡以詩篇發之，朋友通訊，更是經常以詩代文，所以一部《全唐詩》寓含的史料極其豐富，研究唐史，這部書無疑為史料寶庫之一。我這十幾年來寫唐代交通問題，引用詩篇作證之處，估計當在一千條以上。就以最近改訂諸文編為《唐代交通圖考》的第一篇〈兩京館驛〉為例，西京長安驛名可考者凡十，其僅見於詩篇者有五松、鍾陽、細柳三驛，東都洛陽館驛名稱可考者凡八，其僅見於詩篇者有臨都、伊川兩驛，彭婆、白沙兩館。又第二篇〈長安洛陽道驛程〉，全程館驛名稱可考者三十四、五，其僅見於詩篇者有陰盤、赤水、盤豆、湖城、嘉祥、臨都六驛，福昌、甘棠兩館。再以藍田武關道驛程驗之，全程可考驛名二十有三，其中僅見於詩篇者有藍溪、仙娥、四皓、青雲、陽城、商於、官軍、曲河八驛。具見唐詩史料對於我這項工作之重要性；若沒有這些史料，相信成果一定大為遜色。

至於杜詩，號稱詩史，史料價值更高。例如《秦州雜詩》云「驛道出流沙」（秦州）〈東樓〉詩云「萬里流沙道，西征過此門」，「傳聲看驛使，送節向河源」。我讀此詩始知唐代驛道經過秦州遠達西域，後來寫成〈唐代長安西通涼州兩道驛程考〉（刊香港中文大學《中國文化研究所學報》第四卷一期）與〈唐代涼州西通安西道驛程考〉（刊《史語所集刊》第四十三本慶祝中華民國建國六十年紀念專號）兩文，合計十幾萬字，就是由這兩句詩引導出來的！又如〈中古時代仇池山區交通網〉（刊《新亞學報》第十一卷下冊）即以杜翁自秦州入蜀紀行詩為考論中心。又如〈唐代三陝水運小記〉（刊《新亞生活》一九七五年十一月號）不過五六千字短文，引杜詩即達十七首之多。餘例不能盡引。又如杜翁〈遣懷〉（詳注卷一六）詩云：「昔我遊宋中（今河南商邱），惟梁孝王都，名今陳留（今河南開封）亞，劇則貝（今河北清河）魏（今河北大名）俱，邑中九萬家，高棟照通衢，舟車半天下，主客多歡娛，白刃讐不義，黃金傾有無，殺人紅塵裏，報答在斯須。」使當時大河南北幾個大城市的都市氣象活生生的顯現在眼前，真是極難得的絕佳史料。又如杜翁《八哀詩》之〈武功蘇公源明〉詩云：「武功少也孤，徒步客徐兗，讀書東岳中，十載考《墳典》，時下萊蕪郭，忍饑浮雲巘，負米晚為身，每食臉必泫。夜字照爇薪，垢衣生碧蘚，庶以勤苦志，報茲劬勞願。學蔚醇儒姿，文包舊史善，灑落辭幽人，歸來潛京輦，射君東堂策，宗匠集精選。」一九十個字將當時貧苦青年學子習業山林出而應舉的艱難情況，很生動感人的描繪出來。這也是唐代

2　這只是就自然的影響力而言，憑藉政治權勢與宗教宣傳所發生的影響力，不能算。尤其因政治權勢所強迫造成的影響力，只是暫時的，不能長久。

教育史上的絕佳史料。再如杜翁〈即事〉（詳注卷七）詩云：「聞道花門破，和親事已非。」此花門顯為唐與回紇疆界上的一座唐人堡壘，可考兩國疆界在今居延海北約三百華里處，即在今內外蒙古分界之北約一百四五十華里山嶽地帶。唐代四疆國界明確指證，並非易事，而這一條所見，卻是能確考的幾個據點之一，可謂極為難得。如此之類，不勝枚舉。十幾年前，我曾應新亞書院中文系之邀作一次講演，題目是「杜詩述史」，說明杜詩有些篇章可作列傳看待，此外又列舉關涉中央政情與政制、社會生活、地方民風、產業、交通、都市、商業、教育、文化各方面的詩篇數百條，實見杜詩中史料之富。

杜詩之外，其他各家詩篇也大都有史料價值。尤其講社會經濟史，可利用詩篇之處極多，諸如食衣居行、民族風習、工商行業，無不有詩篇可證；或且為他類史料所絕無蹤跡可尋者。比例極多，如論中國史上之國際貿易港口。按《全唐詩》之《張循之集》與《包何集》皆收〈送泉州李使君之任〉一詩。詩云：「雲山百越路，市井十洲人，執玉來朝遠，還珠入貢頻。」張為武后時代人，包為天寶進士。晉江口之晉江縣有泉州之名始於睿宗景雲二年（西元七一一）即一般人所習知之泉州。而此年以前，泉州之名在閩江口之閩縣，即後來之福州。若為包詩，是即指晉江之泉州，則泉州在國際貿易上之地位較一般史料所見要提早兩百年。若為張詩，是指閩江口之閩縣，實後來之福州，亦較其他史料所顯示福州在國際貿易上之地位要提早一百五十年以上。故不論是張詩抑為包詩，都是研究唐代商港史的極珍貴史料。不但如此，還有些極珍貴的奇特史料。例如元稹〈春分投簡陽明洞天作〉云：「似木吳兒勁，如花越女姝。」可窺見吳越地區男女體貌。越女姣美，尚別有詩篇或其他史料可證，但顯示吳地男子體型，恐怕只有這五個字了。

我利用唐詩做史料；但研究成果，對於唐詩的解讀也有些輔助作用。曾有意編撰一部「唐詩地名考」，對於一般讀唐詩的人當甚有用，但為時間精力所限，已不可能做得到了！我除了考證唐詩地名外，也偶從地名解釋詩篇。例如一九七四年我曾寫一篇〈杜工部和嚴武軍城早秋詩箋證〉（刊《華岡學報》第八期慶祝錢賓四先生八十歲論文集）。杜翁此詩只「秋風嫋嫋動高旌，玉帳分弓射虜營，已收滴博雲間戍，欲奪蓬婆雪外城」四句，表面看來甚易瞭解，但試問滴博、蓬婆各在何處？雲間戍、雪外城何所指？嚴武何以要收滴博雲間戍？已收此戍，何以想進一步奪取蓬婆雪外城？杜翁歌頌嚴武何以特用此兩句？乃至「雲」「雪」是否只是普通名詞用以狀城戍之高寒？這一連串問題，前人似都無能作解。本文從歷史與地理背景，作深入研究，對於這一連串問題提出明確具體的答案。[3]自信此文發千古之覆，想不為

3 此文大意：今四川西北部岷江上游與大渡河上游之間以邛崍山脈北段為分水嶺，唐代這一地區北至河湟為唐　蕃交爭最激烈地帶。由汶川（今縣北威州鎮）循沱水（今雜谷河）向西北上行經維州（民國理縣，中共理縣西移至雜谷腦），越滴博嶺，經雲山郡（即奉州定廉縣，在今雜谷腦西四十里）、天保郡（約今邱地西北），達索磨川（今梭磨河）河谷，此為一道，在南。又由茂州（今縣）循安戎江（今黑水）西北上行，經真、悉、靜等州至安戎城（約今蘆花城西，北緯三二度東經一〇三度十分地區），城在大雪山又名蓬婆山脈（今邛崍山脈北段）中的蓬婆嶺下，又西行，亦達索磨川河谷。此為又一道，在北。兩道會於索磨川，為通吐蕃大道，即李德裕所謂「地無險，走長川，不三千里，直吐蕃之牙」者。故唐　蕃用兵攻守，照例滴博、蓬婆兩道並重。開元末年，在南道取得維州、滴博嶺，建立雲山郡；在北道取得蓬婆嶺、安戎城，更名平戎城。天寶中，因此西向，在索磨川

過。又如我撰〈唐代荊襄道與大堤曲〉（刊中央研究院成立五十週年紀念論文集），引用六朝至唐荊襄地區浪漫熱情的「西曲」中最具代表性的〈襄陽樂〉與〈大堤曲〉諸詩，以見這條路在中古時代之交通盛況，也為此等詩篇提出交通商業背景作解釋，可為讀中古時代此類源自民間文學諸詩歌者之一助。

近代研究唐史，以「詩」「史」互證，自推陳寅恪先生為最著。陳先生才思高敏，學養深厚，能就「詩」「史」曲折互證，成其新解；我之以「詩」證「史」，只是從淺顯處著手，就「詩」的表面意義加以運用，以顯現史事之面目。因為注意面較廣，可能較陳先生所獲為猶多，但就學術境界言，自不如陳先生之深邃了！

中游置保甯都護府（約在今中壤口、下壤口地區）以控制西蕃走集。唐人視此為一次重大勝利，朝廷君臣且宣稱此次勝利是由玄宗「親紓密策」，所以當時朝野極為聳動。安　史亂後，此地區盡失。有了這樣歷史與地理背景，嚴武鎮蜀，去此事不過二十餘年，自然欲圖恢復兩道的控制權；已收滴博嶺，當然要進一步奪取蓬婆嶺；杜翁也勢必要從此角度歌頌他。至於雲間戍即指滴博嶺外的雲山郡，雪外城即指蓬婆嶺外的平戎城，而蓬婆山又名大雪山，所以「雲」「雪」也都是地名。借地理專名轉化為普通名詞，以狀城戍之高寒，更見杜翁造句遣詞運用之妙。讀者若欲瞭解此段考證，除看〈箋證〉本文外，尚可參考〈唐代茂州西通吐蕃兩道考〉。（刊香港中文大學中國文化研究所學報第一卷；已收入唐代交通圖考第四卷。）

我今後的撰述計畫

問　你的「唐代交通圖考」何時可以完成？此書完成後，「唐代人文地理」與「國史人文地理」兩書的寫作計畫如何？

答　我這十幾年的寫作重心是在「交通圖考」，時間拖得太長，朋友們學生們已屢屢詢問我這個問題。這部書委實花的時間精力太多了！目前正在寫「東北通塞外諸道」，大約再過一兩個月便可寫成。屆時，唐代政治核心地帶及西南、西北、東北地區都完成了，尚餘東南地區，材料還是一小箱。不過東南地區，困難問題可能較少，打算把寫作態度放鬆一些，希望在兩三年內定能完成。

下面兩書，順理成章的寫法是先寫唐代專書，次及歷代通論。但朋友們或勸我先寫「國史人文地理」全書，立一大綱，對於後學益處較大，如余英時兄即不只一次的表示此意，蘇慶彬兄也有類似的意見。我想這話很有意義，考慮採取此項意見。

近數年來，深感漸入老境，而交通一書尚未完成，下面兩部大書，實已無法都能完成，勢必要放棄一部。既然想先寫「國史人文地理」，就必須放棄「唐代人文地理」的撰寫。但三十幾年來所搜錄「唐代人文地理」資料，除交通問題外，如國疆、政區、軍鎮、戶口、都市、物產、民族、民風、宗教、文化各方面大約也將近十萬條，功夫下得已極大，放棄了未免可惜，不知等到何年有什麼人肯對此項問題再下這樣大的功夫！所以又想將這批材料分類編錄為一部資料集，如顧氏《天下郡國利病書》，以便將來學人之取用，或加工續成。一九八〇年秋冬之際，擬利用晚上時間，開始此項編錄工作。先提出都市編的成都資料，加以編排整理。但我一向做精細工作的習慣，也有毛病，看到問題總想追求解決，發覺晚上在家短暫時間不夠，乃移到研究室作為一項正式工作來做，結果仍寫成一篇正式論文，〈唐五代時期之成都〉（刊中文大學中國文化研究所學報第十二卷），不過已比我做交通問題鬆懈多了。[1]

在這篇論文寫成之後，我的撰述計畫，又有一項大轉變，決心仍先寫「唐代人文地理」；至於「國史人文地理」一書，以後再說。因為唐代資料已搜集相當完備，成書極有把握。即如這篇論文，全憑手頭已錄資料寫成；臨時參考，也只限於自己收藏書刊，利用圖書館藏書之處極少。如此看來，雖然完全退休家居，工作進行仍無問題，必能順利完成這部計畫。至於「國史人文地理」，已有的成績，最主要的是歷年編寫講稿十八夾一百數十萬字及寫錄卡片（唐代除外）殆不逾兩萬張而已。此外歷年複印資料及搜購書刊雖大多為此項工作而準備，但尚待加功閱錄，想來就是盡有生之年全力以赴，也無把握能寫得好（太大的東西本不能奢望寫得如意）。故為穩健計，仍先寫專題，暫置此項通論工作，將來只將這批講稿加以整理，並作必要的補充，精粗雜陳，作為一種初步的未定稿保存而已。[2]

1 做研究工作稍一鬆懈，就可能出毛病。即如此文，講唐代及其以前的成都城郭及城外兩江問題，雖已糾正楊氏《水經注圖》之誤，但因為比較放鬆，就疏忽了《輿地廣記》雙流縣下的一段材料。後來檢到此條材料，乃知宋人已知內江（郫江、市橋江）本流經城南，高駢始將內江改道繞經城北，與我費力考證所得結論完全一樣。雖然自喜考證功夫之精密可信，但究竟是白費了！再者據該條，高駢所築羅城的南牆實在舊內江故瀆之南，外江（流江、笮橋水）之北。我未得此條材料，只得以意繪之於內江之北，這就是疏解之過。所以真正認真研究問題，一點都不能馬虎！不過時不我與，已不能隨時顧到絕對標準了！

2 最後兩段文意，已見於一九八一年二月二十三日所寫〈唐五代時期之成都〉的附記。

研究歷史不要從哲學入手

問　研究歷史，從哲學入手如何？

答　近來青年喜歡談哲學，中文大學歷史系學生有不少以哲學系為輔系，你此一問大約也是因為有這個現象而發。據我的看法，哲學理論對於史學研究誠然有時有提高境界的作用；不過從哲學入手來講史學，多半以主觀的意念為出發點，很少能努力詳徵史料，實事求證，只抓住概念推衍發揮，很少能腳踏實地的做工作。這樣工作，所寫論文可能很動聽，有吸引力，但總不免有浮而不實的毛病，不堪踏實的史學工作者一擊。不說遠的，只就主修哲學而以歷史為輔系的學生而言，他們的答題方式，總是大而化之，不能針對問題踏實作答，好的尚能抓住概念想像發揮，差的更似是而非，東扯西拉，不知所云。這樣做歷史研究工作，就很難深入，鑽研出真正的成果來。現在也有些成名的哲學家寫歷史，就不免有這些毛病，空洞無內容，只是他自己的哲學，不是歷史！當然若想研究哲學史自當別論；研究學術思想史，先對於哲學有較深入的認識，也比較有幫助。例如湯用彤先生研究中國佛教史，蕭公權先生研究中國政治思想史，就是好的例證。不過也因為湯先生為人極踏實，極沉潛，蕭先生稟性也相類似，而且兼學政治學，所以他們兩人有那般真實的成就，只見有哲學根柢的好處，不見從哲學入手的毛病，此外似乎就很少有！而且他們兩位也只限於研究與思想史有關的領域，若是泛及史學領域的全部，恐怕就未必能那般出色！

研究中國史不必要從中文入手

問　研究中國歷史，先從中文方面入手，或者先進中文系，打好中文基礎如何？

答　中國語文為治中國史的一項基本條件，因為治史必須有看得懂古書的能力，又要有寫作表達的能力，所以研究歷史的人必須要有適當的中文程度，這是毫無疑問的。但專從中文入手，卻有毛病。因為走上來先搞中文的人，做學問的態度往往趨於過分保守，乃至株守，發不開。我在中學大學時代就看到不少例子。使我印象最深刻的例子是在《經驗談》第九篇第六節中所提到的那位好友。他以中文見長來讀歷史系，在大學中也特嗜中文系的課。他文章寫得好，治史也很努力，但終於不能有所發展。目前很多大學的中國語文學系，講學的態度有些保守的傾向，青年們讀中文系，若就從中文這條路子一直發展下去，自可有其成就；但若中途轉到歷史園地中來，他的史學基礎既很薄弱，對於與史學有關的各種社會科學更無一點概念。在那樣情形下，做史學研究工作，勢必遭遇到很大的局限。他最有希望的一條大路可能是在學術史方面求發展，其次也可能長於史籍校訂工作，因為一般言之，這方面的工作者要有較深厚的中文修養。不過他仍要在史學本身補下極大功夫。否則研究學術史固然不會能有輝煌成就；就是史籍校訂，雖屬小道，但若只憑中文造詣深厚，也不能得到較好的成果，我最近就看到一個極好例證。至於史學其他方面，因為他對於歷史上關涉國計民生的政治、經濟、民族、宗教、社會、風習各方面的問題，多不免有些隔膜或不大關切，自更難貫穿歷史各方面，做一個有規模的大工作。

實際上，歷史學是一項人文學、社會科學的綜合性學科，包羅萬象，任何歷史現象都當寄予關懷，甚至天文曆數動植礦等純自然科學也當留意，所以研究歷史就當從史學本身入手，庶免有先天性的先入為主的性向。若先從別的某一學科入手，勢必走上來就無意中執著在某一方面，他的著眼點關懷面不免先有局限，方法上意識上也不免有所偏向。因此研究史學不但不要從中文哲學入手，就是從政治學、經濟學、社會學等社會科學入手，也有同樣毛病，倒不如從史學本身入門，而廣泛留意各方面，吸取各種知識，雖然對於各方面所知者淺，但對於史學研究助益則大。至少可以使你能胸襟寬宏，關懷廣闊，無所執蔽！

所以我認為研究中國歷史還是要以史學本科為基礎，中文固然重要，但中國歷史的重要史書、基本史料，大都是文學名著，如《左傳》、四史、《通鑑》之類自不待言，即如《晉書》、南北朝各史、舊新《唐書》，文章雖不都是第一流，但都有相當水準，而且裡面收有很多當時第一流的文章，久讀之後，自能增強你的中文程度。我在中學時代，中文程度極差，大學讀書時雖也選修了中文系的「文字學」、「聲韻學」、「訓詁學」及「中國文學史」、「詩選」等課，但基本功夫仍下在史學名著《史記》、《漢書》等方面。後來更少在中文方面下功夫，但看書能力與寫作能力也就與時俱增。這都是從史書中無意中學到的，不曾特意要學好中文。在這期間，雖也將《全唐文》、《全唐詩》都從頭到尾看一遍，但那只是找史料，不是從文學觀點去研讀；專從文章觀點去讀的書，除了第一、二篇所提的《飲冰室文集》與《史記論文》等之外，恐怕只有《古文辭類纂》與《續纂》，自然也只是選讀。所以我認為對於史學有興趣的青年，在學校中只要選修中文系的文字、聲韻、訓詁之類的課即可，其餘的，只要能認真的讀史書，自能無意中兼有收穫，不必要先搞好中文，以中文為基礎來研究歷史。

再說若要從語文方面入手，倒不如先對外文下點功夫。主要的是英文與日文。先有了相當的英文閱讀能力，讀些外國的史學名著，可能在方法上有些幫助；先有了相當的日文閱讀能力，將來治中國史時，可以充分利用日本學人研究中國史的成果，對於自己的研究工作幫助尤大。可惜我對於這兩種語文都未曾事先下過一番功夫，一走上中國史的專門研究之路，就為興趣所牽，不能旁顧外國語文，這在研究工作上也吃虧不少！

社會科學理論只是歷史研究的輔助工具，不能以運用理論為主導方法

問　現在新的風氣，要運用社會科學的理論來研究歷史，你對於這個問題有何看法？

答　這一點我在《治史經驗談》的第一篇中已談過，大意是贊同運用各種社會科學方法與理論作為治史工作的輔助。但各種社會科學理論在史學上的運用也各有局限，不能恃為萬應靈丹；而且社會科學種類繁多，對於史學的研究可說都可能有相當輔助作用；但這樣繁多的學科，一個人事實上不可能都能通解。現在我再想更進一層談幾句。

史學研究是要有辯證發展的基本觀念，運用歸納法求得新結論；演繹法只可用作輔助方法，不能濫用為基本方法。大陸上一些左派史學家抱著社會主義、唯物史觀，或者說馬列主義、毛澤東思想，作為治史的萬應靈丹；實際上只是依據馬列毛未經深入研究而主觀擬定的結論與概念，來加以演繹推展，應用到歷史事件上去。每一論題大體都先有了一個結論或者意念，這個結論或意念是由他們奉為神聖的主義思想所推演出來的，然後拿這個結論或意念作為標準，在史書中搜錄與此標準相合的史料，來證成其說。中國史書極多，史料豐富，拿一個任

何主觀的標準去搜查材料，幾乎都可以找到若干選樣的史料來證成其主觀意念，何況有時還將史料加以割裂與曲解！

唯物論強調物質生活是人類歷史演進的基本因素，政治與意識形態是上層建築。我本來是非常同意這種看法的，所以特別注意經濟史，我計畫中的「唐代人文地理」也以經濟地理所占分量最重。但要像他們那樣研究歷史，實際上等於沒有做工作。因為研究工作就是要找出新的結論，新的概念，既然結論概念都已有了，何須再要研究？這種工作要說有意義，那只是用來鞏固什麼主義思想的權威性，好來麻醉社會人群，以利這些主義思想的傳承者的政治統治。所以這些所謂史學工作者，只是響應當政者「學術為政治服務」這一個相當坦率的口號，而趨附權貴，不是真正的史學家。所幸近幾年來，大陸上的史學工作者，「念經」的文章已漸見減少，轉而再走踏實之路，有可看的文章了，這是個好現象！

從另一方面來說，若是大力宣揚運用社會科學方法與理論來治歷史，也有偏差。我的意見，運用社會科學方法與理論研究歷史本是條很好的途徑，可以採取；但過分強調，毛病也很大。我看到好些論文，什麼理論、什麼模式，不一而足。模式理論有時誠然可以用來幫助理解問題，分析問題；但過分強調，盲目的遵行，研究問題也不免先有了一個概念，甚至有了一個想像中的結論，然後再選樣式的找材料，加以證明；也就是找一些合乎模式的材料，再把模式套上去，這與運用馬列主義、毛澤東思想來研究歷史有什麼兩樣？

這種風氣之所以流行，我想除了運用這類理論模式研究歷史，有時誠然可以有助於問題的解決之外，可能還有兩個原因。其一，這是西方史學研究的新動向。青年人留學海外，驚為新奇，不免趨新嚮往，回國以後，更恃為法寶，以此自矜。其二，抓住一種理論模式來研究問題，工作上要簡單容易得多。因為先有一個架子，再找一些材料往上敷砌，就不難。而傳統治史方法是要空盪盪的毫無一點預先構想，完全憑些散沙般毫無定向的零碎材料，自己搭起一個架子，自成一個體系。更明白的說，要從史料搜羅，史事研究中，建立自己的一套看法，也可說一番理論；而不遵行某一種已定的理論為指導原則，來推演史事研究。換言之，要求理論出於史事研究，不能讓史事研究為某一種既定的理論所奴役。這種研究方式自然要吃力得多。避難趨易是人類的天性，所以社會科學方法治史一經引進國內，就成為史學界的新動向！

但一九七九年我在耶魯大學，以此項問題請教余英時兄。據他說，這一學派在西方史學界仍只是一個小支流，人數並不很多；而正統的史學家仍居主流。他們的工作仍是著重在史料，根據史料實事求是的研究事實真相，並不標立理論，遵用模式。大約西方正統史學，學起來比較困難，而講理論模式的方法，比較容易吸取，應用到中國史研究上也比較容易寫成論文，所以大家樂於吸取這一類方法，成為一時新風尚。最近幾天，我偶翻過去生活日錄，看到一九七四年七月在一次嚴肅的會議席上發言，也談到此一問題，認為運用社會科學理論解釋歷史，是一項好的進展，但我希望這是歷史研究方法的一項「發展」，而不是「交替」（替換）。所謂「發展」是在傳統方法上再加上社會科學理論的解釋，「交替」是放棄傳統方法，而過分重視從社會科學理論去作解釋。我現在仍堅持此項意見，應不可易。若是鄙棄傳統方法，而以理論解釋來替代，我擔心可能愈來愈走上空疏虛浮一途，重蹈明末王學末流的覆轍，束書高閣，游談無根！所以總結起來說，我對於社會科學方法，不但絕不排斥，無寧說非常贊成；只是絕不贊成奉為法寶，在史學研究上到處濫用！

「無孔不入」、「有縫必彌」

問　你在《經驗談》的〈序言〉中說，研究問題要「無孔不入」「有縫必彌」。是否可舉一兩例說明之？

答　所謂「無孔不入」者，當建立自己論點時，要從各方面儘可能的找出有說服力的證據與理由，來證明或加強自己的論點；當發現史料或他人論點有矛盾或不合常理處，尤其是個好的孔隙，可以鑽進去作一番探尋。所謂「有縫必彌」者，已建立了自己的論點，還要看看這個論點與所用證據是否還有漏洞，可能為人所乘，被一舉擊破，或可能被人誤會有漏洞，引起人家懷疑，故必須預先彌縫起來，讓別人無懷疑餘地。所以前者是積極的，是攻勢，是主導方法；後者是消極的，是守勢，是輔助方法。

我最近為諸生講解較早期所寫〈漢書地志縣名首書者即郡國治所辨〉一文（《中央研究院院刊》第一輯），今即先就此文各舉一兩例。

班氏《地理志》按郡國排列，各郡國下列出所領各縣名稱，並在適當的地方注明各種史實。就職官言，將本郡國中次要職官都尉的治所與各種業務機關（如鹽官、鐵官等）的所在地都明白的注明，但卻絕不提本郡國的行政首長太守與國王、內史究駐在何處。這種情形，讀者應可推想班氏必有義例；否則，班氏未免太糊塗，殊不合理。按《續漢書．郡國志》（即今本後漢書中的郡國志）在篇首即說明，「凡縣名先書者，郡所治也。」《續志》書事，除分州排列外（州在西漢只是監察區，東漢州刺史權重，州實為行政區），一切條例皆仿班志，其自言郡國治所條例如此，故自酈道元《水經注》到胡三省《通鑑》注，均認為班志體例也是如此，《續志》承之耳。就是說班志各郡國下所列第一縣就是治所，故不必特別注明。這是個順理成章的排列次序，也是個極合理的解釋。但到清代閻若璩始作翻案文章，說班志各郡國所列第一縣誠然很多是治所，但不一定是治所。此說見其所著《潛邱劄記》卷二。後經王鳴盛（《十七史商榷》卷一五郡國屬縣之數條）、王先謙（《漢書補注》），迄近代學人如譚其驤（〈西漢百三郡國守相治所考〉，《禹貢》六卷六期）等，逐一增加史例，似已成定論。但我仍認為元以前舊說是正確的，閻若璩迄今學人的反駁，雖然列證紛紜，但在邏輯理論上都絕對站不住。因為他們忽略了一個基本事實，即西漢二百年間，郡國治所常有變動，班志乃據西漢末年平帝世一時之版籍寫錄成篇，自不能與本紀、列傳中隨時所見的郡國治所完全相合。閻氏以下諸人，沒有時間觀念，忽略了這個基本道理，而遍搜本紀、列傳中所見之郡國治所，來與班志相比勘，發現某些郡國治所不是班志的第一縣，就說班志第一縣不一定是治所，顯得班志體例紊亂。其實紀傳所見郡國治所，往往是西漢末年以前某時的治所，自不一定能與班志完全相同。

我這篇論文，首先說明班志詳細注明都尉治所，而絕不提太守治所，如此書事，必有義例。再遍舉例證，證明西漢二百年中，郡國時有分合、增加、或省廢，治所也常有遷徙。然後再就閻氏迄今諸人所提出的證據一一加以檢討，有些處他們沒有瞭解當時史事，尤可怪者，他們都無時間觀念，好像西漢二百年間郡國絕無變動，治所更是不可有變動，真太迂執了！其實要使他們的論點能夠成立，只要找出一個可信的證據，證明某郡國在西漢末年平帝世（最好元始二年）的治所不是班志某郡的第一縣。只要有這樣一條，就可說班志義例不純，第一縣不一定是治所了！只可惜他們提出的證據都是西漢中葉以前乃至秦及漢高祖時代的郡國治所，這樣證據，雖徵引紛紜，實際上毫無用處！

不過他們證據也有一條很堅強，即梁國八縣，首列碭縣。閻若璩曰：「梁國不治碭縣，而治睢陽，以《梁孝王武傳》知之。吳楚七國反，梁王城守睢陽，後廣睢陽城七十里，大治宮室。王國以內史治其民，而梁內史韓安國從王於睢陽。非以睢陽為治而何？」這條證據似乎很堅強，所以王鳴盛、王先謙、楊守敬、譚其驤諸學人皆信實其說；全祖望本持舊說者，至此也不能不承認班志有此一例外。承認有一個例外，就是承認閻氏新說第一縣不一定是治所了！我認為閻氏舉《梁孝王傳》為證雖很有力，但若只因梁孝王武與內史韓安國治睢陽，仍不足證明班志第一縣之碭陽不是治所。因為梁孝王武與韓安國事在景帝世，下距平帝元始年間尚有一百五十年之久，仍不足以推翻班志第一縣即是郡國治所之舊說。不過，我檢查《梁孝王武傳》，孝王薨，分為五國，長子買仍王梁，是為恭王。買子梁平王襄仍居睢陽。五傳至王立，當成帝世，仍都睢陽。成帝（西元前三二—七年）至平帝元始（西元一—五年）時代已極接近，只有十幾年，甚至只有八九年，就是班志所依據的版籍之時代了。所以他們的證據以這一條最為堅強有力；不過他們自己卻未仔細分析出來！

我研究這個問題，到此處是一關鍵，若不能提出有力的證據，作合理的解釋，則我的論點就要動搖。但又實在找不到一條積極有力的鐵證，必得從各方面尋出孔隙，鑽進去深入探討，作合理的推論，以削弱上引《梁孝王傳》這條證據，以維護自己的論點。我搜索思考結果，得到相當滿意的合理解釋與推論。茲錄這段原文如下：

「考《獲水注》，『獲水又東逕碭縣故城北，應劭曰，縣有碭山，山在東，出文石，秦立碭郡，蓋取山之名也。……山有梁孝王墓。其冢斬山作郭，穿石為藏。……山上有梁孝王祠。』又《續志》惠氏《補注》引《曹瞞別傳》云：『引兵入碭，發孝王冢，破棺收金寶萬觔。』是碭不但為大縣，為秦碭郡所治，且亦為梁國始祖宗廟所在也。又檢《孝王傳》，梁分為五後，梁國尚有十三縣，一傳至王襄，有罪削五縣，尚有八縣，又五傳至王立，仍都睢陽，然屢削戶數。至成帝元延中（紀元前一二—九），復削立五縣，只得三縣矣。至平帝元始中（西元一——五）廢為庶人。後二年，又立孝王玄孫之曾孫音為梁王，蓋還復削五縣，故《地志》仍為八縣也。據楊氏《漢地志圖》，梁國地形，東西兩頭廣大，中間狹仄，（中為沛郡之祁鄉縣所扼），如藥葫蘆形。西部五縣，睢陽其一，東部三縣，碭縣其一；碭與睢陽之間有下邑、虞、蒙三縣，則王立末年僅有三縣時，必不能兼有碭及睢陽也。然碭縣為梁之始祖墓塚祠堂所在，既與立國，似不宜割隸他郡，蓋即其時盡削西部五縣，徙都碭縣，以就祖墓宗廟歟？且立甚剛戾，其得重罪，始於永始中『對外家（王氏）怨望有惡言。』故元延中削五縣，有三縣；元始中為王莽所奏廢，亦『坐與平帝外家中山衛氏交通』之故。故自始即以不滿王氏擅權而得罪，其他罪名皆莫須有也。睢陽為關東有數之大城，軍事之重鎮，王氏竊權，自不樂為剛戾不馴且素不滿王氏者所居，故以東就孝王塚墓祠堂為名，徙都碭縣，而收睢陽以益鄰郡耳。故據《孝王傳》，雖成帝時梁國仍都睢陽，但仍不能以概平帝元始時之版籍也。」

我無直接證據，證明自己論點之必是，閻氏諸人論點之必非，但我以梁國祖墓祠廟為基點，參合梁國國土日削、疆域地形與梁王立得罪之背景，從這種種角度上加以推論，則在班志所代表的時代，梁國實都碭縣非都睢陽已為極明顯之事實，這就是「無孔不入」之一例。梁國祖墓祠廟所在、梁國疆域形狀與疆土屢削至僅有三縣，以及梁王立得罪之背景，這四點都是可以鑽進去仔細探討的孔隙。

再就此文另舉一例。汝南郡，《漢地志》第一縣是平輿（今汝南縣東南六十里，中共圖置平輿縣）。閻若璩以為汝南郡治上蔡（今縣西），證據是《翟方進傳》卷首敘事與〈汝水注〉。我就他這兩條證據提出駁論；並從各方面觀察，提出理由，推論西漢末年汝南郡治平輿之可能性遠較治上蔡為大。茲亦就原文稍加增飾，引錄如下：

「撿《翟方進傳》首云：『汝南上蔡人也，……父翟公好學，為郡文學。方進年十二三，失父孤學，給事太守府為小史。』云云。漢制，郡屬諸縣之人皆可為郡吏，此段文字何足為郡治上蔡之證？至於〈汝水注〉，則云『東過汝南上蔡縣西。汝南郡，楚之別，漢高帝四年置。』此雖可證高祖始置汝南郡時治上蔡；然高帝時事不足以概哀、平。且高帝四年，天下尚未定，倉猝間所建之郡，其四境及郡治，勢難與二百餘年後哀平世班志之版籍相一致。而班志與百餘年後之《續郡國志》，縣數全同（均三十七城），縣名四境變動亦極微。按《續志》汝南郡治平輿，吾人與其相信郡治遷徙在東漢初年，不如相信在西漢末年以前，因為高祖至武帝時代郡國變動最大。而西漢末至《續志》時代變動則甚小。且據《召信臣傳》，昭宣之世，上蔡置長，不置令，是為小縣，非大縣；且於班志汝南郡三十七縣中地位偏在西北境（參看《楊氏漢地志圖》）。按汝南乃中原大郡，班志云領三十七縣，四十六萬餘戶，平均每縣萬戶以上，必令多而長少；上蔡為長，不及萬戶，可見在諸縣中之地位甚低。以理推之，不宜以地位偏在一隅而人口稀少之上蔡縣為郡治。據《漢書．翟方進傳》及《後漢書．方術許楊傳》，汝南有鴻郤陂，濱陂地饒民富（參看〈淮水注〉及《楊氏漢志圖》），必多戶口眾多之大縣。平輿為令為長雖不可考，然濱臨鴻郤陂東岸，必地饒民富，為大縣之可能性極大；加以地處一郡之中心地帶（參看《楊氏漢志圖》）；其為郡治之條件遠優於上蔡。則高帝倉猝建郡雖治上蔡，其後遷治一郡中心人口眾多之平輿大縣，殆可斷言，閻氏拘泥高帝四年事以駁班志，謬矣。」

這也是沒有直接硬證，而從多方面尋罅蹈隙，找出合情合理的理由來支持自己論點之一例。同一文中，也有「有縫必彌」之例。我在原文第六節中，先提出證據，證明酈道元《水經注》已以《漢地志》首書之縣為郡國治所。但是酈《注》中言漢郡治所亦偶有非《漢志》之第一縣者，這豈不是我的話有了漏洞？所以下文又設為「或問」預作解釋說：

「或曰，酈氏既承認《漢地志》首書之縣即郡國治所，何以《注》中言郡治偶有非《地志》首書之縣歟？曰，此亦有故。第一，酈《注》常云故某郡治，舊某郡治，或漢某郡治，屬辭含混，並不一定指西漢而言。如〈灅水注〉，高柳故城，舊代郡治。按《地志》，西部都尉治高柳，必非太守所治；東漢乃郡治也。又如〈濡水注〉引《地理風俗記》曰，陽樂故燕地，遼西郡治。此明東漢郡治也。此類情形極多，不列舉。前人於西漢郡治之無考者，即取此類所謂舊郡治、故郡治作為西漢郡治，遇有非《地志》首書之縣，即據此訾班志無義例，此非邏輯所允許者。第二，酈《注》本非專言郡縣之書，尤非專言漢世郡縣之書，惟就河流所經附帶追述故事耳。漢代郡國治所前後既常有遷徙，即曾為治所者不止一城。設有甲乙兩城，如甲城為西漢末年所治，故《地志》列冠他縣，乙城為前期治所，故

《地志》序在甲後。前後治所既有甲乙二城，若甲城無河流，乙城有河流，甲城既無河流，酈《注》自遺而不載，乙城既有河流，自可附書為漢代郡治，吾人固不能據此以否認酈氏承認《地志》首書之縣為郡治；亦不能據此謂西漢郡治乙城，即不治甲城也。若甲乙兩城均有河流經其地，則或兩書之：如中山郡，既云治唐縣之中山城，又云治盧奴；又如河內郡，既治野王，又云治懷；是其例也。亦有一書一不書者。如犍為郡，西漢四易治所，皆近河流。酈《注》惟於僰云郡治，於武陽似亦以為郡治，而於南廣、僰道兩地則失書。然吾人亦不能據此以否認酈氏承認《漢地志》首縣為郡治，亦不能據此謂西漢犍為郡治僰及武陽，即不治僰道、南廣也。此皆關乎邏輯方法問題，前人考證往往忽之！」

這是我自己找出自己論點可能被誤解為有漏洞，而預為辯解之一例。

以上皆就班志郡國治所問題各舉一兩例。我寫論文，有述證處，有辯證處。辯證處，就經常要運用這兩方面的方法。茲就其他論文再分別各舉兩三例。

關於「無孔不入」者，例如我寫〈括地志序略都督府管州考〉（《唐史研究叢稿》第四篇）就是由史料中兩種不合理的情形所引發。《括地志》久已散佚，只有徐堅《初學記》之〈州郡部〉錄存其序略，列舉貞觀十三年大簿之府州三百五十八個名稱甚備。而孫星衍《輯本》輯此條，排列方式殊為可疑。如勝州都督府（治所在今河套東北角黃河東流折而南流處之南岸）越過好幾州而遠統蒲州（治所在今山西西南角永濟縣）、虞州（在今山西南部安邑縣），黔州都督府（治所在今四川東南部彭水縣）越過潭州（今湖南長沙）、洪州（今江西南昌）而遠統睦州、括州（皆今浙江省境）、常州（今江蘇南境）、撫州（今江西東境）等。如此之類頗多，絕不可能是事實。又《舊唐書．地理志》述各州沿革，有置都督府者，述其督州，屢次說「今督」某某若干州，而「今督」之後又有高宗、武后、玄宗年號，如永徽、顯慶等。《舊志》為五代時期所編輯，此云「今督」顯非五代時期之「今」，而為抄錄過去志書原文。這兩點都是大「孔隙」，可以鑽進去深入探討的，結果寫成這篇論文。

又如東晉十六國時代末期，慕容燕與拓跋魏因參合陂一戰（西元三九五年）而決定了燕亡、魏興之命運，奠定魏統治北方之基礎，這是北朝史上一次關鍵性戰役，其重要性不下於東晉、前秦的肥水之戰。但其地究在何處？酈道元《水經注》指在平城西北約三百里之遙的倉鶴陘，即後立為參合縣處（今岱海西南）。但自漢世代郡有參合縣，在今陽原縣，是在平城之東百里以上，不在其西北。這又是史料有矛盾處，不過時代不同。我寫〈北魏參合陂地望辨〉（〈太原北塞交通圖考附錄〉，《新亞學報》第十三卷），從種種角度研究，也可說從種種孔隙處探討，乃知北魏初期之參合陂仍在平城東北漢參合縣，今陽原縣地，不在今岱海西南。但漢縣故地之參合陂，到北魏後期已淤廢，而蒼鶴陘音近「參合」，又當平城西通雲中故都之大道，近處亦有陂地，故不免世俗相傳，以為即燕魏戰地之參合陂，酈氏不察，故有此誤耳。

再如《舊唐書．玄宗紀》，開元十七年八月「乙酉，尚書右丞相、開府儀同三司、兼吏部尚書宋璟為尚書右丞相。尚書左丞相源乾曜為太子少傅。」按此文顯有問題。姑不論宋璟官銜前後兩「右丞相」是否有誤；而宋璟原銜，開府儀同三司是散階，右丞相與吏部尚書都是實官，唐籍中書人官銜，決無以散階夾於兩官名之間之事例。此顯然是一大孔隙，有問題。經過與他人官歷參互比勘，多方取證，乃知第一個「尚書右丞相」下脫去「張說為尚書左丞相」八個字，以致文理不通。說見拙作〈舊唐書本紀拾誤〉（《唐史研究叢稿》第十篇）。我撰論文，如此諸例，不勝枚舉。但有些史料所顯露的小孔隙，當時懶得細心追求，即釀成大誤。例如我寫〈唐五代時期之成都〉（香港中文大學《中國文化研究所學報》第十二卷），在附記中已自表白，這篇論文的寫作態度比研究交通問題鬆懈得多。但一放鬆就出毛病。例如第三節講城郭，我遺漏了《輿地廣記》卷二十九成都府雙流縣一條重要材料，因此白費了許多轉彎抹角的考證功夫（雖幸結論不錯，但那條材料早已講明了），這且不說。而照這條材料看，高駢所築外圍羅城之南牆在外江（大江）之北，內江故瀆之南。我雖未看到這條材料，但我寫作當時，看到《元和志》成都縣目云「萬里橋架大江水，在縣南八里。」《寰宇記》華陽縣目云，「萬里橋在州南二里。」益州成都府所治成都、華陽兩縣實在一個城中，兩書記萬里橋去城牆距離有六里之差，當時本已想到《元和志》撰述在高駢築羅城之前，自就舊城（即後來之內城）而言，《寰宇記》撰述在高氏築羅城之後，當就外圍羅城而言。若當時循此孔隙追求下去，可能有所發現；但態度放鬆了，此等細節處懶得再進一步分析。所以本文中未加說明，後面附圖，不免隨便將外圍羅城的南牆也畫在內江故瀆之北，因此就錯誤了。這是個好教訓。所以真正的以絕對標準研究問題，實在是一點都不能放鬆的！何況不著實際的放言高論！

至於「有縫必彌」者，例如我近年講唐代戶口問題。一般人總拿正史《地理志》所記戶口數作為當時中國的戶口實數；其實這是大錯。《地志》所記戶口只是戶籍，政府憑以收稅，當時實際上的戶口數照例比戶籍簿上的戶口為多，有時多幾倍，乃至十倍。唐朝戶籍之戶口數以天寶年間為最多，但仍非實際戶口數，因為除了隱沒戶口之外，還有很多種人合法的不入戶籍簿，如僧道、商賈、官戶、雜戶、部曲、奴婢等等都不入戶籍簿；中國境內還有少數民族，也多不入戶籍簿。所以實際上的戶數口數都比地志、政書所記戶籍數量為多。因此在唐代其他文獻中所見到的各州實際戶口數字多半比同時代或相近時代戶籍簿中的戶口數字為大，而且有些大得多。例如元結〈舂陵行序〉云：「癸卯歲，漫叟授道州刺史，道州舊四萬餘戶。」（《全唐詩》四函六冊）癸卯為代宗廣德元年，上距《新唐志》所記天寶版籍甚相近，而戶數幾為《新志》道州戶數（二二五五一戶）之兩倍。又如韓愈〈潮州請置鄉校牒〉云，「今此州戶萬有餘。」（《全唐文》五五四）按愈以元和十四年貶潮州，在《元和志》版籍之後只六、七年，而民戶為《元和志》潮州戶籍（一九五五戶）之五倍有餘，亦為《新唐志》所代表唐代戶籍最盛時代潮州戶數（四四二〇戶）之兩倍以上。此兩條證據皆無可置疑者。但有些證據卻可能被懷疑有問題。如顧況《宛陵公署記》云：「夫宣戶五十萬，戶二丁，不待募於旁郡，而宣戶之半已五十萬矣。」（《全唐文》五二九）按此《記》以庚辰年作。檢《新唐志》，宣州天寶戶一二一二〇四。《元和志》二八，宣州元和戶五七三五〇。庚辰為貞元十六年，上距《新志》版籍四五十年，下距《元和志》版籍至多十二年，而戶數為《元和志》之九倍，亦為《新志》之四倍。不管如何解釋，都比戶籍簿上的數目多得出奇。惟此文所記數字有一可能的漏洞，即兩個「五十」之「十」字可能為衍文。若此「十」字果為衍文，正與時代極相近之《元和志》所記戶籍數相當。欲推翻我的論點者就可能這樣懷疑，所以這兩個「十」字是這條證據可能的漏洞。但考韋煥〈新修湖山廟記〉，「今宛陵、涇縣十八鄉，戶四萬，民奉湖山神。」（《全唐文》七九一）撿《元和志》，宣州領鄉一百九十五，韋《記》云十八鄉四萬戶民奉此神；則一百九十五鄉正當近五十萬戶，所以「五十」極正確，無衍文。如此一來，顧《記》作證的力量就大為增強，成為一條鐵證，證明宣州在貞元元和間實際戶數毫無疑問的為戶籍簿中戶數之八、九倍。這是「有縫必彌」之一好例。

又如我寫〈漢代地方官吏籍貫限制〉（《史語所集刊》第二十二本，又《秦漢地方行政制度》第十一章）主要方法是用諸多史例作統計，但發現有極少數例外，我都自己提出來，一一預作解釋，或證明該條材料本身有誤；不要等到別人發現這些史例來駁我的論點。或者如果材料本身就有局限性，影響到結論的準確性，也要先自加以說明。例如我寫〈揚雄所記先秦方言地理區〉（《新亞書院學術年刊》第十七期），照史料數據統計，吳越方言，只是亞強區（C級），至多只能歸入強固區（B級），不如東齊、南楚之為特強區（A級）。這一點決不是事實，所以也預為說明吳越數據何以偏小之故。我寫論文，在這些方面很注意，儘可能的不遺留一個縫隙一個弱點，讓人家抓住，也儘可能的不遺留一點可疑處引起人家的誤會！

這就是所謂「有縫必彌」。不過這只是輔助方法，不是每一篇辯證性論文一定都用得到的！大抵研究問題，提出自己的論點，一般人通常都能努力尋找證據，來支持自己的論點；但對於自己論點的漏洞或可能的漏洞，通常都比較疏忽，不太注意。即如上文所提到的《漢書・地志》郡國治所問題，自康熙時代的閻若璩直到現在差不多三百年，好多有名的學人只是盡力的去找出治所不是《漢志》郡國下所列第一縣的證據，卻不反省一下，班志詳記都尉治所而絕不提太守治所，其故何在？也不想想，西漢二百年郡國治所有遷移的可能性。這可說是，只知盲目的進攻，不知穩健的防守，自己留下了明顯的大漏洞，致命的大弱點。所以我在大學讀書時代就看出他們的論證在基本理論上站不住，不過要提出批駁的具體證據，就要十年以後纔能做得到！再如有一位很有地位的史學家，研究《蠻書》中所記戎州石門通南詔道，謂道中之「曲州、靖州」即今雲南曲靖縣，舊南寧縣，南北朝以來之寧州、南寧州。按《蠻書》此段記程甚詳，云「從戎州南十日程至石門」「石門……西崖……有閣路。」「閣外至蒙夔嶺七日程。」下文詳述自石門第三程、第五程各至何處，「第七程至蒙夔嶺。」「第九程至魯望，即蠻、漢兩界，舊曲、靖之地也，曲州、靖州廢城及邱墓碑闕皆在。」「凡從魯望行十二程，方始到柘東。」按戎州即今四川宜賓縣，柘東即今雲南昆明市，都絕無問題。曲、靖州故地若在今曲靖縣，則由曲靖西至昆明平地三百華里，為十二日程，而宜賓南至曲靖一千五百里以上之千古險道乃僅十九日程，這是絕不合理的，所以這個論斷必有問題，是一個大漏洞，而作者竟未考慮到，無疑也太疏忽，讀者只要細心一點，馬上可以看得出來，不過要指明曲、靖故地究在何處，就不是件容易的事了。此段辯論，請參看拙作〈漢唐川滇東道考〉（《總統　蔣公逝世週年紀念論文集》，中央研究院）。

總之，不論是「無孔不入」或「有縫必彌」，都是要細心的閱讀史料，嚴密的思考問題；否則自己論點很難真能建立起來，所提論點也很容易被人一搗即破，歸於失敗！

一九八三年三月二日再稿

一九八四年八月三日最後增訂

目錄學與校勘學

問　《勵耘書屋問學記》各篇多談到陳援庵先生治史特別重視目錄學、校勘學，你的意見如何？

答　這兩門學問都是治史的基本學問。目錄學是治史所必備的基礎知識之一，校勘學是治史所必備的基本技術之一。

茲先談目錄學。不管你治史走哪條路，對於目錄學都要有相當認識，但我又認為不一定每個人都要在這上面先下極大功夫。這一點與史學方法論之於史學研究一般，很重要，但不是每個人都必須精通此道。若再進一步分析，所謂目錄學可說有廣狹二義，廣義的目錄學可指一切目錄書籍，也可指一切書目知識而言；狹義的目錄學是就章實齋所謂「辨章學術，考鏡源流」（《校讎通義敘》）而言，這是學術史的基本功夫，也是一項專門之學，非一般史學家都能精通，亦無都精通的必要。一般史學家所須廣博識知者，倒是廣義的目錄學，對於各種書刊內容多所瞭解，以便利用為材料，為理據。近人著手研究一項問題之前，多先翻查各種目錄書，作為研究的準備功夫，也就是想先掌握與此問題有關的目錄知識，並無必要達到狹義目錄學的境界。但是我認為真正的目錄學應就狹義而言，狹義的目錄學纔能真正算是一門學問；廣義的目錄學只是些目錄知識，不能算是一門有系統的學問。不過史學界所謂目錄學，通常都只就廣義而言，非就狹義而言。

援庵先生治史特別重視目錄學，也精於目錄學，這有兩個原因：其一，他治學的初步途徑是自目錄學書籍開始的。他本來只知讀四書五經，目標在時文科舉。後來偶然的機會，看到了張之洞的《書目答問》，纔知道還有很多好書可看。繼而他讀《四庫全書總目提要》，做了不少功夫。後來著作也頗多直接關乎目錄學的，如《中國佛教史籍概論》。所以他的史學可說是從目錄學入手的，自然也特別重視此項學問。其二，他特別注意史事專題研究，不但很少寫通論性文字，而且也不做範圍比較廣闊的專史研究。他那樣只作仄而專，而且比較偏僻的專題研究，就特別需要注意目錄學，也就是上文所講的廣義目錄學。例如他在抗戰期間所寫兩部有名的佛教史考證文字，《清初僧諍記》徵引書目，多到八十種。《明季滇黔佛教考》徵引書目更多至一百七十餘種，而且都是不常見的書，陳寅恪先生為後者作序，稱其「徵引之資料所未見者殆十之七八」。若非於廣義的目錄學先有廣博的知識，何能至此！但反過來說，若不作專仄問題的研究，也就不必先有那樣深的目錄學功夫。即如我常說的前輩四大家中，就廣義目錄學的功夫言，賓四師與誠之先生、寅恪先生，似都不如援庵先生，不也同樣有其高度成就？且如寅恪先生，中年名著唐史兩稿及《元白詩箋證稿》，皆不藉很深的目錄學功夫；而晚年《柳如是別傳》，則徵引繁博，非深於此道者不為功。此與論題有關，也因時代不同，而運用不同。中古時代的書籍不多，幾乎研究中古任何問題，都要把所有相關的古書全看一遍，目錄功夫只限於後代，尤其近代學人研究這些問題的成績了。所以治史需要目錄學功夫的深淺，亦因論題性質而異，因時代不同而異，不拘一律。但這門學問仍要有人下功夫去研究。不但狹義的目錄學要有人去研究，為學術史建立基礎；廣義的目錄學也要有人下功夫，編輯各種目錄書，以便一般人各取所需的去利用。

至於校勘學，古籍傳承久遠，往往有脫譌處，故閱讀時必須隨時留意比勘，以免為脫譌所誤。清人治學極注意校勘功夫，到援庵先生撰《元典章校補釋例》（一九五九年中華書局重刊本改名《校勘學釋例》），校勘學的技術有了進一步的發展。他總結經驗，認為校勘有四種方法，即「對校」、「本校」、「他校」與「理校」。照他的說明，對校法，「即以同書之祖本或別本對讀。」「此法最簡便，最穩當，純屬機械法。其主旨在校異同，不校是非，故其短處在不負責任，雖祖本或別本有訛，亦照式錄之；而長處則在不參己見。得此校本，可知祖本或別本之本來面目。故凡校一書，必須先用對校法，然後再用其他校法。」本校法，即「以本書前後互證，而抉摘其異同，則知其中之謬誤。」「此法於未得祖本或別本之前最宜用之。」他校法，即「以他書校本書。凡其書有採自前人者，可以前人之書校之；有為後人所引用者，可以後人之書校之；其史料有為同時之書所並載者，可以同時之書校之。此等校法，範圍較廣，用力較勞，而有時非此不能證明其訛誤。」理校法，即「遇無古本可據，或數本互異，而無所適從之時，則須用此法。此法須通識為之，否則魯莽滅裂，以不誤為誤，而糾紛愈甚。故最高妙者此法，最危險者亦此法。」我們研究歷史問題，一接觸到史料，常會發現古書字句可能有問題，就必須運用校勘方法來解決。否則就可能做不下去；或者為脫譌的史料所誘導而對於史事作出錯誤的判斷。至於校勘方法，大體上不出援庵先生所說四種方法的範圍，若能加以綜合運用，必能幫助我們解決很多問題。

不過需要校勘學功力的深淺，也看自己是向什麼方向發展，研究什麼問題。有些問題隨時要運用校勘技術來幫助解決，有些問題就很少需要。例如我寫《中國地方行政制度史》，運用校勘法處比較少，而寫《唐僕尚丞郎表》，就隨時都用到校勘方法。後來寫〈舊唐書本紀拾誤〉（唐史研究叢稿第十篇），補正《舊紀》一百七八十事，就中很多是傳刻奪漏或傳刻字訛，都是該表寫作的副產品，也都是用校勘法所獲得的成果。近年寫唐代交通問題，發現《元和志》、《寰宇記》及《通典》的〈州郡典〉，脫譌都很多，我們運用時要隨時留意，遇有可疑處，就必須仔細考量，經過審慎比勘，纔能引用。我曾有意對於這幾部書作一番全盤校勘工作，但時間不允許，只得作罷。大抵講通論、講大問題，需用校勘功夫處比較少；講較小問題，愈下細密功夫，校勘法的功夫就愈大。

一九八三年三月七日再稿

年齡與撰述

問　一般說，人到老年，對於早期發表的論文，往往有悔意。你年青時代發表不少論文，現在有無此感？

答　我也有此感，但不算很多。如〈北魏尚書制度考〉寫得太草率，實際上只是長編，至今無暇改訂；不過也只是文字問題，內容並無悔意。再如《秦漢地方行政制度》，如果在齊魯研究所時代的初稿能順利的發表了，後來一定要後悔。至於更早期的作品，如高中讀書時代所發表的〈研究國學應持之態度〉與〈儒家之禮的理論〉，今日看來，當然很膚淺；但我也並不後悔，因為人人都知道那是學習之作，無傷大雅；甚至也可保存，雖然對人無益，但仍可視為個人學術生活史上的一個標記。

一個人做學問，如果努力不懈，他的方法、悟解一定能愈老愈進步，也愈邃密，我就明顯的有此感覺，大約要到精力大衰時為止。例如我寫《唐僕尚丞郎表》，就比秦漢、魏晉南北朝兩部《地方行政制度》精密得多；五十歲以後寫唐代交通問題，又比《唐僕尚丞郎表》寫得精密，而且問題也複雜得多，有時心想放鬆一點，都放不下來！再就某一個小問題來比較，例如我在二十年前寫〈北魏六鎮考〉（〈北魏軍鎮制度考〉之一節，亦《北朝地方行政制度》第十一章之一節）。據《水經注》之〈沽水注〉、〈鮑邱水注〉與〈濡水注〉三篇，推論北魏禦夷鎮當在今察哈爾的沽源縣、獨石口，或稍東數十里地區（《魏晉南北朝地方行政制度》頁七〇九）。最近寫〈唐代幽州北通禦夷鎮故城至契丹炭山道〉，雖仍據此三〈注〉為基本史料，但比勘精密，認為在沽水東源大谷、尖谷二水之間，約今雲州堡、獨石城之正中間，貓兒峪東或東北之三山堡地區（N. 45°10′），較舊作已大有進步。（舊文仍有頗多誤處，茲不說。）又如同一文中之沃野鎮，舊據《寰宇記》四九雲州雲中縣條引《入塞圖》及《元和志》四天德軍條，置鎮城於東經一〇八度、北緯四一度半地區（同上書頁六九五—六九六），此為粗略的推估。《元和志》云唐天德軍在沃野鎮南六十里，是謂軍城亦在東經一〇八度線上。至一九七二年七月，我寫〈唐代長安北通豐州天德軍驛道考〉（香港中文大學《中國文化所學報》第六卷第一期），作較詳密推論，斷定天德軍城在今烏蘭鄂博地區，即在東經一〇八度三〇分、北緯四一度二〇分地區。後據《文物》一九七七年第五期〈內蒙古文物考古工作的重大成果〉一文，一九七六年，在烏拉特前旗阿拉奔公社境內，發現一座唐墓，並出土《王逆修墓誌銘》一塊，墓主王逆修曾任天德等軍州都防禦馬步都虞候等官職，「安塋於軍南原五里」處。墓北約二公里處，確有一座古城，可以肯定就是唐代天德軍城。《文物考古工作三十年》頁七六—七七有摘要，云古城在阿拉奔公社之北。但兩文皆無經緯度。據國防研院《民國地圖集》之〈綏遠人文圖〉，以為可能即烏蘭鄂博稍北之阿拉恩格地區。最近讀到《內蒙文物考古》〈創刊號〉張郁一文，有較詳報導，再參考 ONC-F-8 與《民國地圖集》，始可判定軍城當在東經一〇九度，北緯四一度之稍西北，今烏梁素海東北水濱。治學之老而益精，於此可見。杜翁云「晚節漸於詩律細」（詳注一八遣悶呈路曹長），又云「老去詩篇渾漫與」（詳注一〇江上值水如海勢）。仇氏曰，「律細言用心精密，漫與言出乎純熟，熟從精處得來。」所釋是也。我深覺治學亦正如此；等到精力大衰，自當別論。

一九八三年三月十日再稿，八五年三月校稿時訂正。

前進與落伍

問　好多人說，研究歷史要運用社會科學理論與方法，否則被視為保守或落伍。你對於此點有何意見？

答　史學界誠然有一種相當流行的想法，說某人前進，某人保守或落伍。其分野，在共產黨國度或地區，以是否遵用馬列主義為唯一標準；在自由民主國度或地區，多以是否接受社會科學理論、方法為標準。在共黨統治下以馬列主義為標準的看法，無庸討論；現在我只就自由民主國度內所謂前進落伍問題表示一點意見。

我個人認為，研究歷史提出成績，只有正確不正確與有價值沒有價值的問題，無所謂前進與落伍的問題。正確不正確的唯一判斷標準在證據是否可信，證據是否充分，結論是否合乎事實，或近乎事實；價值的判斷標準又更進一步，除了正確之外，還要看你的工作成績，在這項問題研究上，是否比過去他人更進了一步。若是你的工作成績雖很正確無誤，但那個問題別人早已解決了，你提出的成績只和已有成績一樣或更低一層，那就仍是沒有什麼價值；如果說落伍，這樣的成績應可說落伍了！至於是否接受社會科學理論、方法，與價值判斷並無必然的關係。因為社會科學理論與方法，只是研究歷史可採用的方法之一，是史學研究的輔助學科之一，不是價值判斷的唯一標準，更不是價值判斷的唯一大前提。

其實研究歷史，只要能產生正確有價值的成績，採取任何方法都是一樣；主要是在成績表現，不在方法的新舊。退一步說，要追逐時髦，認為社會科學是新的，就是進步的，但不能產生正確有價值的成績，仍是無用，功夫白費。若不採取社會科學方法，但能產生正確有價值的成績，他的價值仍然存在，只是不時髦而已。何況治學方法，應該是多樣化的，也該是無止境的進步，愈後愈臻精密，社會科學方法也不例外。擺在眼前的事實，社會科學門類眾多，派系各別，而且也是隨時有變換，有進步的。若是研究史學要以接受社會科學理論、運用社會科學方法為前提，否則就是落伍，那末你運用目前的社會科學方法研究出來的史學成績，過了幾年不是仍要被視為落伍了！換言之，任何人，任何成果，所謂前進都只是暫時的，稍過時日便落伍了！我想研究歷史真正得到好的成果，不應該是暫時性的，而是永久性的。

所謂研究成果，分析起來，也可大別為意見、看法與基本史實兩類。意見、看法往往是就史實作解釋，屬於論史性質，可因見仁見智，各有不同，也或許有時間性。但基本史實則絕不能有兩樣，只要真正探得了史實的真相，就永遠有其價值，不是暫時性的。就以我的《唐史研究叢稿》所收幾篇論文為例。第一篇〈論唐代尚書省之職權與地位〉，既考史實，也運用行政學的理論為唐代六部九寺間混淆不清的關係別作新解。此項新解雖然能使千年疑案得到合理的說明，但此種新解是否絕對可信，將來他人是否可另作解釋，都難預料，所以此項新解是否有永久性的價值，我也不敢有絕對的自信。但其他諸文，如〈唐代府州僚佐考〉、〈括地志序略都督府管州考〉、〈唐人習業山林寺院之風尚〉等，主在考論史實真相，不在為史實作論釋，自信勾沉稽隱，可謂已將當時史實正確的顯露出來，將來學人幾乎不可能再予否定。是即其價值有永久性，非暫時性。

我認為治史仍當以發掘史實真相為主流，以解釋、論史為輔助。找出史實的真相寫錄下來，可以永遠於人有用，即永遠不算落伍。例如《史記》、《通鑑》雖然寫作時間已過去很久，現在史學方法也已有很大進步了，但《史記》、《通鑑》仍然永遠有利用價值，即永遠不得視為落伍的東西！現代著作也是一樣，只要發掘出某一史事的真相，為前人所不知，就有其永久的價值，他人永遠可以採用，或踏在這個成績上再作進一步的研究，創出更新的成績。所以我認為史學研究，最主要的要看成績是否正確，是否有永久性價值；至於運用什麼方法，那是次要的事，絕不能以是否採用某一種方法作為衡量的尺度！

一九八三年三月二十九日再稿

史學二陳

問　已謝世的當代史學家中，你似乎特別推重陳垣、陳寅恪兩位先生，可否對於這兩位先生發表一點評述的意見？

答　我認為前一輩[1]的中國史學界有四位大家：兩位陳先生、呂思勉誠之先生與業師錢穆賓四先生。兩位陳先生或聯稱為「二陳」。陳寅恪先生（一八九〇——一九六九），是江西修水縣人，陳垣援庵先生（一八八〇——一九七一）是廣東新會縣人，都是南方人，而在北平任教，建立其在史學界的隆盛聲譽。但抗日戰爭期間，以及戰後，寅恪先生避地南方任教，援庵先生一直留在北方，所以或又別稱為南陳、北陳。

兩位陳先生中，寅恪先生聲譽尤著，亦早兩年謝世，茲先談寅恪先生。先生自一九〇二年十三歲東渡日本求學三年，一九一〇年到柏林大學轉巴黎大學，前後五年，一九一八年赴美國就讀哈佛大學，一九二一年由美國再赴德國就讀柏林大學，至一九二五年回國任清華大學

1 此處所謂「前一輩」係指我所及睹耒采，或讀其書時，其人尚健在；若如梁啟超、王國維兩先生皆不在此列。

國學研究院導師，時年三十六。故其少年青年時代求學時期極長，在東西各國就讀研究，前後達十餘年之久。其學習科目，主要為古今各國語文，及中國邊疆民族語文，次及哲學宗教，似亦稍涉社會科學。先生記憶力特強，據各家所記，除英、德、法、日等國語文外，遍習梵文及巴利、希臘、拉丁、波斯、土耳其、蒙、藏、滿文，有些或且甚精。吳宓雨僧《空軒詩話》云：「始宓於民國八年，在美國哈佛大學得識陳寅恪，當時即驚其博學，服其卓識。馳書國內諸友，謂合中西新舊各種學問而統論之，吾必以寅恪為全中國最博學之人。今時閱十五六載，行歷三洲，廣交當世之士，吾仍堅持此言，且喜眾人之同於吾言。寅恪雖係吾友，而實吾師。」[2]此語信實，非吹噓可比。

寅恪先生回國以後的學術動向，從其授課與著作次第看來，其治學以歷史為中心，兼及佛教與文學。其治史歷程，可分為三個階段。剛回國的幾年中，即四十歲前後，治學中心是佛經與邊疆民族史，講佛經特別致意佛教與文學、社會的關係。中期即四十四五至五十五歲前後，治學中心轉移到中國中古史，特別是兩晉南北朝至隋 唐時代，所涉範圍，自政治、社會到宗教、學術各方面，對於文學興趣尤濃。所以這一時期的代表作，除《隋唐制度淵源略論稿》與《唐代政治史述論稿》外，就是《元白詩箋證稿》，惟其論詩著眼於以詩證史，仍是史的範圍。晚年失明以後，雖然仍寫了不少關乎兩晉至隋唐史的論文，但其代表作當推《論再生緣》與《柳如是別傳》。大抵早期中期諸作只是為學術而論著，晚年諸作多寄寓深遠，不僅是為學術而學術了。[3]

先生曠世奇才，加以早年環境優裕，語文工具特強，東西學術基礎亦特別深厚，惟惜中年時代健康情況看來似頗差，殊難盡量發揮其才學，我在《治史經驗談》中已表示非常可惜。[4]近年讀先生晚年巨著《柳如是別傳》，另有一番感觸。先生晚年感切時艱與自己估計錯誤之不幸，奮筆為此巨著，以抒憤激之情。我讀此書，除了對於先生在惡劣政治環境下困頓憤懣的心情深表哀悼之外，對於先生之奇才博學與強毅精神又有進一層的認識，與進一層的欽仰，但同時又更加感到極其可惜！

先生晚年失明，在一般人而言，絕不可能仍寫分析入微的細密考證文字；而先生卻在助手誦讀的協助下，完成如此大規模的繁瑣考證論著，其精細邃密較之前此諸論著有過之無不及，其篇幅踰七十萬言，更為前此任何論著之數倍，[5]不能不令人嘆為奇蹟，絕非任何並世學人所能做得到！而這種奇蹟的表現，可以說是憑其曠世奇才與無比的強毅不屈的精神，因特別環境的激發而產生的。所可惜者，當大陸政權轉移期間，先生既以健康欠佳，對人生對大局一向悲觀，以致滯留大陸；及目睹世變，大出想像之外，乃又發憤為此巨著，以寄「憫生

2《陳寅恪先生編年事輯》卷中，頁八一引。
3 余英時著〈陳寅恪的學術精神和晚年心境〉下篇，《明報月刊》一九八三年二月號，總二〇六期。
4《治史經驗談》，第九篇，〈生活、修養與治學之關係〉，頁一一一。
5 陳先生壯年中年時代實際上只寫論文，不寫書；唐史兩稿也都是有系統的論文集性質。

悲死」[6]之情，事固可哀，亦極可驚！但稍作理智的想來，昔太史公父子遭遇困頓，發憤而為《史記》，先生以失明老翁，居然仍能寫成這樣一部考證精細的大著作，足見稟性強毅，精力亦未全衰。既發憤著書，何不上師史公轉悲憤為力量，選取一個重大題目，一抒長才，既瀉激憤之情，亦大有益於人群百世；而乃「著書唯賸頌紅妝」，[7]自嘲「燃脂功狀可封侯」[8]耶？真令人悲之惜之！蓋此書雖極見才學，但影響作用可能不會太大。第一，文字太繁瑣，能閱讀終卷的人實在太少，此與先生著作不講究體裁大有關係。這種繁瑣的考證體裁，寫幾萬字篇幅的論文並不妨事，寫小的書也還可用；像《別傳》那樣七十萬字以上專題研究的大書，我想絕不適宜。總當採取以簡馭繁的方法來處理那些繁瑣考證，讓一般讀者易於領會。第二，這部書，除了研究先生本人及錢謙益、柳如是者之外，要讀、必須讀的人也不會多，因為論題太小，又非關鍵性人物。第五章雖講錢柳「復明運動」，但以錢謙益那樣怯懦無用的人，柳如是雖有過人之才，從旁協助，也不可能使他能在復明運動中發生多大作用。其他各章對於明末清初政情雖亦不無發覆之處，但究竟都不太關緊要。若與援庵先生的《明季滇黔佛教考》作一比較，兩書都講明季史事，也同樣各有寄托，《柳傳》篇幅之大與辨析功夫之深都遠超過《滇黔佛教考》；然而就意義言，就價值言，或者說就成功度言，《柳傳》似轉有遜色。我常說選題重要，此亦一例。所以我恨惋惜先生這部大書除了表章柳如是一人之外，除了發洩一己激憤之外，實無多大意義。〈緣起〉一章引項蓮生「不為無益之事，何以遣有涯之生」之語以自傷，是亦真無益之事矣！但即此一端，更可想見先生心中激憤悔恨之情達於極點，所以幾乎失去理智的作此無益之事，並以柳如是〈金明池詠寒柳〉一詞中的兩個名詞作為自己畢生論文集的名稱了！[9]不過先生晚年不惜時間精力寫此大書，對於我倒是有很大的鼓勵作用。因為我近十餘年來專心致力寫《唐代交通圖考》，已成一百三四十萬字，尚未竣事，每感此一論題花費時間精力太多，急切想早日結束，以便轉移陣地，做其他早經準備要做的較大論題。看了先生以那樣不世之才，垂暮之年，專心一意寫那樣的小問題，不覺又自心寬意釋了！

次談援庵先生。先生早年沒有接受新式教育的機會，全靠自學成名。一九一七年撰成《元也里可溫教考》，是其第一篇學術性論著。自後二十年間，重要著作以次有《開封一賜樂業教考》、《火祆教入中國考》、《摩尼教入中國考》、《元西域人華化考》、《基督教入華史略》、《二十史朔閏表》、《中西回史日曆》、《回回教入中國史略》、《史諱舉例》、《敦煌劫餘錄》、《元典章校補》及《釋例》、《舊五代史輯本發覆》、《釋氏疑年錄》等。此諸著作涉及多方面：其一，各種宗教史，尤其西方諸宗教傳入中國史。其二，年代學、史諱學、校勘學、目錄學等，皆為歷史研究所必備的輔助學科，先生諸書多為有創建性的工具書

6《柳如是別傳》末頁，稿竟說偈。
7《寒柳堂集》附〈寅恪先生詩存〉頁四六「辛丑七月雨僧來廣州承詢近況賦此答之」，有注。
8 同上，頁四二〈丙申六十七歲初度曉瑩置酒為壽賦此酬謝〉自注：「時方箋河東君詩。」
9 同註3，頁二二六—二二七。

籍。其三，多種著作與元史有關。一、二兩者都是一般學人所忽略的重要問題，故先生一經做出成績，即為學林所推重。這些地方，顯得先生常能適時尋空蹈隙，提出重要有意義的問題，用最大努力，搜集資料，寫成專書或論文，獲取學林的重視。

以上諸項研究，可謂為早期成績。後期重要成績則有《明季滇黔佛教考》（一九四〇）、《清初僧諍記》（一九四一）、《南宋初河北新道教考》（一九四一）、《中國佛教史籍概論》（一九四二）、《通鑑胡注表微》（一九四五）五書，都是極踏實有創獲，應許為有永久性價值的著作。這五部書都是抗日戰爭期間在敵人鐵騎下的北平城中所寫成，大都寄寓民族之思。這一時期，這幾部書顯示先生學術著作達到最顛峰狀態，但也即此而斬。先生享年九十二歲，《胡注表微》寫成於抗日戰爭末期，當時年齡不過六十五、六，精神尚旺，何以此後二十餘年都無重要著作？據最近出版的《勵耘書屋問學記》（一九八二年六月，三聯書店）。諸弟子記先生自述治學歷程是「錢、顧、全、毛」，意謂由錢大昕的考據之學，進而浸潤於顧炎武的經世致用之學，與全祖望的故國文獻之學，最後服膺毛澤東思想。[10]這幾部書可說是先生走錢、顧、全路線的總結晶，老年轉而尊毛，學術生命自不得不中途頓折，乃至突然終止！

下面再就兩位陳先生比較言之。就治學言，兩位先生都是當代歷史考證學巨擘。考證之術有述證與辯證兩類別、兩層次。述證的論著只要歷舉具體史料，加以貫串，使史事真相適當的顯露出來。此法最重史料搜集之詳贍，與史料比次之縝密，再加以精心組織，能於紛繁中見其條理，得出前所未知的新結論。辯證的論著，重在運用史料，作曲折委蛇的辨析，以達成自己所透視所理解的新結論。此種論文較深刻，亦較難寫。考證方法雖有此兩類別、兩層次，但名家論著通常皆兼備此兩方面，惟亦各有所側重。寅恪先生的歷史考證側重後者，往往分析入微，證成新解，故其文勝處往往光輝燦然，令人嘆不可及。但亦往往不免有過分強調別解之病，學者只當取其意境，不可一意追摩仿學；淺學之士若一意追摩，更可能有走火入魔的危險。援庵先生長於前者，故最重視史料搜集，至以「竭澤而漁」[11]相比況。故往往能得世所罕見，無人用過的史料，做出輝煌的成績，如《明季滇黔佛教考》即為佳例。先生著作以平實自許，也以平實著稱，雖不若寅恪先生之深刻多新解，但紮實穩健，而能見其大，雖卑之無甚高論，[12]技術上作委蛇曲折反覆辯論之處也不多；但其創獲著實豐碩。前輩學人成績之無懈可擊，未有踰於先生者。其重要論著，不但都能給讀者增加若干嶄新的歷史知識，而且亦易於追摩仿學。我讀《勵耘書屋問學記》所載諸弟子記先生治學為文之道，與我在《治史經驗談》中所言有很多相通處，看來我一向推重先生的成績，是有必然性的了。

10《勵耘書屋問學記》第一篇白壽彝〈要繼承這份遺產〉（代序）（頁六）。後面各篇亦屢見此語。

11同上：李瑚　《勵耘書屋受業偶記》（頁一一六），「陳先生在講課中常提到他的兩句名言，即『竭澤而漁』和『打破砂鍋問到底。』」（按據俗語，「問」原作「紋」），又見陳智超　《史料的搜集》、《考證與運用》——〈介紹陳垣的治學經驗〉，〈文史藝學者治學談〉（岳麓書社，一九八三年一月。）

12《勵耘書屋問學記》：牟潤孫〈勵耘書屋問學回憶〉云，「先師時常說讀書少的人，好發議論。」（頁八九）

至就立身處世言，我深深愛寅恪先生純淨學術人的風格，而強毅獨立，不為名位誘，不為威武屈，其〈贈蔣秉南序〉[13]自稱「平生固未嘗侮食自矜，曲學阿世」（一九六四年，時年七十五）誠非虛語。亦唯有此強毅不屈的精神，所以衰暮之年仍能奮筆寫成平生所未有且可視為奇蹟的大著作。援庵先生則為另一類型，自青年時代即熱心世務，其後疊任文化教育機關首長，老年乃以毛為師，並且常說自己「聞道太晚」，[14]縱或只是一句敷衍環境的話，也未免過分！亦唯其與世浮沉的性格，所以晚年不免為政治共流所覆沒，在學術上不能再有所作為！或者先生一向熱心世務，有濟世救人的使命感，解放初期，惑於「民主革命」「為民服務」的宣傳，不覺入彀；後來也看出勢頭不對，所以自一九六二年以後，似已不再熱衷為政治作宣傳文字，[15]但為時已晚了！

最後總結一句：這兩位陳先生，治學方法，蹊徑大同，差異也很大，但成就都很高。立身處世，各走極端，絕不相侔，蓋棺論定，在乎讀者。

一九八三年三月廿一日初稿，三月廿四日再稿，七月五日補訂三稿

---

13. 《寒柳堂集》頁一六二。
14. 《勵耘書屋問學記》：柴德賡《陳垣先生的學識》第四節（頁五四）。
15. 參看《勵耘書屋問學記》：劉乃和《陳垣同志已刊論著目錄系年》。

通貫的斷代史家——呂思勉

問　你說呂思勉先生也是一大家，可否提出一些評述的意見？

答　呂思勉先生字誠之（一八八四—一九五七），江蘇常州（武進）人。他的治史與兩位陳先生不同，他是賓四師的中學老師，但兩人治學蹊徑也不相同。綜觀他一生的治學成績，可以稱之為通貫的斷代史家。

誠之先生平生著述極為豐富，為人所習知的，以出版年份序之，有《白話本國史》（一九二二）、《經子解題》（一九二六）、《理學綱要》（一九三一）、《宋代文學》（一九三一）、《先秦學術概論》（一九三三）、《史通評》（一九三四）、《中國民族史》（一九三四）、《燕石札記》（一九三六）、《中國通史》（一九四〇、四五）、《先秦史》（一九四一）、《歷史研究法》（一九四五）、《秦漢史》（一九四七）、《兩晉南北朝史》（一九四八）、《燕石續札》（一九五八）、《隋唐五代史》（一九五九）諸書。後來上海古籍出版社又將他未發表的札記與已發表的兩部札記合併，分時代編為《呂思勉讀史札記》出版（一九八二），還有《宋遼金元史》與《明清史》未能完成，不知將來是否有人能整理出來，作為未定稿出版。[1]

綜觀先生一生著作程序，可知他的國學基礎極深厚，五十歲以前的著作，屬於國學範圍的居多，所以他的史學是建築在國學基礎上。然而他的治史意趣並不保守。這有兩點可以證明。第一，在一九二〇年代，一般寫通史都用文言文，而先生第一部史學著作就用白話文，可謂是中國第一部用語體文寫的通史。全書四冊，內容頗富，而且著眼於社會的變遷，也有很多推翻傳統的意見，這在當時是非常新穎的。顧頡剛師在《當代中國史學》下編〈通史的撰述〉一目中列舉諸家通史，就以此書為首，認為此書「為通史寫作開一個新的紀元」，可謂當之無愧。我想這部書大約是當時極有銷路的一部通史，一九三〇年代中期我讀中學時，閱讀的人仍很多，也是我讀的第一部通史，相信這部書對於當時歷史教學必有相當大的影響。[2]第二，先生在一九四五年發表的《歷史研究法》稱述馬克思以經濟為社會基礎之說。他說唯物史觀「以物質為基礎，以經濟現象為社會最重要的條件，而把他種現象看作依附於其上的上層建築。」認為這一觀點有助於對史事的了解。吾人應當注意，此時早在中共取得政權之前好幾年。再看他在一九四〇年出版的《中國通史》上冊，其編次先社會經濟制度，次政治制度，最後是學術文化。次年出版的《先秦史》，其編排次序，在先秦各代政治事蹟之後，分類述文化現象，也是這個順序。這一程序，正是他這種意識的具體表現。更可見他這種意識發萌很早，與中共得政後一般趨附者大不相同。就因為早有此種意識，所以他治史相當注意社會經濟方面的發展，在通史及各斷代史中，這方面的篇幅相當多，《讀史札記》中這方面的條目也不少，這在沒有政治色彩的前輩史學家中是比較特別的！

就著作量言，先生的重要史學著作，篇幅都相當多，四部斷代史共約三百萬字，《讀史札記》約八十萬字，總共出版量當踰五百萬字，著作之富，可謂少能匹敵。就內容言，他能通貫全史，所出四部斷代史不但內容豐富，而且非常踏實，貢獻可謂相當大。我自中學讀書時代，對於他的史學著作就很感興趣，不但見到即看，而且見到即買。我在中學時代看《史通》，似乎就是由他的《史通評》所引起的。所以他的著作對於我有相當影響。居常認為誠之先生當與錢先生及兩位陳先生並稱為前輩史學四大家。但他在近代史學界的聲光顯然不及二陳及錢先生。我想這可能有幾項原因。

第一、近代史學風尚，偏向尖端發展，一方面擴大新領域，一方面追求新境界。這種時尚，重視仄而專的深入研究與提出新問題，發揮新意見，對於博通周贍但不夠深密的學人就不免忽視。誠之先生屬於博贍一途，故不免為一般人所低估。

第二、近代史學研究，特別重視新史料——包括不常被人引用的舊史料。史學工作者向這方面追求，務欲以新材料取勝，看的人也以是否用新材料作為衡量史學著作之一重要尺度。而

1 呂先生還有些較長論文未編輯出版，我很清楚的記得有一篇〈漢代亭傳制度〉，刊在一本不太厚的雜誌中，我寫《秦漢地方行政制度》時大約已找不到此文，所以未引用。今檢《讀史札記》中無與此題相近的條目，足證《札記》未收論文，希望有人續事輯錄出版。

2 參看《隋唐五代史出版說明》，中華書局上海編輯所。

誠之先生的重要著作主要取材於正史，運用其他史料處甚少，更少新的史料。這一點也是他的著作被低估的一個原因。

第三、爭名於朝，爭利於市。誠之先生的時代，第一流大學多在北平，學術中心也在北平。前輩史學家能享大名，聲著海內者，亦莫不設教於北平諸著名大學。誠以聲氣相求，四方具瞻，而學生素質也較高，畢業後散布四方，高據講壇，為之宣揚，此亦諸大師聲名盛播之一因。而誠之先生學術生涯之主要階段，一直留在上海光華大學任教。上海不是學術中心，光華尤非一般學人所重視。誠之先生是一個埋頭枯守，默默耕耘，不求聞達的學人，我想這也是他的學術成就被忽視之又一原因。

因為有上列幾項原因，所以他的聲光遂不如二陳一錢三位先生之盛，但實際上他的成就並不在他們三位之下。前文談到，博通周贍與精深有新解兩途。學術創獲誠然須專精有新解，但博贍仍是為學大道，且極不易，或許更難。只就誠之先生四部斷代史而言，每部書前半綜述這一時代的政治發展概況，後半部就社會、經濟、政制、學術、宗教各方面分別論述。前半有如舊體紀事本末，尚較易為功；後半雖類似正史諸志，而實不同。除政制外，多無所憑藉，無所因襲，所列章節條目雖尚不無漏略，但大體已很周匝賅備，皆採正史，拆解其材料，依照自己的組織系統加以凝聚組合，成為一部嶄新的歷史著作，也可說是一種新的撰史體裁。其內容雖不能說周贍密匝，已達到無懈無憾的境界；但以一人之力能如此面面俱到，而且徵引繁富，紮實不苟，章節編排，篇幅有度，無任性繁簡之病，更無虛浮矜誇之病。此種成就，看似不難，其實極不易。若只限於一個時代，自然尚有很多人能做得到，但他上起先秦，下迄明清，獨力完成四部，宋以下兩部亦已下過不少功夫，此種魄力與堅毅力，實在令人驚服。我想前輩成名史學家中，除了誠之先生，恐怕都難做得到。這不是才學問題，而是才性問題。記得高中讀書時，看到張貼在閱報欄中的一張報，有一篇短文描寫誠之先生與另一位文學家的生活習性。近年又看到黃永年所寫〈回憶我的老師呂誠之先生〉[3]一文與錢賓四師的《師友雜憶》（第二篇〈常州府中學堂〉第二節）寫誠之先生一段，再參以他的著述風格，與半生株守光華一事，[4]我想像他一定是一位樸質恬淡、循規蹈矩、不揚露才學，不爭取名位的忠厚長者，無才子氣，無道學氣，也無領導社會的使命感，而是一位人生修養極深，冷靜、客觀、勤力、謹慎、有責任感的科學工作者。其治史，有理想、有計畫，又有高度的耐性，鍥而不捨的依照計畫，不怕辛苦，不嫌刻板的堅持工作，纔能有這些成就。世傳他把二十四史從頭到尾的閱讀過三遍，是可以相信的。[5]

---

3 黃永年〈回憶我的老師呂誠之（思勉）先生〉，刊《學林漫錄》第四集，（頁六四—七五）一九八一年，中華書局。此文頗能見呂先生的生活、性情與為學為人各方面，值得一看。

4 黃永年回憶誠之先生的文中說「胡適想請他到北京大學去，但呂先生拒絕了，理由是光華的文學院長錢子泉（基博）先生是我多年的老朋友，我離開光華等於拆他的台，我不能這麼做！」

5 黃永年回憶誠之先生的文中又說，呂先生所用的二十四史是價廉易得極普通的線裝小本，「全部從頭到尾動過筆。…是用紅筆加了各種符號，人名加（　），有用的重要史料圈句，名物制度在詞旁加，不僅《紀傳》如此加，《志》也加，很少人讀的《天文志》、《律曆志》也加，連卷後所附〈殿本考證〉也加。…呂先生的斷代史或中國通史所以寫得如此快，幾年就是一大部，其主要原因之一應該是他對二十四史下了如此紮實的基本功夫。呂先生究竟對二十四史通讀過幾遍？有人說三遍，我又聽人說有一位朋友批評誠之先生的著作只是抄書。其實有幾個人能像他那樣抄書？何況他實有很多創見，只是融鑄在大部頭書中，反不顯露耳。不過誠之先生幾部斷代史的行文體裁誠有可商處。就其規制言，應屬撰史，不是考史。撰史當溶化材料，以自己的話寫出來；要明出處，宜用小注。而他直以札記體裁出之，每節就如一篇札記，是考史體裁，非撰史體裁。不過照賓四師說，誠之先生這幾部斷代史，本來擬議是「國史長編」。作為長編，其引書固當直錄原文。況且就實用言，直錄原文也有好處，最便教學參考之用。十幾年來諸生到大專中學教歷史，常問我應參考何書，我必首舉誠之先生書，蓋其書既周贍，又踏實，且出處分明，易可檢核。[6] 這位朋友極推重趙翼《二十二史箚記》。其實即把誠之先生四部斷代史全作有系統的札記看亦無不可，內容博贍豐富，豈不過於趙書耶？只是厚古薄今耳！至於材料取給只重正史，其他史料甚少參用。須知人的精力究有限度，他的幾部斷代史拆拼正史資料，建立新史規模，通貫各時代，周贍各領域，正是一項難能的基本功夫，後人儘可在此基礎上，詳搜其他史料，為之擴充、發揮與深入、彌縫，但不害誠之先生四部書之有基本價值也。

一九八三年六月十二日初稿，八月十日增訂。

是七遍，當年不便當面問呂先生……但我曾試算過一筆帳……至少應有四遍。」

6. 引書間或有誤引處，但以這樣一部大著作，內容所涉又極廣泛，小有錯誤，任何人都所難免，不足為病。

翻譯工作的重要性

問　你很推重馮承鈞先生的翻譯工作，可否稍詳說明你對於翻譯工作的意見？

答　世界上國家民族眾多，語言文化各不相同，欲增進各國人民的互相瞭解，最好的方法當然是能語文互通，以增進彼此的瞭解，漸期達到生活文化的溝通融和。然而語言互通，只能期之於少數人，絕大部分人群不可能都做得到，何況多樣化的語言文字，要每個人都能通解，不但不可能，而且是一種浪費，有害於其他方面的高度發展。就學術而言，除了自然科學大體上沒有民族國家的傳統特徵之外，其他各種學科領域，各國家各民族總不免各有其獨特的傳統，也各有其思考述作的方式，而各種傳統也各有所長，可以互相觀摩。就史學範疇而言，研究世界史固不必說，就是研究自己的歷史，如能多懂些外國語文，多看人家的論著，也大有益處，這在前面談治中國史是否要從中文下手時也已談過。不過精通一種外國語外，就以英國語文為例，真正能看英文書刊就很不容易，要花很大功夫。一個人的精力時間都非常有限，要想研究中國史的人都能精通英國語文，雖不是不可能，但他在中國史上所用的功夫勢必相對的大為減少，他的成就也就相對的降低。何況英國語文之外，還有其他各種語文著述，也各有參考價值，若要每個人都精通這些語文，始能瞭解他們的東西，那就絕對不可能。所以近百年來史學界，除了特號天才陳寅恪先生之外，就數不出第二個人來！因此我認為研究中國史的人都能精通幾國語文，觀摩各國學人的方法與成績，當然最好不過；但事實上不可能，只能求其次，提倡翻譯工作，希望能出些大翻譯家，來彌補本國學人不可能都精通各國語文的缺憾！

況且從歷史上看來，翻譯工作對於文化的傳播與吸收都極其重要，最明顯的例子，莫過於中國中古時代印度佛教的東傳。在魏晉南北朝至唐代前期，當時固然有不少信徒，不遠萬里，跋涉山川，到西域、印度去直接學習，回國傳揚；但歷史事實證明，佛教傳揚與吸受的最有效方式是高僧大德大規模的譯經運動，然後中國學人纔能慢慢消化融合而光大之為中國式的佛教，甚至孕育發展為宋明時代的儒家理學。我們看，在東晉時代中國最有名的兩位高僧道安與慧遠，都極力提倡翻譯工作。湯用彤先生說，道安雖不通梵文，但在長安七年，以主持譯經為中心工作，兵亂都邑，伐鼓近郊，仍工作不輟，而江南譯經之盛，慧遠提倡之力居多；唐初玄奘更是以精通梵文佛法而大規模從事譯經工作。唯有經過這些大師的提倡與主持，把印度佛教重要經論都翻譯過來，使不能通解梵文的人都能接觸到佛學的理論精義，然後纔能使佛學在中國生根，對於中國文化發生極大影響。

近代中國也出現了少數大翻譯家，如嚴復之於社會科學，林紓之於西洋小說，都盡了不少的介紹作用。但自我記事以來，翻譯工作似乎不大為人所重視，好多精通外國語文的學人都喜歡自己著書，而不想譯書，甚至鄙視翻譯為程度較低者的工作。其實這是極大錯誤。我覺得一個人的工作，主要的是向社會人群提出貢獻，對於他人有些用處，不論著作或翻譯都是一樣，外文好的學人，與其提出一部不成熟、不頂好的著作，絕不如翻譯一部西方名著之有貢獻。不但如此，翻譯工作有時可能比著作更有影響力。例如以玄奘的學問當然能著作論疏，但若只撰論疏，而不大規模的翻譯，他對當時對後代的影響可能不會有那樣大，自己在佛教史上的地位也沒有那樣高。再如嚴復的翻譯工作，對於清末民初的學術界發生極大影響；我想若果他只自己著述，不翻譯西方名著，他的影響力也不會有那樣大。就是林紓，雖然因為他不懂西文，不免傳譯失真，也不免選擇失當，但他的譯品在近代文學史上仍居有相當地位，或許超過他的散文作品。

馮承鈞先生畢生從事西文中譯的工作，把早期西方漢學家的幾十部重要論著翻譯成中文，讓一般不能通原文的人都能閱讀運用，真是功德無量！我常常向同學們說，馮先生的學問當然比陳寅恪先生差得多，但他對中國史學界的貢獻，決不在陳先生之下。這話並非誇張，因為學問高低與對於社會人群的實際貢獻是兩回事，不一定完全相一致。

近年來，臺灣出了兩部重要西文名著的譯本，其一是梁實秋先生翻譯的《莎士比亞全集》。我不懂文學，對於梁先生的認識也不深，但這部書的問世，使我對梁先生有了很大的敬意。因為這部書是西方文學經典之一，以前雖有不少人翻譯莎翁作品，但似都不全面，梁先生獨立完成這部大書的翻譯工作，以梁先生的文學造詣，相信為一部不但是全面也是最好的譯本，從此莎翁作品將可滲入中國文化傳統，成為孕育新文化之一血輪。所以從長遠的看來，相信這部書對於學術文藝界的貢獻與影響，可能比梁先生的散文更為深遠。其二，是陳立夫先生主持翻譯的李約瑟著《中國之科學與文明》。這部書對於世界學術界應有廣泛影響力，不過牽涉範圍極廣，如果譯得好，自是一項不朽之盛事，也是陳先生真正的一大貢獻。

一般人看輕翻譯工作的原因，是以為翻譯易而著作難，其實好的著作固很難，好的翻譯也決不容易。著作居於主動地位，比較自由，不懂的可以避而不談；但翻譯是被動的，不懂處不能逃避，所以真正好的譯本，決不容易；輕視翻譯也是淺人之見。況且被選作翻譯的書，總是他在學術已建立了信譽，一旦翻譯過來，就有客觀的地位，有益讀者，自己的著作卻不一定能建立起這種地位有益讀者，所以翻譯工作對於一位精通外文的人，無論為公為私，都是一項值得做的工作。有些人不直接翻譯西文名著，而節取多種名著的章節，穿插編譯成書，作為著作出版，這是既不智又欺騙的行徑，縱能盜微名於一時，實際上對社會的影響不能久大，自己地位也不牢固，是大可不必的！所以我至誠希望精通外文的人，對於外國東西，多翻譯，少著作，更希望公私機構能發大心願，建立翻譯中心，從事大規模的翻譯工作。回想一千幾百年前，鳩摩羅什之譯《大品般若經》，與諸舊宿五百餘人，詳其義旨，審其文字；浮陀跋摩之譯《毗婆沙》、《沮渠蒙遊》令智富等三百餘人考文詳義，務存本旨；當時譯場規模於此可見。到隋唐時代，譯經事業，更得國家全力支持，譯場組織更臻完備。中國人之於佛學，能取精用宏，使成為中國文化之一重要內容，基本功夫端在前人先努力作大規模的譯經工作。現在精通外國語文的人不少，政府與私人財團也都相當富裕，應有餘力提倡支持翻譯工作，希望在公私團體與個人意識的合作下，多出幾位玄奘、嚴復、馮承鈞、梁實秋，使中國社會大眾都能接觸到西方的學術文化，也使中國學人縱然不通東西各國文字，也能取之於譯本，作為研究的參考。如能這樣，對於中國學術的研究，對於新文化的孕育，都有絕大好處！

一九八三年二月二十六日初稿，三月十四日再稿。

我購藏書刊的原則

問　看你搜購的圖書水準高低似乎很參差，範圍很廣泛，內容也很龐雜；還有些本草書，是否對於中醫藥物學也有興趣？

答　我搜購圖書的唯一原則是實用，並無一定的水準，只要對於我的研究工作有用處，就量力購存，以備參考。好的書固然要參考，很壞的書也往往有一得之長，有可利用處，所以我的書架上也有品質很低劣的書。不過我要在此提醒青年學人們一句話，自己學術基礎尚未鞏固時，千萬不要亂看，一定要選擇標準高的好書看，千萬不能常常看品質低劣的書。因為自己辨別的能力尚不夠，很容易受到劣書的影響，走不上正軌，或者只是鋪陳材料，毫無創獲；或者更是走到歪路上去，虛浮淺薄，隨意胡扯。鋪陳材料，雖不能深入做出有高度價值的成果，但還可以做些編輯工作，仍是有用；若走上浮薄胡扯的歪路上去，更是害己害人，而且也絕難回頭走到正路上來。此猶如教拳術的師傅，教一個絲毫不識拳路的人容易，教一個對於拳術有一點知解但走錯了路的人，要他矯正過來，那就很難。所以初學的人，不要亂看，以免誤人邪路。當然等到你的根基已很穩固，遇到劣書，倒也不妨翻著看看，也可能有一點用處。

因為我的購書原則是實用，所以我的藏書並無一定的水準，更無一定的系統。有的書有幾冊，我只購其中一冊；很多雜誌也是如此，往往只購某卷的某期，因為該期有一篇文章的某一節對於我有用。再者，既然只講實用，所以多半不論版本。善本書固然價錢太貴買不起，而且就一般應用言，有些善本書反而不如普通版本的書。例如正史，我只用藝文印書館出的二十五史，後來有了標點本，就改用標點本；至於百衲本，我只購有兩部《唐書》，但也只偶爾查查，不常利用。

至於搜求範圍，那可說幾乎沒有什麼限制，因為我留意國史的各方面，只就我的專業「歷史人文地理」而言，也涉及中國史上的政治、軍事、社會經濟、學術文化各方面，所以無所不看，也儘量購存，當然也稍偏重到與地理分布有關的材料。我自少年時代一直到現在，都有經常逛書店的習慣，明明知道沒有什麼好的新書可看，仍然經常去看看。這不但是我消遣的習慣，而且認為一個學術工作者也有這樣做的必要，因為這是與學術世界隨時保持接觸的一個方法，同時也是購存圖書的一個有效方法，一本有用的書，若不及時買來，遲幾天可能就再也買不到了！

再說本草方面的書籍，我誠然也搜購了好多部，但我不懂中醫，也非對於中國古代藥物學有興趣。我之搜集本草書籍，完全只是把牠當史料看。中國本草學已有長久歷史。原書今存殘本的，有唐初蘇敬的《新修本草》為最早。原書完好而且內容豐富的，較早的有《大觀本草》，遲些的有《本草綱目》。更早期的書經清人輯錄大體尚頗完備的有《神農本草》。這些書記錄植物動物礦物的藥材很豐富，各種藥物條目下，除了說明其藥性、功能之外，兼及其產地，並或說明其製法。那些說明文字就往往可以利用作為一般史事研究的資料，而且往往非常寶貴。我在《治史經驗談》中（第一篇第四節）就已舉出《新修本草》中講「蒲陶」的一條例子。這本殘存的小書，保存字數已不多，但保存可用的史料卻不少。茲再舉兩例。如卷一五麝香條，「今出隨郡（今湖北隨縣）、義陽（今河南信陽）、晉熙（治懷寧，今安徽潛山）諸蠻中者亞之。」這是講東晉南朝以來南方少數民族北徙分據州郡的好史料。又如卷五土陰孽子條，「謹按此即□乳是也，出渭州鄣縣三交驛（今甘肅鄣縣西七十里）西。」按《武經總要前集》一八下〈邊防西番地理〉云，岷州（今甘肅岷縣）「東至故渭州（今甘肅隴西）三百里，開元中置八驛。」是岷渭間置驛道，此蓋八驛之一也，但驛名可考者亦惟此一條！輯本《神農本草》中也可發現不少史料。例如我看唐代詩文筆記之類的書籍，覺得劍南蜀中的人採藥與栽培藥材的風氣很盛，杜翁客寓成都，也入境從俗置藥欄。蜀人採藥栽培藥材，不僅自奉，尤似視為一種重要的經濟作業，所以有藥市的興起。後讀《神農本草》輯本，注意南北朝時代藥材產地的分布，出產最多的地方果然是蜀中。此外本草書也常記載某種藥物的製法。例如鹽是重要的民生必需品，而史書講製鹽方法不詳，較早的製鹽技術史料似乎也常引用本草。所以本草可以視為是研究經濟史的必備材料書，當然更是科技史的基本史料之一。其他科技方面的書，如《齊民要術》、《農政全書》、《天工開物》，以及各種輯本《月令》之類的書及近人研究這些書的成績，我也搜集不少，同樣也只是當作一般史料用，並非要研究科技史。例如《齊民要術》、《天工開物》中就有不少很好的難得的經濟史料，也關涉當時的經濟地理；但一般搞經濟史的人似乎都不太注意。再如《大藏經史傳部》，內容有很多關涉世俗的史料，陳援庵先生的《中國佛教史籍概論》已談到過；但他只舉出一些關涉政治史的例證，這是因為前一輩的史學家一般都偏重政治史之故。其實關涉社會經濟方面的材料尤為豐富，並有關涉民族史、語言史、音樂史等方面的上好材料，而且有些是在一般史部書及其他書籍中絕對找不到的絕佳史料。但一般人也都不大留意到，以為只有研究佛教史的人纔必要看這些書；那就大錯特錯！不過宋以下的和尚所寫僧傳之類的書，關涉世俗的史料就比較少了，這可能與寫書者的識力有關；尤可能是南北朝至唐代前期的和尚，境界比較廣闊，比較活潑，喜歡在社會上活動，多采多姿，所以為他們寫的史傳也就比較內容豐富。自唐中葉以後，諸宗衰微，禪宗獨盛，和尚退處山林，生活淨化，與社會關涉較少，所以他們的平生事蹟就比較單純，為他們寫的傳記也就顯得枯燥無味了！

以上所談幾點，都關乎史料書籍，將來如果有暇，我想寫一部「中古史料談」，就中國中古時代各方面書籍的史料價值作一次比較有系統的介紹；這裡不再多說了。

一九八四年二月起草，三月十八日完稿

我對於中國通史講授的幾點意見

問　大學「中國通史」一科，好多教師感到講授困難，不知你對於「中國通史」的編撰與講授有何意見？

答　目前大家所急於要討論的是通史講授問題，現在就側重講授方面來談一談。

一般而言，講「中國通史」應顯及中國歷史的各方面，但極其難講。因為若面面俱到，平鋪述說，必將與高中歷史課相重複，或無大差別，學生不會感到興趣。我聽說好些講通史的人擺脫全面講述的方式，而採取因時代不同的重要方式進行，這也是不得已的辦法；但此又容易落到近乎專題講演的毛病，不成其為通史。所以又必須折衷於重點與全面之間，並能上下脈絡連貫一氣，與斷代史有別，與專史也有別。因為有此種種考慮，所以大學「中國通史」可說是所有歷史系課程中最難講的一門課。過去大學「中國通史」課程教得最成功的，我想應數錢穆賓四先生為最，因為他學力、才氣兼備，加以擅長講演，又富於民族感情，所以他在北京大學講「中國通史」，據說極一時之盛。此外就我所知，沒有一個人能兼備這四項條件，所以也就不能有他那樣的卓越表現。雖然我當時尚在南方讀中學，不能聆聽錢先生的通史課程，但後來抗日戰爭期間，他到武漢大學講學一個月，我聽了他幾次通論性演講，並讀到他的《國史大綱》，章節編製與一般通史書迥異，內容尤多警拔獨到處，往往能以幾句話籠罩全局，精悍絕倫。想像他在北京大學講通史時，正當四十餘歲的盛年，精力充沛，驅之以民族感情，發之為鋒利講辭，其能動人心絃，激發青年愛國情操，可以想見。若講通史皆能如此，必能增加青年們對於國史文化的向心力，進而有助於民族感情的凝聚，與青年愛國精神的提升。只可惜，這是件不可能的事，因為絕難找到很多能講好「中國通史」的人才。現在教育部規定，大學各院系的學生必須修讀「中國通史」，立意甚善，但實無這樣多能講通史的人才。各校為應付此一課程，似乎只有多請些年輕學人擔負此項重大任務。我不知他們如何的講，不過我相信成效不會如何的好，倒可能發生反效果！因為講的人一定感到力不從心，很難講得與中學教師不同，而能自成脈絡的一氣貫通下來，久而久之，只好虛應故事，敷衍塞責。學生更將抱著應付心理，既是必修，就不得不半聽半逃的去應付，目的只是騙到學分而已。如此一來，他們不但認為「中國通史」是一門無味的課，不關緊要的課，而且是門討厭的課、無聊的課，因此更進而漠視中國民族文化，這豈不是得到相反的效果！所以這是一個極其重要的、值得重視的、需要檢討的大問題。

為了因應這一情勢，我有幾點意見在此稍作申述。

第一，學校應該顯示特別重視通史課程，把通史教授列為歷史系教授陣容的第一線，選請最好的教授去講授。若本校無顯著的能講通史的好教授，那就要資深教授一齊上陣，系主任尤當為同仁表率，以教通史為他們最重要任務，其次纔講其他專門課程——斷代史或專史。聽說臺灣大學歷史系教授人人都要擔任一班通史，不是都讓年輕的講師去講，這是不得已中的一個較好辦法，可以推廣到其他學校。

第二，至於講授方法，有些人提議通史講授不能採取平鋪述說的方式，而要用分析綜合的方式來講，不要鋪陳材料。這一構想是非常正確的，但限於師資條件，絕難做得到。因為歷史的分析綜合，是要根據複雜的史料創出簡要的結論，這是史學的上乘功夫。中國歷史的時間長，方面廣，材料又多，一個人在某一方面做工作，分析綜合，比較上還可以做得到；「中國通史」包羅萬象，非學力極深厚，才氣極超卓，絕難做得到。就我而言，就不敢有此自信。別人也許有此才學，但人數不可能很多，自不能應付目前通史講授的需求。所以若強調這一方式，勢必要乞靈於模式的運用，以史料就模式；然而那樣講歷史將變為新式的「八股」，也就失去講歷史的意義了！

第三，講授「中國通史」既不能採取平鋪述說的方式，以避免與中學歷史課程相重複，但又不能就各個時代分講幾個問題，變成不相連貫的專題演講。我個人意見，不如比較側重「中國文化史」。因為要青年們必修「中國通史」課程，無非想他們對於中國文化有較深的瞭解，要通史講授得很成功，既不大可能，倒不如乾脆縮小範圍，只講「中國文化史」，多少要省力些。

我所謂「中國文化史」，與過去學人所寫的「中國文化史」也有些不同。過去學人所寫文化史過分著重上層結構，如各個時代政府頒行的各種制度，與學術思想、文學藝術之類；與通史所不同的，只是減少了軍事勝負與政治演變而已。我想這種講法，內容仍然太多，而且仍過分偏重中央政令與學術文藝方面少數高階層人物的表現。中央政令固然有其主導地位，影響歷史發展，學術文藝方面的顯著人物對於文化固然有其重要貢獻，但這些其實不是民族文化的基本所在，應該簡化這些方面的資料。例如制度只擇關係國史發展大局的緊要問題作簡要介紹，說明其影響，主要在能使青年們感到此種制度對於中國之所以成為中國發生了些什麼作用；不要搬弄太多專門的規格名辭，使青年們發生枯燥生硬感。同樣，對於學者文人也只擇要的採取輕鬆方式加以介紹。這一切從上層結構中節省下來的篇幅，可以加述一些歷代國計民生狀況與社會風俗習慣，這些纔是民族文化的基點，在中國文化結構中占有最基本的地位；但過去學人大多很忽視。有些通史、文化史書雖也稍稍涉及這些方面，但又僅限於中國核心地帶。中國自古是個大國，版圖廣闊，民族複雜，各地區、各民族的生計狀況與風俗習慣差異很大，寫歷史的人只注意到漢族聚居區域的核心地帶，以偏概全，這是絕對不夠的，也可說是絕對不正確的觀念。所以我常說這是一條線的中國歷史觀，應當建立中國歷史的立體觀，把中國境內各個地區、各種民族的歷史文化全部容納到中國歷史體系中來，這纔能算是一部真正的「中國通史」、「中國文化史」；只著重中央政治的演變、中央政令的推行，與各方面偉大人物的表現，而且只限於漢族活動的核心地帶，這決不能算是全民性的「中國通史」、「中國文化史」！

第四，一般史學撰述通常只用文字說明，極少運用圖表來表達，史學講授也是如此。其實圖與表最能使讀者、聽者容易領會，使他們印象深刻，其功效較文字說明要強得多。我希望史學撰述者能多多融化資料，簡化為圖或表，以代替嚕囌的文字說明，講授者也應該這樣。作圖製表又當運用匠心，儘可能的讓讀者、聽者不必先看圖例、表例就能直覺的領會，這樣纔能收到最佳效果。如果先要詳看圖例、表例纔能瞭解圖表中所表現的意義，那已是間接的認識，不是真正的直覺領會了；但只有直覺領會纔能讓讀者、聽者印象深刻！再者，社會生活衣食住行等方面，如能製放一些實物幻燈片，以增加聽者對這些方面的直接印象，也很必要；現在鋤頭考古，出土這類資料很豐富，做起來已非難事了！

第五，單就「中國通史」講授而言，我想再提出一個更切實可行的簡易方法。現在既要每個大學生都修習「中國通史」，而又實在找不到那樣多的師資來擔負此項任務，不得不降格以求，請些較年輕學力尚淺的學人來擔任。在這樣不得已的條件下，我想與其讓這些年輕學人徬徨無主的自我摸索，不如預立規範，使他們有所依憑。有些人說這樣做法似有「欽定」之嫌，但總不失為是一條不得已的可行之路。有人提議由教育部頒布講授綱要。這方法誠然不錯，但編擬綱要也不是一件容易的事；何況頒布綱要容易流為形式。講授的人若謹遵綱條，勢必僅存軀殼，空無內容，學生仍將不會感到興趣；若任講者自由取捨，又可能各就興之所之，走到專題講演的路上去。我想，倒不如選擇一部較好的通史書為課本，講授教師只站在導讀的地位，領導學生閱讀，有必要時再加以補充發揮，這可能是目前最切實可行的較好方式，因為這樣至少可讓青年學子認真的讀一部中國通史，對於他們還可能有些益處。

至於讀本，我想目前所有各種《中國通史》中，仍以錢賓四先生的《國史大綱》為最佳，內容既見識力，也有深度，迥非其他幾部通史所能企及；而民族意識又很強烈，正合乎現在要求所有大學生修習「中國通史」的目的。我聽說現在大學生已多嫌這部書太深，看不懂，但若得到教師的輔導閱讀，當能有較真切的領悟。況且現在講授通史的教師既然多為青年學人，若能藉此導讀的機會，先就此書下一番功夫，對於他本人將來的治史工作也會有頗大幫助；所以這可說是目前可行的一舉兩得的方式。至於說這部書有些部分現在已嫌過時，最明顯的，如史前三代部分，及我上文所提到的基層文化面，以及還有些其他闕略處，自可由導讀講授的人斟酌補充，為之彌縫。局部的補充，究易為力，講授者就不會感到太困難了。

此外，我再附帶一項建議，導讀可以錢先生書為主，以呂思勉先生的幾部斷代史為輔。因為錢書才氣磅礴，筆力勁悍，有其一貫體系，一貫精神，可謂是一部近乎「圓而神」之作，所以講者可以拿他作為一條貫串的線索，也要諸生仔細的閱讀。呂書周贍綿密，可謂是一部近乎「方以智」之作，所以講者可以拿他作為錢書之輔，以濟錢書之疏闊。而且呂書徵引原料甚詳備，最便講授者參考之用。

一個勤奮能用頭腦的青年學人，在如此一經一緯的準備下為諸生導讀，同時也努力認真的做些專門研究工作，我相信在十年八年之後，他將會感到各學途徑寬廣，四處通達，無往而不可；而在通史講授方面，也可以慢慢地擺脫教本，自起爐灶，發揮自己的意見，建立自己的體系，而不失之於空洞膚淺；那就不會與高中歷史課程相雷同，也不會如同歷代專題講演，失去連貫性！

我個人治學，常懸個高度理想，但做起來總趨於務實一途，「卑之無甚高論」，遇事只在環境條件許可下採擇實際可行的途徑去做。我對於「中國通史」講授問題，也採取同一想法，上面幾點意見，希望能供講授「中國通史」的學人作參考。

一九八四年四月初稿，五月二十日再稿

附錄一　嚴耕望先生訪問記

黃寬重

問　先生在《治史經驗談》一書中，談到您年輕時以數理見長，後來何以轉而研究文史？

答　小學時受老師的影響很大。我讀小學時，由於從外地講來的一位老師數學教得非常好，引起我的興趣，數學成績相當可觀，已能做初中的問題了。但我做事一向將全部精神投注一件事；對數學有興趣，別的功課就馬虎些，文科尤其疏忽，國文的程度很差，作文更是不行。初中時，有一次在旅館樓上聽到一位嚴姓同學與一位同鄉在樓下聊天，嚴同學稱讚我的數學好，那位同鄉卻說嚴某連一封信都寫不好，數學好有什麼用。這句話是事實，我聽了很受刺激。後來，我的大哥也警告我，數學成績好固然不錯，國文也得下功夫。既然受到譏評又受大哥的勸勉，就開始注意文科了。首先就是找課外書看，我曾看過《三國演義》，又聽說陳壽的《三國志》是部名著，於是買了《三國志》，卻看不懂，處處是生字，只得買本字典來查單字，一學期下來，字典都翻破了，書還看不到三分之一。下學期又花了不少時間讀《左傳》，漸漸的對國文有了興趣，作文的能力才大為提高。

我高中時，受歷史老師李則綱先生的影響很大，由於他的啟發，使我的興趣由數學轉向歷史。

他是研究上古史的，思想多少帶點左傾的社會主義色彩。有一次他對我們演講「歷史演進的因素」，給我留下深刻的印象，不久又從朋友處借讀梁任公的《中國歷史研究法》，覺得非常有興趣。我一向讀書或工作都不開夜車，《中國歷史研究法》是第一次開夜車一口氣看完的。

總之，我先是受《三國志》及李則綱先生演講的啟發，再看到梁任公的《中國歷史研究法》，對歷史的興趣大增。雖然在老師和同學的心目中，我素以數理見長，卻很少人知道我將考文科。等到我考上武漢大學歷史系時，老師和同學都很驚訝，因為當時成績比較好的都讀理科，考文科的人較少。實際上，我在高中一、二年級時，興趣已轉到文史了。

問 讀大學時，先生的研究偏重那個朝代？後來何以研究秦漢政治制度？

答 研究秦漢政治制度有一半是機緣。高中時期受李則綱老師的影響，對中國上古史產生興趣。當時莫爾根（L. H. Morgan, 1818-1881）的《古代社會》一書頗為風行，我受到這本書的啟示，也注意我國古代社會問題，乃以「古代社會」的模式來看禪讓問題，寫了一篇〈堯舜禪讓問題研究〉的文章，認為「禪讓」應是部落酋長的選舉制，而不是後來儒家所美化的讓賢。同時，我看了頗多南洋及中國西南民族的調查報告，作為研究古代史的參考。

讀大學時，我仍注意古代史的問題，但古代史的材料簡單，往往須要加以解釋，而解釋的彈性又大，看法人人殊異，我是一個比較注重實際的人，覺得沒有把握，因此對古代史研究的信念動搖了，就把研究的方向慢慢下移。大二時注意秦史，搜集不少材料。到大三時，要準備寫畢業論文，但就已搜集的秦史資料擬定題目，就頗感為難；要將所有資料匯集寫成「秦史」，既不像論文，也不能精彩，要抽出部分資料寫專題，又怕份量不夠只好在秦史以外去找題目。不久，看到陶希聖先生與沈任遠先生合著的《秦漢政治制度》一書。陶先生是中國社會經濟史研究的開山者，他主編的《食貨》半月刊是我高中時候最喜歡看的文史刊物之一。他除了引導社會經濟史研究外，對政治史也有研究。以往研究政治制度的多半走《通典》、《通考》等十通的老路子，用現代的方法研究政治制度，陶先生那本書是最早的，我看了深感興趣。不過該書對地方制度的描述很簡單，只有短短的幾千字，我既要找論文題目，何不就地方制度加以擴充？恰巧，我又看到一些好材料，像翁方綱的《兩漢金石記》及宋人洪适的《隸釋》、《隸續》等石刻資料。石刻中有一部分是各地方官為歌頌其長官而建的碑，正面是碑文，為歌頌辭，背面是碑陰，刻有發起立碑者的職位、名銜，如戶曹掾、戶曹史、兵書掾、兵曹史等。當時各部門稱曹，一如今天省政府的廳，曹長稱掾，副稱史。《漢書》、《後漢書》記載漢代地方制度很簡單，若把這些碑陰的官名整理排比，可以知道漢代地方政府組織，補正史的不足。這些材料極多，可惜沒有人加以引用，於是我就利用這些材料，寫了〈秦漢地方行政制度〉作為畢業論文，就這樣展開了中古政治制度的研究。我的研究受陶先生的啟示與影響很大，非常感謝他，可惜至今尚未見面。

問　後來又有什麼原因，促使您轉而研究歷史地理？

答　實際上我對歷史地理發生興趣要比政治制度早。政治制度是在大三時因上述的機緣而研究的；但早在小學時我就對地理有興趣，這也事出偶然。我是鄉下人，當時鄉間小學所用的書和作業紙的質料都很粗糙，有一天，我的大哥從城裏買回一本大概是民國三年印的地圖，記得售價二元，紙質很好，印得很精美，我看了非常興奮，常常翻來看，漸漸的對地理有了濃厚的興趣，一些重要的山脈河流都能畫出來。後來又看了《讀史方輿紀要》，更加注意歷史地理。我最早發表的一篇學術性的論文〈楚置漢中郡地望考〉（《責善》半月刊第二卷第十六期）就是歷史地理的問題，是我大四上學期寫成的。一般人以為漢中郡是秦設置的，實際上是楚國所置。

讀大學時，「地方政治制度」和「歷史地理」是我同時用心的課題。民國三十年，我從武漢大學畢業，跟錢賓四先生到齊魯研究所繼續讀書，當時就感到同時注意二個大的課題，不容易做得好。第二學期，我一位非常要好的大學同學錢樹棠先生也來齊魯研究所，我便與他相約，由他研究歷史地理，我則專研究政治制度。他工作極勤，也搜集了幾十萬字的漢代地理材料，但興趣卻隨時在變，最後竟放棄歷史地理的研究，我又得兼顧這項工作，所以當地方政治制度研究告一段落時，我就全心研究人文地理了。

問　先生關於地方政治制度與歷史地理的論著都止於唐末，目前有沒有繼續研究宋以後的問題？

答　宋以後的政治制度與歷史地理的研究，有事實上的困難，並沒有繼續研究。目前我的研究計畫分成三部分：一是「唐代交通」，這部分做得最徹底，其次是「唐代人文地理」，再次是「國史人文地理」。唐代人文地理現在已搜集了約近十萬條資料，也寫了一篇唐代成都都市問題的論文，「唐代人文地理」完成之後再寫「國史人文地理」，如此由交通而慢慢擴展至整個國史人文地理。目前材料已無問題，但能否寫完尚無法預測，尤其國史人文地理恐怕很難完成，如此一來，便談不上寫宋以後的問題了。

問　以您的經驗，研究宋以後與唐以前的問題，在方法上有無差別？

答　研究五代以前和宋以後的問題，在方法上應有不同。五代以前的材料較少，要考證的地方多；宋以後的材料多，需要考證的地方也許較少，但在組織及解釋上要多下工夫，如果仍採五代以前的方法去研究，由於資料太多，不易理出頭緒，而且沒有組織、解釋，可能只是一堆散漫的史料而已。

問　您對借助社會科學的理論來研究歷史有何意見？

答　我在《治史經驗談》一書中也提到這點。我認為社會科學的理論可以幫助歷史研究，但它不是主題，從事歷史研究還是要從資料入手。研究歷史如能兼通哲學、文學及社會科學等，會使自己的態度較開朗，方法運用也可多樣化，當然是很好的，我就曾利用人類學的觀念，來研究堯舜禪讓的傳說，也曾用行政學的觀念來研究唐代尚書制度。但社會科學的理論不是放諸四海皆準的，不必倚之為法寶，有些地方能用，有些地方不能用，不應勉強。研究歷史最重要的是從材料上建立新見解，若完全遷就理論，把資料往理論上塞，其結果和共產黨所講的沒有差別。總之，人文及社會科學對歷史研究都有幫助，借助社會科學的理論或方法來研究歷史是值得鼓勵的，但最重要、最基本的還是資料本身。

問　先生的意見，對有志於學歷史的青年是很好的忠告。除此之外，您對年輕人有那些建議？

答　我的意見大體在《治史經驗談》的前二章都談到了。我認為最重要的是在年輕時要把基礎打好，看書的範圍不妨廣一點，不必急於做太專的題目。做學問要有潛力，先要廣泛的讀書，對社會科學要能相當通達，同學對中國幾部大的舊書能徹底的看，基礎一穩固，將來往任何方向發展，皆能得心應手，毫無窒礙，成就也會大。因此，年輕時要以打好基礎為第一要義，不要太急功好利。

問　您對目前成立的漢學研究資料及服務中心，有何期望與指教？

答　成立資料中心，能便利研究，是第一步。將來若人力財力許可，不妨再進一步成為研究中心。

問　先生提過「國史人文地理」可能沒時間寫，是否可以做幾次演講，提出您的見解、概念以指引後學？

答　我的口才不好，做事也比較慎重，不成熟的觀念不喜歡講，因此很少作演講，在香港也只是講課而已。「國史人文地理」是我在中文大學開的課，不敢說有何精義。我原計畫寫完「唐代交通」後先寫「唐代人文地理」的，後來曾有朋友建議我先寫通論，再寫唐朝。有一個時期我也想這麼做，但我最大工夫在唐代交通與人文地理，材料都已搜集好了，我的年齡也超過六十五歲了，不太可能同時完成幾件大工作。既然想先寫通論性的「國史人文地理」，就很難再有時間仔細的寫「唐代人文地理」了。因此，就想仿顧炎武寫《天下郡國利病書》的例子，把唐代材料編起來，讓別人寫。前年起，我開始利用晚上的時間，將材料分類，準備由成都開始編唐代都市方面的資料。編了之後，總覺得有許多問題未解決，不大安心，結果還是把唐代成都的情形做了深入的探討，寫成研究性的論文，在中文大學發表。這篇文章寫來很順手，有了這個經驗，我又打算改變主意，還是決定先寫「唐代人文地理」。這麼一來，「國史人文地理」只好慢慢再說了。

問 您選擇以成都為研究「唐代人文地理」的第一篇，有何特殊的意義？

答 都市與交通是聯類問題，我在做交通問題之外，要想別有寫作，就很自然的想先寫都市。唐代重要都市如揚州、長安、廣州、洛陽，都有人寫過論文，成都卻沒人寫，所以我寫唐代都市就從成都開始。[1] 此文寫成，我纔發現成都在唐末竟是全國最大的都市。唐末五代的揚州、長安都沒落了，只有成都反而更繁榮，其程度超出了我事先所想像的。寫完成都之後，我對於寫「唐代人文地理」已極有把握，因為寫這篇論文，全憑手頭已錄資料寫成；臨時參考，也只限於自己收藏書，利用圖書館藏書之處極少。如此看來，雖然完成退休家居，工作進行仍無問題。

原載《漢學研究通訊》第三卷第一期

1 我講中國歷史地理，感到中國史上壽命最長久的大都市，當推廣州與成都。廣州因為南洋諸國通商之故，所以能歷久不衰，直到近百年始為香港所代替。成都為西南地區唯一大的盆地平原，本身物資豐富，又為西南諸少數民族物資聚散地，所以長久以來，蜀商活動範圍至廣，成都亦為有史以來始終保持西南最大都市之地位。這一點也是當時先寫成都之一動機。——（耕望）

附錄二　唐代交通圖考序言

交通為空間發展之首要條件，蓋無論政令推行，政情溝通，軍事進退，經濟開發，物資流通，與夫文化宗教之傳播，民族感情之融合，國際關係之親睦，皆受交通暢阻之影響，故交通發展為一切政治經濟文化發展之基礎，交通建設亦居諸般建設之首位。中國疆域遼闊，交通建設尤為要務，故中山先生避總統之位，即以鐵道建設為己任，其立意蓋以交通建設為國家一切建設之基本也。

其在古人，亦早有此認識。先秦史事邈遠，始不涉論。秦人為政，尤重交通，惠文圖蜀，先誘蜀人通石牛道，[1]昭王承之，「棧道千里，通於蜀漢。」[2]既利巴蜀物資，且以加強控制。始皇大治「馳道於天下，東窮燕齊、南極吳楚」，[3]北鑿直道至九原，[4]世責其便遊幸，實則此項建設與「隳壞城郭」[5]為加強國家統治之兩項相對政策，一以削弱六國餘燼之抗拒力，一以加強中央軍政之控制權。始皇雖暴，但極勤政，車駕屢巡，亦有其重大之政治意義，何得以遊幸薄之！至漢武帝通西域，而恃河西走廊為孔道，故「列四郡，據兩關」，「自敦煌西至鹽澤（今羅布泊），往往起亭」，[6]亦以交通建設為加強軍事外交之手段。漢制，縣有蠻夷者曰道，[7]正以邊疆少數民族地區，主要行政措施，惟道路之維持與控制，以利政令之推行，物資之集散，祈漸達成民族文化之融和耳。下及隋煬，大開運河，唐人利之，「交廣荊益揚越等州運漕商旅往來不絕」。[8]雖云：「東南四十三州地，取盡脂膏是此河。」[9]但唐代後期，以東南之財賦支持西北之軍政，正賴此河為之餽運，[10]而南北經濟文化之溝通，運河自亦有其重要之作用。故李吉甫已云：「隋人作之雖勞，後代實受其利。」[11]皮日休更謂：「共禹論功不較多。」[12]於此可知交通之暢阻對於國家之盛衰，地方之開發，與民生之調劑，皆具有莫大之作用，治史者豈得不三致意焉。

余自青少年時代留意歷史地理，尤重國計民生諸大端。民國三十五六年，決定從事唐代人文地理之研究，視野所屆，除一般地區沿革外，泛及經濟、社會、文化、民族各方面，凡涉區域分布發

---

1 《水經注》二七〈沔水注〉引來敏《本蜀論》、《寰宇記》一三三興元府　褒城縣　褒谷條引《十三州志》。
2 《史記》七九〈范睢傳〉，參一二九〈貨殖傳〉。
3 《漢書》五〇〈賈山傳〉。
4 《史記》六〈秦始皇本紀〉。
5 同上。
6 《漢書》九六上〈西域傳序〉。
7 《漢書》一九上〈百官公卿表〉上。
8 《通典》一七七引《坤元錄》。參註11。
9 李敬方《汴河直進船》，《唐詩紀事》五八。
10 前人屢有此論，其詳細發揮，見全漢升《唐宋帝國與運河》。
11 《元和志》五河南府　河陰縣　汴渠條，「自揚、益、湘南至交、廣、閩中等州，公家運漕，私行商旅，舳艫相繼。隋氏作之雖勞，後代實受其利焉。」
12 皮日休〈汴河懷古〉（全唐詩九函九冊日休集八）。

展者，皆在搜討之列，而尤置重交通路線一課題，諸凡正史、通鑑、政書、地書、類書、雜著、詩文、碑刻、佛藏、科技諸書所見及考古資料，凡涉中古交通，不論片紙巨篇，搜錄詳密，陳援庵先生請「竭澤而漁」，[13]余此項工作庶幾近之。至民國五十五年，所錄基本資料殆逾十萬件，遂開始分區逐題撰述，首成〈藍田武關道篇〉。迄去歲又已十七年，完成三都及秦嶺、關隴河西、山南劍南、河東河北諸地區之寫作，都凡五卷五十餘篇，約一百三四十萬言。尚有河南淮南、江南嶺南、河運海運及交通制度諸卷待續撰述。承史語所代所長丁邦新先生邀約回臺工作，並促完成此書，付本所刊行。念前寫五十餘篇成文或逾十載，續獲材料多可增訂，遂暫輟第六卷河南淮南以下諸卷之寫作，就已成舊稿逐一增補，或且改寫。余於此書已付出三十七年之歲月，亦為平生功力最深，論辨最繁之述作，然問題不得其解者仍甚多，學術求精，固無際涯！如有同好，盼共商榷。

回想余為此書本末期有現今之成果，以為二十萬言，即可畢事，不意耗時四十年，文繁兩百萬，而內容所獲尤非事先所能想像者。舉其大端，如松潘高原，向視為荒蕪境域，人跡罕到。乃其實，自漢末南北朝以來，岷嶺、松潘草原即為西北通長江流域之一要道。唐置館驛，南通成都，東接散關，北達河隴，為唐與吐蕃必爭之地。此其一。唐蕃兵爭之核心在河煌青海地區，蓋地形所限，兩國交通惟此為坦途也。故唐人於此極力經營，州軍鎮戍星羅奕布，前人皆矇然莫辨。經此詳考，當時唐 蕃兵爭之形勢，使臣商貿之進出，皆得按圖指證。此其二。涼州（今武威）境域，兩宋以來，久陷荒殘，但於唐世，實為繁榮大都會之一，驛道兩線東達長安，亦斑斑可考。其西所謂河西走廊，遠通西域。其道雖早有經營，但前人於此仍多茫然。岑仲勉先生云：「漢唐在玉門以西未見驛傳之記載。」[14]此非一人之見也。乃其實，唐代驛傳之推行遠達安西（今庫車）、北庭（今孚遠）以西諸屬國。唐代史志與唐人詩篇累累可考。而近代敦煌、吐魯蕃出土文書[15]所見，瓜州常樂（今安西縣西）西通沙州（今敦煌）有南北兩道，及瓜州北通伊州（今哈密）大磧道，驛館名稱里距皆一一詳明：西州（今吐魯蕃東七十里阿斯塔那南）東西道上館驛名稱可知者亦十五個以上，且北朝已置驛，不始於唐也。此其三。長安北通河上三驛道，分達靈（今靈武南）、豐（今狼山、晏江間約N41°・E170°40′—50′）、勝（今托克托西黃河南十二連城E111°・N40°13′）三州，豐州驛使通傳長安多不過四日餘，亦盡中古驛傳快捷之能事。而河上重鎮之天德軍（E109°・N41°稍西北地區，烏梁素海東北岸水濱），其地望久不能詳，近亦準確知之。且賈耽所記天德軍東通雲中（今歸綏、托克托間）之塞外道，為自古用兵之要道，後人無能明之者，亦得據今圖，考故事，一一證之矣。此其四。唐與回紇邦交常睦，有豐州高闕（今狼山口E107°25′・N41°20′，或石蘭計口E107°30′・N41°20′）、甘州居延海（約E101°30′・N42°30′）、庭州特羅堡子（今北塔山南，約E90°30′・N45°地區）三道相通，今雖不能詳，但大要途程可曉。且回紇入唐先取鸊鵜泉入高闕至

---

13 李瑚《勵耘書屋受業偶記》，《勵耘書屋問學記》；陳智超《史料的搜集》、《考證與運用》——〈介紹陳垣的治學經驗〉，《文史哲學者治學談》（一九八三年一月，岳麓書社）。

14 〈中外史地考證前言〉。

15 瓜沙伊州間驛道，詳見《沙州都督府圖經》（羅振玉鳴沙石室佚書本）。《吐魯番出土文書》，現僅出版至第六冊，所見館驛不多，此處所云館驛十五個以上，係據《新疆歷史文物》，頁五一。

豐州，南下靈、夏（今白城子 E108°50′‧N38°），後避吐蕃之逼，使臣商旅乃由高闕東行繞經天德、振武（今歸綏、呼和浩特），取太原入長安，迂迴千餘里，此亦非粗研史事者所能想像也。此其五。東北邊塞，居庸（今關）、古北（今古北口）、盧龍（東晉至唐道出青陘，蓋今青山口 E118°35′‧N40°25′）、渝關（今山海關）四道並出，而取途不詳，今得歷歷指證。此其六也。飛狐之險，久著史冊，而關隘之要，因時代而轉移。中古北魏前期，尤為入塞之第一要道，南北通使，君主南巡，皆所取途，朔、代雁門反居其次，此寓有經濟、歷史、地理之意義，非一般讀史者所能想像得之。此其七也。劍南邊區，諸道並出，而通南詔之青溪、石門兩道為著，此《蠻書》已著錄者，向覺明先生校注已頗考研，然功力未深，今皆詳為比證，事乃大明。此其八也。雲南通安南交州之陸道，前人論者多家，[16]皆以今紅河線當之；實則取葉榆河谷，今盤龍江。且漢晉已然，不始於唐。此其九也。以上所言，皆邊區也。反顧內地，長安、洛陽為西東兩都，交通至繁，沿途館驛相次，榆柳蔭翳，軒騎翩翩，鈴鐸應和，固唐代之第一大驛道也。以云途程，必謂大抵與今隴海路相當，而實不然。自崤山以東，南取永寧（今洛寧東北，三鄉鎮西北），東循洛水，與今道異，與漢以澠池、新安道為主者亦異。而兩都間計程八百餘里，置驛三十四五，今考其名號尚十得八九。他如長安太原道、洛陽太原道、藍田武關道、駱谷道、褒斜道、金牛道、荊襄道、太行東麓走廊道等，館驛名稱亦頗有可考者。凡此館驛多出於詩人之吟詠，而可考位其今地，亦出想像之外也。此其十矣。此外如褒斜、陰平諸道之名實，洛南三關，太行八陘之通塞，黃河關津之建置，永濟通渠之流程，三峽水運之興盛，大隄商貿之繁榮，渤海海運之發達，河套、代北水運之績效，以及東南沿海海運之萌芽，諸如此類，殆難盡列。

交通之外，有隨文旁涉者，如國疆、如互市、如軍鎮、如唐詩地理等。茲僅以國疆言之。古代國疆，載籍模糊，前人繪圖，多以意為之，不得已也，但至唐已可略考。乃楊守敬《歷代輿地沿革圖》之〈唐地理志圖〉，竟繪唐代西疆，止於瓜（在沙州東）、沙（今敦煌）；其西北之伊（今哈密）、西（今吐魯番東七十里阿斯塔那南）、北庭（今孚遠北二十里破城子）皆摒於唐疆之外。按安西（今庫車）、焉耆（今縣）各自為國，中央僅置鎮戍，為之統攝，其勢雖略勝於今日蘇俄之於東歐，然究非中國正州，摒歸藩屬，不入版圖，猶自可也。但其東之伊、西、北庭三州，乃唐室正州，在《括地志》三百六十州之列，兩《唐書・地理志》亦在版圖，其行政領縣視瓜沙以東之正州絕無差別。庭州最西領縣為輪臺，在州西四百二十里，約今阜康縣（E87° 56'・N44° 10'）地區，西州最西領縣為天山，在州西一百五十里，約今托克遜（E88° 35'・N42° 48'）地區，唐有西州、庭州幾三百年，故唐代西疆最保留之擬定當在今迪化西山，與天山南支之阿海泉山口（約 E88° 30'・N42° 30'）。宋祖玉斧一劃，盡棄大渡河以南之地，[17]壯士斷腕，勢不得已；楊《圖》何竟率筆一揮，棄地幾三千里！自後日人箭內亙編《東洋讀史地圖》，一承楊《圖》，瓜沙以西皆屬蕃界，國人依樣葫蘆，

16 吳承志《唐賈耽記邊州入四夷道里考實卷》三（劉氏求恕齋叢書本）；伯希和書、馮承鈞譯《交廣印度兩道考》（商務史地叢書本）；向達《蠻書校注》卷一及六（一九六二年中華書局本）；方國瑜《古涌步之位置》及《步頭之方位》（滇史論叢第一輯）。

17 《方輿勝覽》五六黎州大渡河條。

一仍舊貫，[18]宜乎俄人謂新疆自古未入中國版圖矣！可為一嘆！余詳考交通，必涉國疆所屆，凡所考獲，指證分明。例如北疆，自今迪化而東，循北塔山脈（N45°．E90°—93°）至吉奇吉奈山脈（N45°．E96°—99°），此唐代北庭通迴紇道所經之國界也。又東微南，至戈壁阿爾泰、諾顏博格多山脈（約N43°．E101°—105°），即唐史所謂花門山也。居延海北三百里之花門山堡（約今鄂博圖廟E101°25′．N43°），蓋居延道中唐疆之最北鎮戍，杜詩「聞道花門破，和親事已非」，此其地矣。又東鸊鵜泉（約今烏尼烏蘇E107°30′．N41°45′至貢噶泉E106°10′．N41°30′—40′地段）、木剌山（天寶間置橫塞軍，約今烏拉特中旗E108°10′．N41°50′地區）、黑沙城（約今烏拉特後旗地段）、諾真水汊（今百靈廟E110°28′．N41°40′），此四地皆當磧口，屬唐境，其北屬突厥、回紇。又東雲州（今大同），「北至長城蕃界三百里」，殆今蘇木海子（E113°15′．N40°50′）地區。又東至大寧城（今張家口E114°45′．N40°45′）北數十里。又東包禦夷故鎮（今獨石口、雲州堡之正中間，約E115°45′．N41°10′），今馬尼圖山脈東至獨石口外之長城，蓋即唐之國界歟？禦夷鎮塞外之冷陘山（契丹名炭山）即奚王避暑牙帳矣。又東南度雲嶺，一名墨斗嶺，唐置墨斗軍，在柳河（今伊遜河）西二十里，灤河北岸（約E117°30′．N41°）。柳河即唐、奚國界也。又東北營州（今朝陽）西北百里有松陘嶺（約今朝陽西北大青山E120°5′．N41°40′處），其西奚，其東契丹。而秦長城在此北二百里外，視唐疆為遠屆矣。營州東出驛道，經燕州（今義縣）、巫閭守捉城（約今北鎮），渡遼水至安東府故城（今遼陽）。城西北、東北八十里皆契丹境。蓋驛道線之北不遠處亦皆契丹境。以上所陳，皆唐代長時期穩定之北疆。就中除北庭通回紇道中之國界，稍涉推測外，餘皆有實證，不可易。

凡此百端，皆詳徵史料，悉心比勘，精辨細析，指證詳明，俾後之讀史治史，凡涉政令之推行，軍事之進退，物資之流通，宗教文化之傳播，民族社會之融合，若欲尋其徑途與夫國疆之盈虧者，莫不可取證斯編，此余之職志也。至於解詩、正史，補唐宋志書之奪譌，糾明清志書之失誤，皆餘事矣。

抑余嘗思，過去所出兩書，及此《圖考》，所得成果，無論規模與創獲，皆大出自我預計之外。推原其故，殆亦平生治學之方式有以致之。蓋余為學，既詳徵史料作深入之研究，又期廣被於全面，嚴密組織，成其系統。深入與廣面本難兼顧，而余奮力為之。余才極平庸，尤弱記憶；特以強毅沉潛，遵行計畫，深思慮，窮追索，不畏艱辛，不求近功而已。幸故籍不吝其寶，勤力能用心思者，皆得深掘，出其隱蘊，加以仔細研析，悉心締構，宜能密實有獲，且具規模也。方今青年學子每以治學相詢，當以誠告，不覺坦言，觸自信之譏，讀者諒之！

再者，當代前輩學人晚年著述，往往寄寓心曲，有一「我」字存乎筆端。[19] 余撰為此書，只

18 楊《圖》刊於宣統元年（一九〇九）。箭內亙《圖》初版於大正元年（一九一二），其後屢次增補及和田清補本（昭和十五年、一九四〇），皆未更訂。余所見正確之圖繪，以《東洋文化史大系》之〈隋唐盛世〉卷末附圖為最早，時在昭和十五年（一九四〇）。但國人所編歷史地圖例襲箭內之誤。近年所出雖有更正者，但承沿舊誤，仍隨時可見。國人治學，不但抄襲成風，而且不知所擇，可為一嘆！

19 參看余英時〈陳寅恪的學術精神和晚年心境〉（明報月刊一九八三年一月號、二月號；收入陳寅恪晚年詩文釋證，時報出版公司），及拙作《史學二陳》（大陸雜誌六十八卷一期；編為本答問第十七篇）。

為讀史治史者提供一磚一瓦之用，「今之學者為人」，不別寓任何心聲意識。如謂有「我」，不過強毅縝思之敬業精神與任運適性不假外求之生活情懷而已！再則，古人云「讀萬卷書，行萬里路」，少年時代，深契斯言。初中畢業，嘗欲投考安徽二中，以就黃山，而未果，意甚憾之。民國三十四五年，在李莊，聽李霖燦先生講〈玉龍雪山〉，[20]峻拔雄麗，異花積雪，令人神往，平生聆講，感受之深，至今不忘，未有逾於此者，亦好奇探勝之心情也！今者，書讀萬卷固有餘，路行萬里，則僅托足空航，留鴻異域耳。祖國山河，惟溯三峽，攀峨眉，覽青城，登鍾阜而已。乃於古人詩文書志故紙堆中，遍識華宇山川形勢，景物民情，舟車繁會，夷夏走集，僧道遊化，墨客吟蹤，以及關塞鎮戍，政區背景，戰略進退，興亡百端：「讀記憶仇池」，[21]神遊千萬里，亦靜坐書齋之一賞心樂事也。如謂有「我」，此又其一端矣！

此書撰述，尚未竣事，本不期即時出版，承丁邦新、管東貴、毛漢光、陳慶隆諸位先生之雅意，多方籌劃，又承黃慶樂先生繪製地圖，廖華淑、廖幼華兩位小姐之謄錄與校稿，華淑小姐且為製《引得》，而印刷諸務，委煩盧建榮先生，賴諸同人之協力，俾此稿能早日問世，衷心感荷，並此謹致謝忱。

草序既竣，不覺念及傅孟真先生。若當年先生不能大公無私接納一位毛遂自薦之陌生青年，或不能雅量優容其入所前即聽拒第一項指令，[22]則余縱能勤力為學，成績所獲，定必遠遜。先生胸懷之磊落，愛護青年之熱忱，令人至深感念，走筆至此，不禁涕淚之交零也！

民國七十三年（一九八四）雙十節初稿，十四日增訂再稿，二十日三稿。嗣續飾訂，十一月四日畢功。

此序末節關涉個人生活情懷及治史方法與此小冊內容有相通處，會商務送來此冊校稿，因便附入，俾並參加。——七十四年三月二十五日識。

20 在雲南麗江縣北。《民國地圖集》、《雲南地形圖》約E100°10′．N27°5′。
21 杜翁《秦州雜詩》卒章（詳註7、鏡銓六）。
22 詳見〈我對傅孟真先生的感念〉，刊《仙人掌雜誌》第一卷第一號〈中國的出發〉，民國六十六年三月。

附錄三　著者其他論著目錄

甲、專書

一、兩漢太守刺史表　一冊　中央研究院歷史語言研究所專刊之三十　商務印書館　一九四七年

二、唐僕尚丞郎表　四冊　中央研究院歷史語言研究所專刊之三十六　中研院史語所　一九五六年

三、秦漢地方行政制度（中國地方行政制度史上編上）　二冊　中央研究院歷史語言研究所專刊之四十五　中研院史語所　一九六一年

四、魏晉南北朝地方行政制度（中國地方行政制度史上編中）　二冊　中央研究院歷史語言研究所專刊之四十五　中研院史語所　一九六三年

五、唐史研究叢稿　一冊　新亞研究所　一九六九年

正編目次：（一）論唐代尚書省之職權與地位　（二）唐代府州僚佐考　（三）唐代方鎮使府僚佐考　（四）括地志序略都督府管州考　（五）唐兩京館驛考　（六）唐子午道考

（七）唐代成都清溪南詔道驛程考　（八）唐人習業山林寺院之風尚　（九）新羅留唐學生與僧徒　（十）舊唐書本紀拾誤　（附編從略）

六、治史經驗談　一冊　臺灣商務印書館　一九八一年

七、唐代交通圖考　一至五冊　中央研究院歷史語言研究所專刊之八十三　一九八五年

乙、論文

發表刊物編輯出版處所一覽表

1. 大陸雜誌　大陸雜誌社　臺北
2. 中央研究院院刊　中央研究院　臺北
3. 中央研究院成立五十週年紀念論文集　中央研究院　臺北
4. 中國政治思想與制度史論集　中華文化出版事業委員會　臺北
5. 中國佛教史論集　中華文化出版事業委員會　臺北
6. 中國學人　新亞研究所　香港
7. 中國學誌　泰山文物社　日本東京
8. 中國歷史地理　中華文化出版事業委員會　臺北
9. 中國戰爭史論集　中華文化出版事業委員會　臺北
10. 中韓文化論集　中華文化出版事業委員會　臺北

11. 仙人掌雜誌　仙人掌雜誌社　臺北
12. 民主評論　民主評論社　香港
13. 史語所集刊（全名《中央研究院歷史語言研究所集刊》）　中央研究院歷史語言研究所　南京—臺北
14. 史學彙刊　中華學術院、中國文化大學史研所　臺北
15. 史學論集（《中華學術與現代文化叢書》第三冊）　華岡出版公司　臺北
16. 東方學報　香港大學出版部　香港
17. 亞洲史學家第二次會議論文集　中華民國教育部　臺北
18. 金陵齊魯華西三大學中國文化研究彙刊　齊魯國學研究所、金陵、華西中國文化研究所　成都
19. 屈萬里先生七秩榮慶論文集　聯經出版公司　臺北
20. 香港大學五十週年紀念論文集　香港大學中國語文系　香港
21. 香港中大文化所學報（全名《香港中文大學中國文化研究所學報》）　香港中文大學出版部　香港
22. 食貨月刊　食貨月刊社　臺北
23. 珞珈　國立武漢大學旅臺校友會　臺北
24. 現代學報　南京六藝書局　南京

25. 國史上的偉大人物　中華文化出版事業委員會　臺北
26. 責善半月刊　齊魯大學國學研究所　成都
27. 清華學報　清華學報社　臺北
28. 華岡學報　中華學術院、中國文化學院　臺北
29. 董作賓先生逝世十四週年紀念刊　藝文印書館　臺北
30. 新亞生活雙周刊　新亞書院　香港
31. 新亞生活月刊　新亞書院　香港
32. 新亞書院學術年刊　新亞書院　香港
33. 新亞學報　新亞研究所　香港
34. 趙元任先生紀念論文集　中央研究院歷史語言研究所　臺北
35. 嘉陵江日報　嘉陵江日報社　重慶（北碚）
36. 慶祝李濟先生七十歲論文集　清華學報社　臺北
37. 聯校　西北軍校（？）　西安
38. 總統　蔣公逝世週年紀念論文　中央研究院　臺北
39. 學府紀聞　南京出版公司　臺北
40. 學風　安徽省立圖書館　安慶
41. 學術季刊　中華文化出版事業委員會　臺北

42. 錢穆先生八十歲紀念論文集　新亞研究所　香港

43. 饒宗頤教授南遊贈別論文集　本集編輯委員會　香港

一、研究國學應持之態度　學風第六卷　一九三六年

二、儒家之禮的理論　學風第七卷第一期（單計十頁）　一九三七年

三、楚置漢中郡地望考　責善半月刊第二卷第十六期（頁八—一二）　一九四一年

四、武帝創製年號辨　責善半月刊第二卷第十七期（頁七—八）　一九四一年

五、楚秦黔中郡地望考　責善半月刊第二卷第十九期（頁九—一六）　一九四二年

六、論秦客卿執政之背景　責善半月刊第二卷第二十期（頁四—八）　一九四二年

七、秦宰相表　責善半月刊第二卷第二十三期（頁四—一一）　一九四二年

八、兩漢郡縣屬吏考　金陵齊魯華西三大學中國文化研究彙刊第二卷（頁四三—七四）

一九四二年〔改編入專書三〕

九、兩漢郡縣屬吏考補正　金陵齊魯華西三大學中國文化研究彙刊第三卷（頁一三—一八）

一九四三年〔改編入專書三〕

一〇、中國軍事地理形勢之今昔　聯校第二卷第二期（頁一〇—一二）　一九四二年

一一、北碚自然地理概述　嘉陵江日報北涪小志第三、第四期　一九四四年

一二、元魏北鎮制度、附略論元魏懷荒禦夷兩鎮之地望　現代學報第一卷第八期（頁一三—

二一）　一九四七—四八年〔參五六〕

一三、北魏尚書制度考　史語所集刊第十八本（頁二五一—三六〇）　一九四八年

一四、北朝地方政府屬佐制度考　史語所集刊第十九本（頁二六七—三二四）　一九四八　〔改編入專書四〕

一五、魏晉南朝地方政府屬佐制度考　史語所集刊第二十本（中央研究院成立二十週年專號）上冊（頁四四五—五三八）　一九四八年　〔改編入專書四〕

一六、漢代地方官吏之籍貫限制　史語所集刊第二十二本（頁二三三—二四二）　一九五〇年〔改編入專書三〕

一七、秦漢郎吏制度考　史語所集刊第二十三本（傅斯年先生紀錄論文集）上冊（頁八九—一四三）　一九五一年

一八、唐人多讀書山寺　大陸雜誌第二卷第四期　一九五一年　〔參三〇、五三〕

一九、唐代六部與九寺諸監之關係　大陸雜誌第二卷第十一期（頁一八—一九）　一九五一年〔參二二〕

二〇、唐代文化約論　大陸雜誌第四卷第八期（頁一—九）　一九五二年　〔轉載韓復智編中國通史論文選輯下冊，一九七〇年〕

二一、漢代郡都尉制度　大陸雜誌特刊第一輯下冊（頁四三三—四五〇）　一九五二年　〔改編入專書三〕

二二、論唐代尚書省之職權與地位（初稿）　史語所集刊　第二十四本（頁一—六八）

一九五三年〔改寫定稿刊專書五〕

二三、略論唐六典之性質與施行問題　同前（頁六九—七六）　一九五三年

二四、漢代郡府之功曹與督郵　大陸雜誌第六卷第一期（頁一八—二二）　一九五三年〔改編入專書三〕

二五、通鑑作者誤句舊唐書之一例　大陸雜誌第六卷第二期（頁六）　一九五三年

二六、漢代郡縣學校制度　大陸雜誌第六卷第十期（頁六）　一九五三年〔改編入專書三〕

二七、漢書地志縣名首書者即郡國治所辨　中央研究院院刊第一輯（頁一九—三九）　一九五四年

二八、漢代地方行政制度　史語所集刊第二十五本（頁一三五—二三六）　一九五四年〔參專書三〕

二九、北魏地方行政制度　學術季刊第三卷第二期（頁二二—三五）　一九五四年〔參專書四〕

三〇、唐人讀書山林寺院之風尚（初稿）　民主評論第五卷第二十三期　一九五四年〔參一八、五三〕

三一、唐代國內交通與都市　大陸雜誌第八卷第四期（頁三—五）　一九五四年

三二、北朝中央中正與地方中正　大陸雜誌第八卷第十期（頁六—八）　一九五四年〔改編入專書四〕

三三、中國地方行政制度史略　大陸雜誌第九卷第八期（頁一—八）　一九五四年　〔參三四〕

三四、中國地方行政制度　中國政治思想與制度史論集（單計二六頁）　一九五四年　〔參三三〕

三五、陳蕃、李膺　國史上的偉大人物第二冊（頁三六九—三七六）　一九五四年

三六、隋代人文地理　中國歷史地理第二冊（單計三四頁）　一九五四年

三七、唐代人文地理　中國歷史地理第二冊（單計六二頁）　一九五四年

三八、五代十國人文地理　中國歷史地理第二冊（單計二二頁）　一九五四年

三九、隋唐時期戰史　中國戰史論集第一冊（單計二二頁）　一九五四年

四〇、杜黃裳拜相前之官歷　史語所集刊第二十六本（頁三〇九—三一三）　一九五五年

四一、北魏尚書分部之演變　學術季刊第四卷第二期（頁六〇—六八）　一九五五年　〔參一三〕

四二、北魏孝文帝尚書三十六曹考　大陸雜誌第十一卷第一期（頁七—一二）　一九五五年　〔參一三〕

四三、魏晉南北朝都叔與刺史之關係　大陸雜誌第十一卷第七期（頁一—四）　一九五五年　〔改編入專書四〕

四四、魏晉南朝都督與都督區　史語所集刊第二十七本（頁四七—一〇五）　一九五六年　〔改

編入專書四〕

四五、舊唐書奪文拾補　史語所集刊第二十八本（慶祝胡適先生六十五歲論文集）上冊（頁三三五—三六二）　一九五六年

四六、舊唐書本紀拾誤（初稿）　新亞　學報第二卷第一期（頁二一五—三〇六）　一九五六年〔增補稿刊入專書五〕

四七、孫吳都督區　大陸雜誌第十二卷第六期（頁一一—一三）　一九五六年　〔改編入專書四〕

四八、梁書盧陵王續傳脫譌　大陸雜誌第十三卷第二期　一九五六年　〔參一一六〕

四九、舊唐書食貨志鹽鐵節奪文與譌誤　大陸雜誌第十三卷第三期（頁一一—一二）一九五六年〔參四五〕

五〇、唐代紡織工業之地理分布（初稿）　大陸雜誌第十三卷第十一期（頁一—四）一九五六年〔增訂稿刊專書五〕

五一、唐宋時代中韓佛教文化之交流　中國佛教史論集第一冊（頁二〇五—二三六）一九五六年

五二、新羅留唐學生與僧徒（初稿）　中韓文化論集第一冊（頁六七—九八）　一九五六年〔參五五，定稿刊專書五〕

五三、唐人讀書山林寺院之風尚（再稿）　史語所集刊第三十本（集刊三十週年紀念專號）下

冊（頁六八九—七二八）　一九五九年　〔參一八、三〇，增訂改寫稿題名改「讀書」為「習業」，刊專書五〕

五四、從南北朝地方政治之積弊論隋之致富　新亞學報第四卷第一期（頁一八三—二一〇）　一九五九年

五五、新羅留唐學生與僧徒（再稿）　史語所集刊外編第四種（慶祝董作賓先生六十五歲論文集）（頁六四三—六七九）　一九六一年　〔參五二，增補稿刊專書五〕

五六、北魏軍鎮制度考　史語所集刊第三十四本（故院長胡適先生紀念論文集）上冊（頁一九九—二六一）　一九六二年　〔改編入專書四〕

五七、北魏六鎮考　亞洲史學家第二次會議論文集（單計一四頁）　一九六二年　〔參五六〕

五八、北周東南道四總管區　大陸雜誌特刊第二輯（頁五〇一—五〇六）　一九六二年　〔改編入專書四〕

五九、魏晉南北朝地方行政制度約論　大陸雜誌第二十七卷第四期（頁一—五）　一九六三年〔參專書四〕

六〇、魏晉南朝郡府組織考　香港大學五十週年紀念論文集第一冊（頁一八三—二二二）　一九六三年　〔改編入專書四〕

六一、括地志序略都督府管州考略　史語所集刊第三十五本（故院長朱家驊先生紀念論文集）（頁三〇一—三一九）　一九六四年　〔增訂稿刊專書五〕

六二、景雲十三道與開元十六道　史語所集刊第三十六本（紀念董作賓、董同龢兩先生論文集）上冊（頁一一五—一二一）　一九六五年

六三、唐代方鎮使府軍將考　慶祝李濟先生七十歲論文集上冊（頁二五九—二七四）　一九六五年〔參專書五第三篇〕

六四、談唐代地方行政區劃　新亞生活雙周刊第八卷第九期（頁一—二）　一九六五年

六五、唐代方鎮使府之文職僚佐　新亞學報第七卷第二期（頁四七—七七）　一九六六年　〔參專書五第三篇〕

六六、唐代方鎮使府幕僚組織　新亞生活雙周刊第八卷第十五期（頁一—二，一三）　〔參專書五第三篇〕

六七、石刻史料叢書序　新亞生活雙周刊第九卷第六期（頁一—二）　一九六六年　〔參編輯：石刻史料叢書〕

六八、唐藍田武關道述略　新亞生活雙周刊第九卷第十二期（頁二）　一九六六年　〔參七八〕

六九、漢唐褒斜道考　新亞學報第八卷第一期（頁一〇一—一五七）　一九六七年〔參七九〕

七〇、唐金牛成都道驛程考述略　新亞生活雙周刊第十卷第十一期（頁二—三）　一九六七年

七一、唐上津道考　史語所集刊第三十八本（頁二八五—二九二）　一九六八年

七二、通典所記漢中通秦川驛道考　新亞學報第八卷第二期（頁一—五二）　一九六八年
七三、唐代茂州西通吐蕃兩道考　香港中大文化所學報第一卷（頁一—二六）　一九六八年
七四、唐代長安南山諸谷道驛程述　大陸雜誌第三十六卷第十一期（頁一〇—一五）　一九六八年〔參六八、六九、七二、七七、七八、八八〕
七五、唐代松州驛道述　新亞生活雙周刊第十一卷第五期（頁一、一〇）　一九六八年　〔參八〇〕
七六、責善半月刊再版書後　再版責善半月刊　一九六八年
七七、唐駱谷道考　史語所集刊第三十九本（慶祝李方桂先生六十五歲論文集）上冊（頁一五—二六）　一九六九年
七八、唐藍田武關道驛程考　同前下冊（頁一—二七）　一九六九年
七九、唐金牛成都道驛程考　史語所集刊第四十本（慶祝總統　蔣公八秩晉二華誕暨歷史語言研究所成立四十週年紀念論文集）上冊（頁二一五—二五三）　一九六九年
八〇、唐代岷山雪嶺地區交通圖考　香港中大文化所學報第二卷第一期（頁一—四二）　一九六九年
八一、唐代行政制度論略　新亞書院學術年刊第十一期（新亞書院成立二十週年紀念號）（頁三三—四一）　一九六九年
八二、通判不始於宋說　新亞生活雙周刊第十二卷第二期（頁一—二）　一九六九年

八三、唐代長安洛陽道驛程述　新亞生活雙周刊第十二卷第三期（頁三—五）　一九六九年〔參八四〕

八四、唐代長安洛陽道驛程考　香港中大文化所學報第三卷第一期（頁七七—一三四）　一九七〇年

八五、唐代洛陽太原道驛程考　史語所集刊第四十二本（慶祝王世杰先生八十歲論文集）第一分（頁五—三四）　一九七〇年

八六、陰平道辨　新亞學報第九卷第二期（頁二〇七—二二四）　一九七〇年

八七、唐代府州上佐與錄事參軍　清華學報新八卷第一、二期合刊（頁二八四—三〇五）　一九七〇年〔參專書五第二篇〕

八八、唐子午道考　饒宗頤教授南遊贈別論文集（頁一—一四）　一九七〇年〔編入專書五〕

八九、元和志所記涼州至長安兩道試釋　大陸雜誌第四十一卷第五期（頁三—四）　一九七〇年〔參九〇、九四〕

九〇、唐代長安西通涼州兩道驛程考　香港中大文化所學報第四卷第一期（頁二三—九二）　一九七一年

九一、唐代涼州西通安西道驛程考　史語所集刊第四十三本（慶祝中華民國建國六十年紀念專號）第三分（頁三三五—四〇二）　一九七一年

九二、唐代長安太原道驛程考　新亞學報第十卷第一期上冊（頁一—四四）　一九七一年

九三、唐代長安靈州道及靈州在西北交通上之地位　香港中大文化所學報第五卷第一期（頁七七—一二二）　一九七二年

九四、元和志所記涼州至長安兩道之研究　東方學報第十卷第一期（頁一—七）　一九七二年〔參八九、九〇〕

九五、隋代總管府考　中國學誌第六本（頁二三—五四）　一九七二年

九六、唐代河套地區軍事防禦系統　新亞生活雙周刊第十五卷第八卷（頁一四、七）　一九七二年

九七、唐代長安北通豐州天德軍驛道考　香港中大文化所學報第六卷第一期（頁一四四—一六五）　一九七三年

九八、唐代關內河東東西交通線　新亞學報第十卷第一期下冊（頁二〇七—二三二）　一九七三年。

九九、唐代長安東北通勝州振武軍驛道考　同前（頁二三三—二四八）　一九七三年

一〇〇、唐代北庭都護府通西州伊州諸道考　香港中大文化所學報第七卷第一期（頁九五—一一〇）　一九七四年

一〇一、唐代河湟青海地區交通軍鎮圖考　新亞學報第十一卷（慶祝錢穆先生八十歲專號）上冊（頁二二三—三一六）　一九七四年

一〇二、唐代安北單于兩都護府考　錢穆先生八十歲紀念論文集（頁一—二七）　一九七四年

一〇三、杜工部和嚴武軍城早秋詩箋證　華岡學報第八期（慶祝錢賓四先生八十歲論文集）（頁一四九—一五八）　一九七四年

一〇四、中古時代之仇池山—由典型塢堡至避世勝地　新亞書院學術年刊第十六期（頁三一九—三二七）　一九七四年

一〇五、中古時代仇池山區交通網　新亞學報第十一卷（慶祝錢穆先生八十歲專號）下冊（頁五四一—五九三）　一九七五年

一〇六、揚雄所記先秦方言地理區　新亞書院學術年刊第十期（頁三七—五六）　一九七五年

一〇七、戰國學術地理約論　新亞生活月刊第二卷第八期（頁一—二）　一九七五年　〔參一一二〕

一〇八、唐代三峽水運小記　新亞生活月刊第三卷第三期（頁一—四）　一九七五年

一〇九、漢唐時代川滇東道考　總統　蔣公逝世週年紀念論文集（頁七四五—七八六）　一九七六年

一一〇、漢晉時代滇越通道考　香港中大文化所學報第八卷第一期（頁二五—三八）　一九七六年

一一一、唐代滇越通道辨　同上（頁三九—五〇）　一九七六年

一一二、戰國學術地理與人才分布　新亞書院學術年刊第十八期（頁一—二七）　一九七六年

一一三、北魏尚書制度　史學論集（中華學術與現代文化叢書第三冊）（頁一一八—一七九）

一九七七年
一一四、治史經驗談上　中國學人第六期（頁一八九—二〇一）　一九七七年
一一五、唐代荊襄道與大堤曲　中央研究院成立五十周年紀念論文集（頁一四五—一七八）
一九七八年
一一六、正史脫　小說　香港中大文化所學報第九卷上冊（頁一七—三六）　一九七八年
一一七、天寶荔枝道考　大陸雜誌第五十七卷第一期（頁一—四）　一九七八年
一一八、唐代山南境內巴山諸谷道　屈萬里先生七秩榮慶論文集（頁三一九—三三五）
一九七八年
一一九、唐代雅州西通徼外三道考　董作賓先生逝世十四週年紀念刊（頁五二—五七）
一九七八年　〔參一二八〕
一二〇、唐代黔中牂牁道考略　史語所集刊第五十本第二分（頁三六一—三八〇）　一九七九年
一二一、唐代太原西北通單于都護府及河上三城道　香港中大文化所學報第十卷上冊（頁四三—六二）　一九七九年
一二二、唐代太原北塞交通圖考、附北魏三合陂地望辨　新亞學報第十三卷（頁八一—一三七）　一九八〇年
一二三、北朝隋唐滏口壺關道考　史語所集刊第五十一本（李濟屈萬里先生紀念論文集）第一

分（頁五三—六九）　一九八〇年

一二四、唐代成都江陵間蜀江水陸道考　香港中大文化所學報第十一卷上冊（頁一—五九）

一九八〇年

一二五、夏代都居與二里頭文化　大陸雜誌第六十一卷第五期（頁一—一七）　一九八〇年

一二六、唐五代時期之成都　香港中大文化所學報第十二卷（頁二三—六四）　一九八一年

一二七、唐代成都寺觀考略　大陸雜誌第六十一卷第三期（頁一—六）　一九八一年　〔參一二六〕

一二八、唐代成都西南邊區東西交通諸路線　香港中大文化所學報第十三卷（頁一—一八）

一九八二年

一二九、林壽晉廾者戰國細木工榫接合工藝研究　同上（頁三一五—三二一）　一九八二年

一三〇、曹操所開平虜泉州新河三渠考略　大陸雜誌第六十五卷第一期（頁一—六）　一九八二

年

一三一、隋唐永濟渠考　史語所集刊第五十三本（趙元任先生紀念論文集）第一分（頁二一—

五六）　一九八二年

一三二、秦漢迄唐飛狐道考　新亞學報第十四卷

一三三、唐代盟津以東黃河流程與津渡　新亞學報第十五卷（錢穆先生九十歲祝壽論文集）

一三四、歷代盧龍道考　香港中大文化所學報第十四卷　一九八三年

一三五、史學二陳　大陸雜誌第六十八卷第一期（頁一—三）　一九八四年　〔參一三〕

一三六、通貫的斷代史家——呂思勉　同上（頁四—祉）　一九八四年

一三七、「無孔不入」、「有縫必彌」　食貨月刊復刊第十四卷第二期（頁七五—七九）　一九八四年

一三八、唐代幽州東北出古北口通奚王衙帳道　史學彙刊第十三期（頁九五—一〇二）　一九八四年

一三九、戰國時代列國民風與生計——兼論秦統一天下之一背景　食貨月刊第十四卷第九、十期（頁一—一二）　一九八五年

一四〇、唐通回紇三道　大陸雜誌第七十卷第一期（頁一—一四）　一九八五年

附錄：紀念性文字

1. 我與兩位王校長　珞珈第二十八期（頁一—四）　一九七〇年　〔轉載學府紀聞：國立武漢大學卷（頁六七—七四）　一九八一年〕

2. 我對傅孟真先生的感念　中國的出發——仙人掌雜誌第一卷第一號（頁二五—二九）　一九七七年

3. 我所了解的王校長　珞珈王校長雪艇先生追思專輯（頁四三—四四）　一九八一年

丙、編輯

石刻史料叢書　六十函、三百四十二冊、九百六十九卷　藝文印書館　一九六七年

卷　三

錢穆賓四先生與我

錢穆先生遺照

一九八九年九月，先生到香港出席新亞書院創校四十年校慶。校慶前一日，在新亞起雲軒一個集會中，蘇慶彬報告先生說：「嚴耕望先生近將應聘到東吳講學三個月，目的是能常去看錢先生。」先生聞之，欣然歡笑。蘇子崇尹在旁，迅捷攝得此一精采鏡頭。

錢先生致作者書信手跡選刊（六通）

一九六二年三月十九日

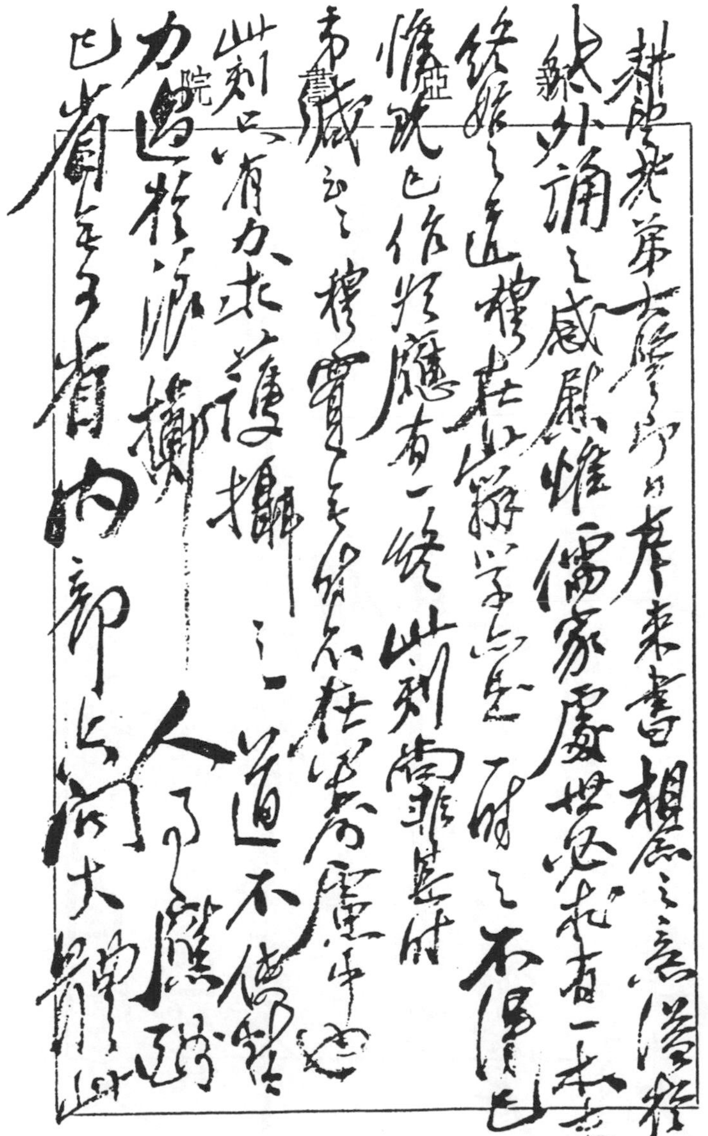

外公的信 庚子年三月十九日

攖心目間者多

愚僕年齒已邁暮氣

育況師弟久違獵親承所事

吾弟不足為

亞儕之選豈能知多者

肅省之邇事又一

年後此二十五年全在記就難宣

甲郎其

畢竟置之生庠多愧於中

向後作以近北

穆康三月

院

十九

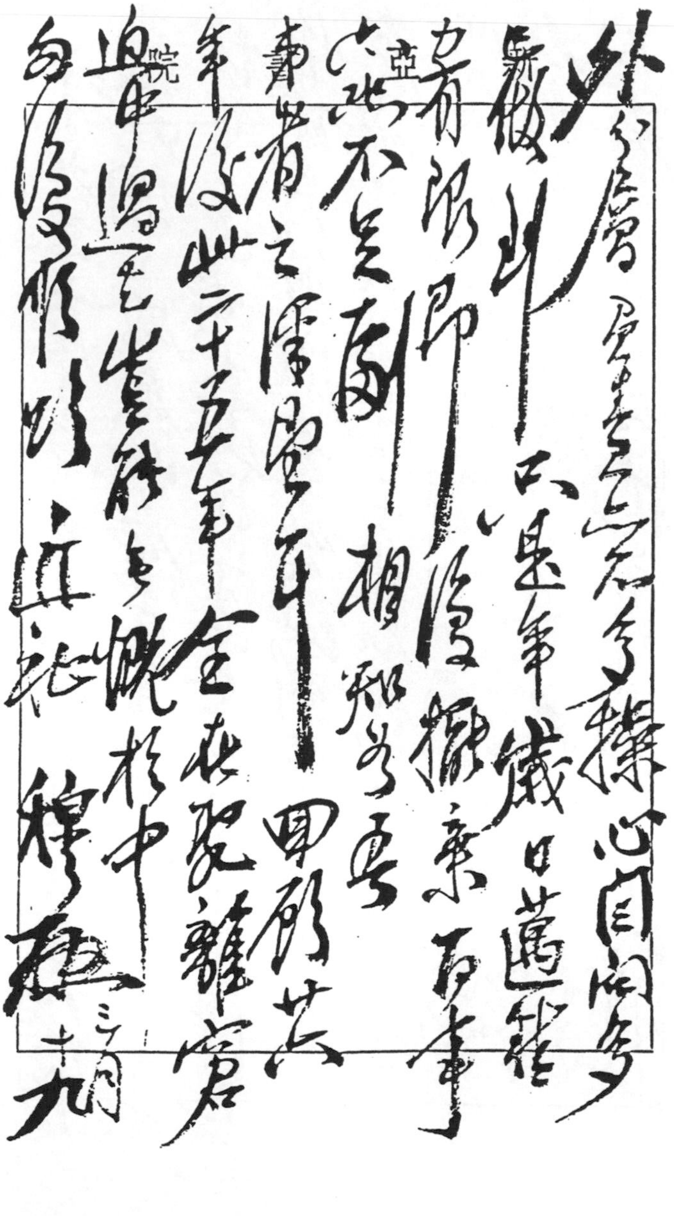

一九六八年三月一日

歸田老弟大鑒　二月八日函早到　所寄茶葉乃小事耳　叔愚夫婦相念之意　不足掛齒　所居小園半年來栽種花木略成格局　意外獲得古松四枝　一踰雲衢　又幹毅挺　餘三枝亦得丈五尺　蒼奇碩大可愛　尚有五松則隨平常也　又得三十年竹柏一枝　大榕一枝　楓樹　櫻花　山茶各二三十枝　杜鵑逾百五十枝　盤桓顧盼　大可怡神　學業急切難完　當以暑中或可畢了　此穆晚年一愜意之工作也　毋須懸念　順頌

儷祺　並賀

新禧　穆啟　三月一日

賓四人用箋

一九七二年
二月二十日

歸田老弟大鑒讀來書深為欣慰而乃性
情中人故能欣賞詩前古人論詩必曰陶杜陶
所閒適田園詩而實具剛性境界之高
頗難匹儔杜有意為詩陶則無意為
詩懂兩家合讀必可更增體悟古
人治學本無文史哲之分如讀通鑑溫公
於此書外多增唐人小說筆記不僅有關史
事其間有甚深蘊蓄屬於義理方面
者溫公此書實已文史哲三者兼顧之論

之與史班不必不如馬，若論義理則所著遠甚。穆勸人治理學須從年譜詩文集入手，再及其語錄，則易於得也。梅翁詩然於中年後極少理學氣味，陽明早至晚劉念臺吟詠，而中年以後詩反多理學氣。兩家高下，於斯可見。東萊古史一見便是，安溫公通鑑帶東萊駁之極。亦試從此兩篇參之，學問必可更上一層。連日拜年者不絕，今晨始得閒，聊此奉告，並頌

儷祉 兼賀 春釐

穆啓 正月二十四

一九七二年
九月三十日

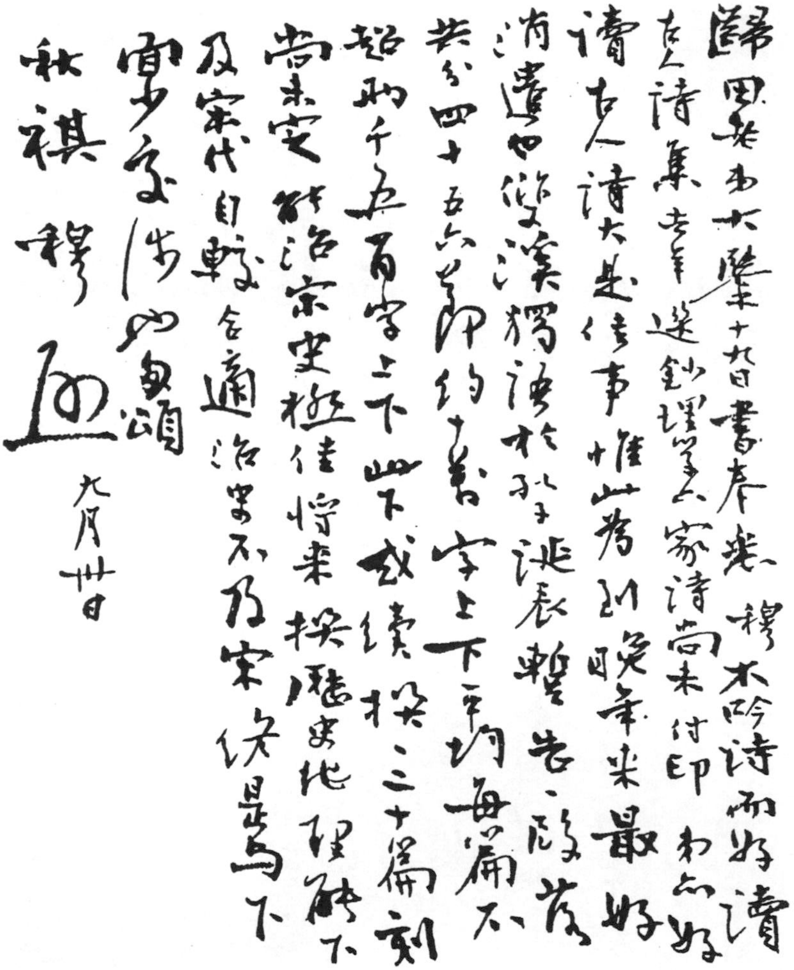
歸田吾兄大鑒：十九日書奉悉。穆不吟詩而好讀古人詩集，去年選鈔理學六家詩，尚未付印。知亦好讀古人詩，大是佳事，惟此須到晚年來最好消遣也。[illegible]漢[illegible]於孔子誕辰轉告[illegible]。共分四十五六篇，約十萬字上下，平均每篇不超兩千五百字上下，此下或續撰二十篇[illegible]，尚未定。[illegible]治宋史極佳，將來撰[illegible]歷史地理[illegible]下及宋代，自較合適。治宋不[illegible]乃宋[illegible]為下[illegible]少[illegible]也。即頌
秋祺
穆 啟
九月卅日

一九七四年
一月二十日

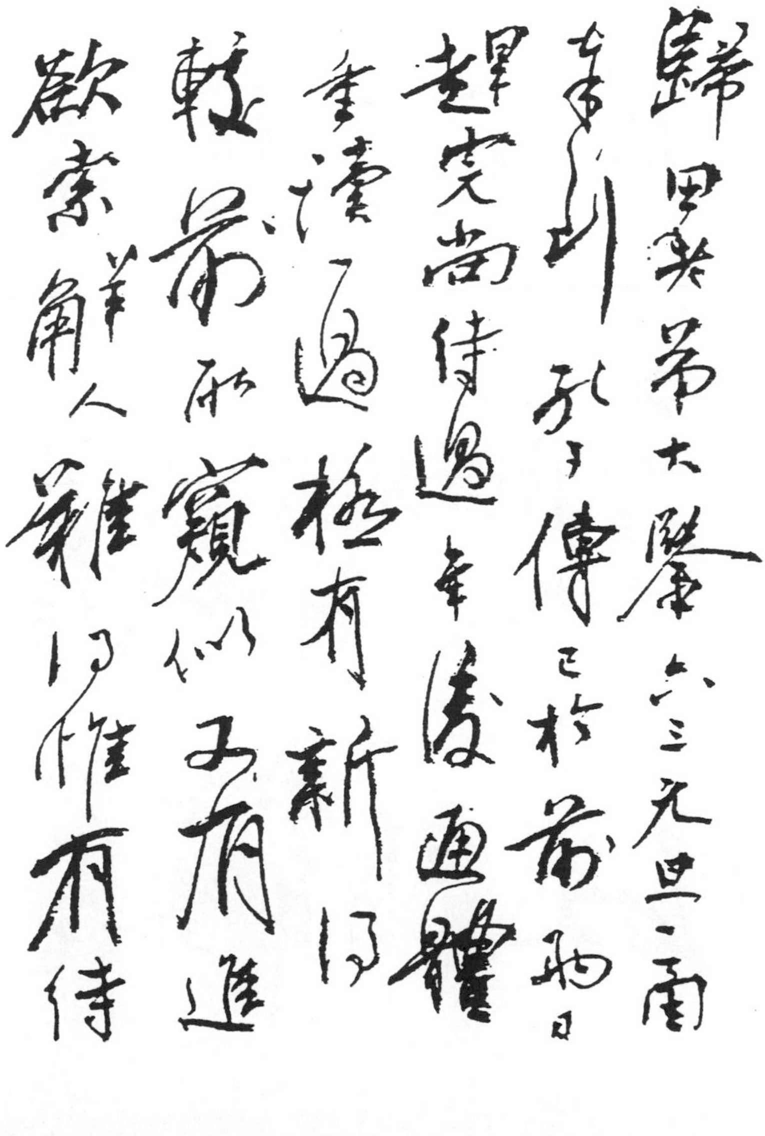

歸田吾弟大鑒　十二月廿一函
奉到，所寄傳已於前兩日
畢究，尚待過年後通體
重讀一過，極有新得，
較前所窺似又有進。
欲索解人難得，惟有待

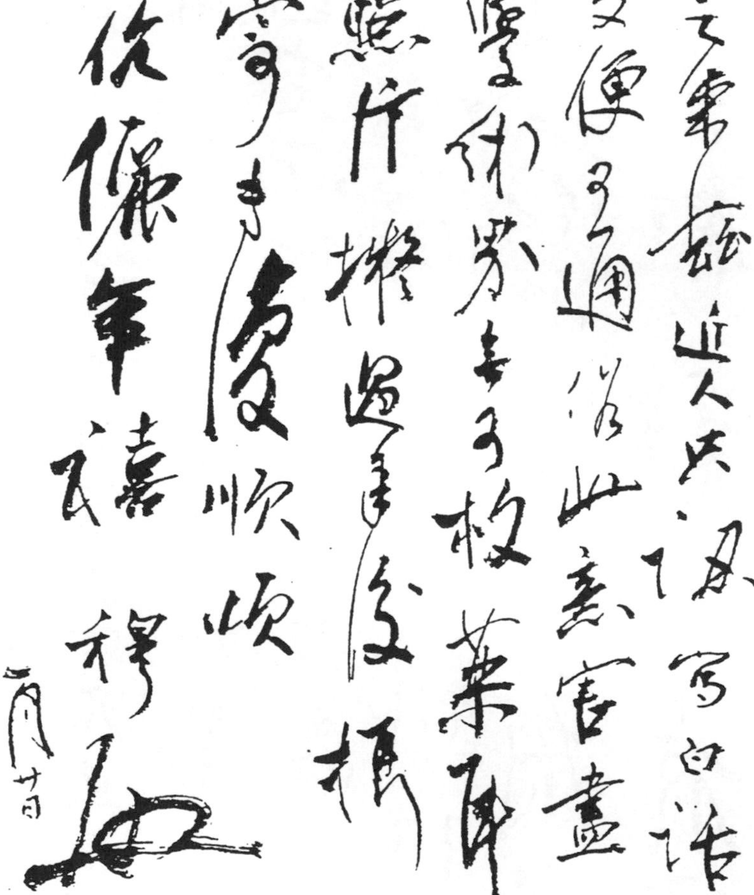

一九七四年
六月一日

歸田吾兄大鑒：五月六日手書早到。病院歸來意態更懶，懸擱直至最近始去市區攝影，今隨函附上。七月份回台擬暢聆大教為望。長日杜門，寂寞之甚，偶有來者，皆不識學術，偶有讀者，亦無法接口。目病又不能看書，握筆心情可知。弟婦附問行居為念。順頌

儷祉

穆 啟

六月一日

此函收到

先付復

序言

民國以來，中國史學界名家輩出，梁任公、王靜安兩位先生時代稍早，今置不論。我所及瞻仰風采，或讀其書時、其人尚健在之前輩學人為數尤多。傅孟真、顧頡剛兩位先生承新思潮之激盪，胡適之先生等倡導新文化運動之後，在史學探究上各開一派，分別發展。頡剛先生創刊《古史辨》，倡導疑古，以廓清古史神話傳說、偽裝外衣，使迷信古文獻之史學傳統得到解放，為古史新研開其先路。孟真先生汲取西歐實證史學，以加強乾嘉以來考證之學，為新考證學派，並建立歷史語言研究所，以實踐發展，成為近代中國史學之一大中心。故兩位先生對於近代史學倡導之功甚偉；惟精力瘁於領導，本人述作不免相應較弱。論方面廣闊，述作宏富，且能深入為文者，我常推重呂思勉誠之先生、陳垣援庵先生、陳寅恪先生與錢穆賓四先生為前輩史學四大家，風格各異，而造詣均深。數年前曾撰〈史學二陳〉與〈通貫的斷代史家——呂思勉〉兩文，[1] 略述陳呂三位先生學術行誼之風貌，並略及個人膚淺之意見。今茲先師賓四先生亦已作古，我與先生關係最切，對於先生行誼瞭

1 此兩文刊於本書卷二〈治史答問〉。

解較深，自必有所述作。會新亞書院為紀念先生，囑我恭述行誼，遂在倉促中撰成〈先生行誼述略〉一文，以應一時之用。[2]此文取先生自撰《八十憶雙親》與《親友雜憶》為素材，稍加增補，參以個人對於先生治學之認識，貫串述之，以見先生治學意趣與人生境界。

稿成後，追憶從遊往事，懷念無已，遂發往年生活隨錄及一九四九年師生分別避地港臺後之先生手教六十一通，[3]參以回憶，撰錄為〈從師問學五十年〉。惟思從賓四先生問學之前，小學中學時代，亦各有一位老師馮溶生先生與李則綱先生，對於我之治學亦有甚深影響，故推前附述之，易題為〈六十年〉；但主要內容仍在賓四先生一人。

我在撰寫此文過程中，深感先生述作雖富，但教人治學之文字並不多見，讀其書者，更無我當面聆教之真切，其中尤多鼓勵督責種種情節，今日粗有成就，自覺得力於先生之督教者實甚多。此中歷程，亦為我治史經驗極重要之一環，對於後輩學人之治學蹊徑與治學精神，容有可觀摩處，故合此文與〈行誼述略〉為一小冊，在此發表，既以紀念先師，永志不忘，亦以奉獻青年，或可資借鑑！

一九九一年七月十四日初稿於美西舊金山之聯合城（Union City）曉田寓所，八月四日再稿於落杉磯之阿翰巴（Alhambra）曉松寓所，旋復增訂為三稿。

2 初稿刊《新亞生活月刊》一九九〇年十月、十一月兩期，增訂稿刊《新亞學報》第十六卷《錢穆先生紀念論文集》上冊。

3 另有自一九四一年六月至一九四五年冬，先師自成都、重慶、遵義等地先後所發十餘信，結為一束，五六年前尚看到過。因為早期文獻，特別重視，不知深藏何處，迄未找到，殊以為憾；不過不曾搬家，相信將來定可發現。

上篇　錢穆賓四先生行誼述略

錢先生江蘇無錫人。諱穆，字賓四；原諱恩鑅，一九一二年更名。以清光緒二十一年（一八九五）陰曆六月初九日（陽曆七月三十日）出生，世居縣東南四十里延祥鄉嘯傲涇七房橋之五世同堂大宅，地在蕩口鎮西五里。

先生世代書香。曾祖繡屏公，國學生。祖鞠如公治五經、《史記》，極精勤。父季臣公諱承沛，幼有神童之譽，雙目炯炯有光輝，習詩賦，入泮第一；但自此絕意功名。為人仗義直言，不以個人私利介懷，故為族人鄉里所尊，凡有爭端，得公一言為決。教子有方，委婉不責，任其自悟。惜與鞠如公皆以英年早逝。

先生天賦聰悟，目如季臣公。能強記，少習古文，朗讀三過即能背誦。尤愛小說，年九歲，父執以《三國演義》相試，隨章回，不失一字，且揣摩人物個性身分作表演，傳為美談。

先生七歲入私塾，十歲入蕩口鎮私立果育小學，肄業四年。體育教師錢伯圭先生，鄉里之望，實乃革命黨人，以民族思想相啟導，先生民族意識特濃，實萌芽於此。又讀蔣方震所譯《修學篇》，書中選錄西歐不經學校正規教育而自學成名者數十人，述其苦學情事，對於先生後來治學，影響亦巨。高班教師華紫翔先生授各體古文，與魏晉南北朝諸短賦。顧子重先生學通中西，又精歷史輿地之學。其他諸師亦多鄉里宿儒，舊學基礎深厚，兼能接受新知，所授課文，經史子集無所不有。先生晚年仍自謂治學蹊徑，實由果育諸師啟之。

先生十二歲喪父，家徒壁立，寡母及兄弟四人，仰本族懷海義莊撫卹為生。明年，與長兄聲一先生投考常州府中學堂。聲一先生讀師範科，明年畢業後任教，仍謝不領義莊撫卹金。

先生肄業府中三年餘，深得監督（如今校長）屠孝寬元博先生之愛護，而治學則受呂思勉誠之先生影響最大。誠之先生為校中最年輕教師，任歷史與地理兩課，時有鴻議創論，同學爭相推敬，而對於先生深為獎掖。先生成名後，仍常與誠之先生作學術切磋，互相欣賞，互有補益。余曾為文，推崇兩位先生與陳寅恪、陳援庵先生同為前輩史學四大家。核實論定，應無異議（此處所謂前輩，以余曾及睹其風采，或讀其書時，其人尚健在者為限）。

宣統二年（一九一〇）冬，先生因故退學，偶見譚嗣同《仁學》一書，讀之大喜，即私去長辮。明年春，轉入南京私立鍾英中學五年級，每晨聞環城軍號胡笳聲，復心儀陸軍學生之壯肅步態，常思出山海關，與日俄對壘。是年秋，升讀六年級，適會武昌起義，學校停辦，遂致輟學。

讀先生《八十憶雙親》與《師友雜憶》兩書，雖然中學教育尚未受畢，但幼年在家與中小學七年餘，受父祖慈母與諸良師之教益殊多，立己處人處事以及治學根基與方法，乃至娛樂興趣，一切皆植基於此一時期之優良環境。尤可歎異者，清末民初之際，江南蘇常地區小學教師多能新舊兼學，造詣深厚，今日大學教授，當多愧不如，無怪明清時代中國人才多出江南！先生少年時代雖然經濟環境極為困難，但天資敏慧，意志堅定，而稟性好強，在如此優良精神環境中，耳濡目染，心靈感受，自能早有所立，將來發展，自不可量！

一九一二年春，先生年十八，輟學家居。自念家貧，已無受大學教育之望，乃矢志自學。首先讀《孟子》，七日而畢。不久任教於秦家渠三兼小學，一人兼任國、英、算、史、地、體育、音樂諸課，每週授課三十六小時，此為先生從事教育生涯之始。

三兼創辦人秦仲立先生乃績學之士，文理兼長，崖岸自高，藏書豐富，但不輕示人；驚於先生才思不群，終成忘年之交，切磋益友。乃獲讀秦家藏書，始得嚴復諸譯著，得益匪淺。一九一三年，先生轉入鴻模小學任教，即前果育易名。先生雖已輟學任教，但常以未能進讀大學為憾。其時北京大學招生廣告，考生須先讀章學誠《文史通義》，入學後則以夏曾佑《中國歷史教科書》（後易名《中國古代史》）為教本，先生即日勤讀此兩書，尤喜章氏書，對於後來治學趨向，有深遠影響。

一九一四年夏，無錫縣創立六所高等小學，梅村鎮一所為第四高小，設校於泰伯廟（縣東南三十里），邀先生任教。先生就讀常州中學時，染有抽菸習慣，及到梅村，課文有〈勸戒煙〉一篇，因念自己抽菸，何以教誨諸生，遂決心戒除，數十年不犯；直到江南大學任文學院長，會議頻繁，甚感無聊，始再抽菸作消遣。先生每悟一事，即身體力行，此為一例。又如讀《曾文正公家書》，教人讀書，必自首至尾，通讀全文，遂即遵行，數十年不懈。復如讀一本衛生書，謂人之不壽，多由忽略健康教育。自念父祖及不少親長多不永年，可為殷鑑，遂痛下決心，力求日常生活規律化，作息散步有定時，至老不衰。

先生為學善師法，善變化，喜新知，勇創見，而能悉心追求，每從細小事故中徹悟大道理。如此種種，均在任教小學時代表現無遺。如授《論語》課，適讀《馬氏文通》，《文通》論字法，即仿其例論句法，成《論語文解》一書，為先生第一部著作。又如讀《墨子》，開卷即覺有錯字，愈讀愈疑，遂奮筆逐條列出，加以改正，成《讀墨闇解》一稿。但念《墨子》乃名著，傳世已久，此類錯誤當早有學人指出。試翻《辭源》，知有孫詒讓《墨子閒詁》一書，急求讀之，凡先生所疑，《閒詁》皆已指出，並有詳確證據，讀書精博，歎為觀止，乃自知孤陋幼稚，有如初生嬰兒之對八十老翁，相去太遠。自此始遊情於清代校勘考據訓詁之學，力求精進。

一九一九年秋，先生改任后宅鎮泰伯市立第一初級小學校長，時年二十六。先生在高小任高班教師多年，適會美國杜威博士來華，講教育哲學，先生讀其講辭，深感興趣，但與中國傳統教育思想大異，故欲改入初級小學，得與幼童接觸，作一番實驗；再者，當時學人提倡白話文，初小教科書已全改為白話文體，先生極欲親自察看白話文體對於幼童初學之利弊得失。因此在一個偶然機會中，毛遂自薦，擔任小學校長，俾能親自體察究竟如何？先生到任，教師連自己僅三人，每事相商；乃別出心裁，改變教學法，務使課程規章生活化，學生生活課程規章化，以期兩方面融為一體。因此廢除體操唱歌課程，但每日上下午必有體操歌唱，全體師生參加，成為學校全體活動。後加國語，亦採同一方式。又廢除體罰，而隨事誘導。作文課，常帶學生到校外，隨事指導學生觀察討論，自由發揮，只如一種生活。如此種種新實驗，獲得各方面之滿意與贊許。

施之勉先生任廈門集美學校教務長，曾讀先生文，深為推許。一九二二年秋，推薦先生任高中部與師範部三年級畢業班國文教師，此為先生任教中學之始。到校，與之勉先生一見如故，至老不衰。次日開課，首講曹操《述志令》。此文僅見於《三國志》裴《注》引《魏武故事》，千載讀者都未重視。先生指出此文顯示漢末建安時代，古今文體一大變。諸生聞之，大為欽服。今讀曹文，果然。先生治學，慧眼獨具，此為又一事例。

一九二三年秋，無錫江蘇省立第三師範資深教席錢基博子泉先生推薦先生到同校任教。學校舊例，國文教師隨班遞升，從一年至此班四年級畢業，再回任一年級。國文一科外，每年必兼開一課，第一年文字學，第二年《論語》，第三年《孟子》，第四年國學概論，教者各自編撰講義。先生第一年文字學，講六書大義，未付印。第二第三年，分別編撰《論語要略》、《孟子要略》；第四年編撰《國學概論》，後亦續成完稿；並前在梅村無錫縣四高小所編《論語文解》，共四稿，為先生正式著作之始。

一九二七年秋，轉入江蘇省立蘇州中學，任最高班國文教師，兼班主任，亦為全校國文課主任教席。本校為前清紫陽書院舊址，藏書甚豐，校園有山林之趣，三元坊、孔子廟、南園遺址，均在近地，先生課暇，徜徉田野間，較梅林泰伯廟外散步，尤勝百倍。

先生在蘇中時代，課外研究工作主要者為撰述《先秦諸子繫年》，四川蒙文通先生，前曾讀先生「先秦諸家論禮與法」一講詞，以為與其師說相近，來長信討論。此時到南京，聽歐陽竟無講佛學。一日來蘇州相訪，同遊靈巖山數日，俯仰湖天，暢談今古。蒙先生便中披覽《諸子繫年》，以為體大思精，極為欣賞。其時蘇州顧頡剛先生，由廣州中山大學轉赴北平燕京大學任教，路過蘇州，留家小息。一日由東吳大學陳天一先生相偕來訪，此為兩位先生相交之始。顧先生讀《繫年》，謂先生宜到大學教歷史，不當久在中學教國文，遂向中山大學推薦，繼彼後任。不久，中山大學來電致聘，但蘇中校長汪懋祖典存先生曰：「先生到大學任教乃遲早事，我明年亦將離校，先生能否再留一年。」因此不果到廣州。

一九三〇年秋，顧先生又推薦先生到燕京大學任教，時年三十六。先生既不能到中山大學，頡剛先生促為《燕京學報》撰文。先生前讀康有為《新學偽經考》，心有所疑，遂撰《劉向歆父子年譜》，辨康說之非。頡剛先生正主講康有為，先生此文不啻與顧諍議，但顧先生絕不介意，既刊先生文，又特推薦到同校任教。此種胸懷實極難得，故先生每提起此事，總歎頡剛先生之胸襟，最不可及！

先生到校，任大一大二國文。課餘，就《諸子繫年》續加增補，並作《通表》，付商務刊行。此書考論博洽精悍，使戰國舊史諸多改觀，為前此所未有，故學林推服。

大學規模大，先生開始意識到職業與私人生活大不相同，當於職業外，自求生活。念在大學任教，惟當一意努力學業，傳之諸生，不宜過問他事，遂決意此後不擔負任何行政責任，庶能使職業與生活不相衝突。但終感教會學校環境，不易適應，故一年即辭職。

一九三一年夏，先生在蘇州，得北京大學聘書，及到北平，清華亦請兼課。先生云此殆皆出頡剛先生預為安排者。後又為情面所迫，在燕大與師範大學兼課。

先生任教北大歷史系是為先生講授歷史課程之始。第一年開課三門，「中國上古史」與「秦漢史」皆為學校指定必修課；另一選修課由先生自定為「近三百年學術史」。其後撰成《中國近三百年學術史》，在商務刊行。

「中國上古史」本多可爭議處，當時北平治上古史者特多，北大講學自由，歷史系除先生所開上古史為必修課之外，別開八門選修課，由各教授分別講授，但意趣各異。故先生謂：「當時在北大上課，幾於登辯論場。」足見當時上古史學之盛。不僅上古史如此，其他課程，亦受人注意。教授講義稿，發到講義室，校內外人人可向講義室預定，往往教者尚未講，但講義已流傳校外，眾相討論。當時北方學術空氣如此濃厚，殊非今日所能想像！

次年先生選修課，改為「中國政治制度史」。但歷史系負責人，以為今已民主時代，此前中國君主專制，不必再講，是以歷史系學生無一人選課。但法學院院長周炳霖先生以為政治系同學只知西洋政治，不知中國政治，遂有政治系全班學生選聽此課。稍後歷史系同學多來旁聽，乃知中國君主專制政治，亦有可討論者。其後刊出《中國歷代政治得失》，即為此課程講義之簡編。

其時「中國通史」為部定課程，但北大由多人分時代講授。先生謂，多人講授，彼此不相通貫，失去通史意義。一九三三年秋，學校請先生一人獨任此課，並特置一助教。先生認為通史必須於一年內，自古至今，一氣講授完畢，絕不可有首無尾，有失通史課程之精神。因此開課第一年，集中全副精神，為此課作準備，務期章節間彼此相關，上下相顧，俾學生對於中國歷史能有一貫而全面之概括性瞭解。

先生寓所距太廟不遠，廟側古木參天，散布於大草坪中，景色幽靜。草坪有茶座，但遊客甚稀。

通史每週兩次，每次兩小時，課前一日，先生例到草坪茶座，擇幽靜處，斟酌講稿，一年講畢，幸能不失初志。通史為文學院新生必修課，但高年級與其他學院、其他學校學生旁聽者亦不少，每堂常近三百人，坐立皆滿。

當時北平人文薈萃，先生在北平首尾八年，交遊益廣，除顧頡剛、胡適之、蒙文通，前在蘇州已相識外，新交有傅斯年、湯用彤、陳寅恪、周炳霖等三、四十人，時相切磋。此諸學術界友人皆學有專長，世局雖艱，而安和埋首，著述有成。當時北方學術界可謂鼎盛。又其時北平如一書海，書肆搜存古籍刊本、明清手稿極富。先生得暇，常至琉璃廠、隆福寺訪尋故籍，自謂平生一大快事，學校薪金，除菜米外，盡耗於此，凡得五萬餘冊，內有不少秘笈。七七事變，無力遷藏，遂致散落。

當時北平學術界既人才鼎盛，藏書又極豐富，故學術著作真如雨後春筍，專業性刊物如《食貨》、《禹貢》等亦愈出愈厚，呈現一副蓬勃氣象，稍假時日，中國學術界必有一番新風貌出現。但日本侵逼不已，戰端遂開，北平學術聲光頓息。八年抗戰，雖能疆土重光，但學壇元氣大傷，光采無存，至今未復，可為一歎！

先生稟性愛好大自然，任教北平期間，遍遊近郊名勝。又曾四次遠遊。第一次一九三三年，與北大諸生結伴，暢遊濟南大明湖、曲阜孔林，與泰山諸勝。第二次，與清華師生結伴遊大同，觀雲岡石刻，西至歸綏、包頭。第三次，一人獨遊，至武漢，登黃鶴樓，參觀武漢大學。乘江輪至九江，遊廬山諸勝，湯用彤先生有宅在牯嶺，盤桓甚久；復乘江輪回無錫鄉間小住。第四次一九三七年春，復與清華師生，同遊開封、洛陽、西安三都諸古蹟。歸途遊華山，由蒼龍嶺，抵一線天，歷登諸峰。

華山險峻，為諸嶽之最，緬想韓昌黎遊此，不能下山故事。

一九三七年，七七事變，抗戰軍興，先生與同事結伴南行，由海道至香港，經廣州至長沙，復南行至南嶽文學院臨時院址，遍遊諸勝蹟。學校旋遷昆明，先生結隊經桂林，水路下陽朔，沿途風景最勝。復經廣西西南部過鎮南關，轉赴昆明，旋復南至蒙自，以就文學院。

同事陳夢家先生前曾選讀先生課，此時常相過從，力促先生撰寫通史教科書，以應時代青年迫切需要。先生意動，《國史大綱》之撰述，實由夢家先生促成之。其時文學院復遷昆明，遂借得宜良北山岩泉下寺一別墅，極清靜，後移上寺，更清幽。寺中一人獨居，集中精神，期一年完成。其間曾由滇人李埏先生伴遊路南石林、石乳洞、大瀑布。石林者，遍山石筍嶙峋，尤奇者，山前有廣闊青葱草坪，巨石平地拔起，高聳雲霄，有如春筍，而排列有序，殆若天工，真為天下一奇觀。

學校課程排在星期四五六晚間，每星期四午後乘車到昆明上課，星期日清晨返山寺，故每週得四天半之閒暇，或不交一言，靜思著筆，幸能於一年內畢功。先生云：「回思當年生活，真如在仙境。」

先生在北平講授「中國通史」四年，及來昆明復講兩年，每星期四晚間開講，校外旁聽者爭坐滿室，先生上講壇，須登學生課桌，踏桌而過。蓋時在九一八、七七事變後，國人民族意識高漲，先生學養深厚，史識卓拔，才思敏捷，亦擅講演天才，加以自幼民族情懷熱烈，並又正當壯年，精力充沛，詞鋒所扇，動人心絃，故諸生折服，爭相聽受，極一時之盛。六年講授既畢，《國史大綱》亦已成書，先生遂亦離校，東歸侍母。

一九三九年夏，先生經香港、上海歸蘇州，探望慈母，故夫人亦率子女自北平來會，遂擇居耦園幽僻地，除間中至上海晤誠之先生外，杜門不出。生活多暇，每日上午習英文，閱讀一部美國學人所著世界史，雖無所成，但得益不淺。下午至晚間，撰述《史記地名考》。此書雖僅為一部工具書，但編排組合，別具心裁，與一般工具書迥別。先生著述總與尋常不同，於此可見。

先生離開昆明之前，顧頡剛先生向哈佛大學哈佛燕京學社商得專款，在遷徙成都之齊魯大學成立國學研究所，邀先生同往開辦。先生東歸在即，受其聘，但請假一年，一九四〇年夏，始到成都履任。齊魯大學在成都南郊華西壩，研究所則在北郊崇義橋賴家花園，距城三十餘里，地靜書富，深為愜意。會武漢大學歷史系諸生，感師資陣容不強，請學校邀約先生與呂思勉誠之先生等來校任教，校長王星拱撫五先生俯納諸生陳情，通函接洽，先生僅許講學一個月。一九四一年三月到嘉定踐約，講授「中國政治制度史導論」與「秦漢史」兩課；並到岷江對岸凌雲大佛左側烏尤寺復性書院，講中國史上政治問題。書院為馬一孚先生所創，專講理學佛性，不與武大師生往來，而邀先生講演，且不避政治史論題，殊為意外。

其時《國史大綱》剛出版。此書多具創見，只觀其章節標題，點出每個時代之動態及其特徵，已見才思橫溢，迥非一般刻板僵化死氣沉沉者可比。尤極難能可貴者，往往能以數語，籠括一代大局。如論春秋戰國大勢云：「文化先進諸國逐次結合，而為文化後進諸國逐次征服；同時文化後進諸國，雖逐次征服先進諸國，而亦逐次為先進諸國所同化。」此數語切中事機，精悍絕倫。吾人可伸而論之，前世如商之滅夏、周之滅商，後世如北魏南牧、遼金侵宋、清之滅明，其結果影響皆可作如此觀。在此進展中，華夏文化疆域逐次擴大，終形成疆土一統、文化一統之廣土眾民大國局面。其他勝義紛陳，不能盡列。而〈引論〉一篇，陳寅恪先生謂為近世一篇大文章。陳先生為文雖在專業，但具通識，宜有此論！

先生前在北平與昆明講通史，本已轟動一時。此刻抗戰正在艱苦階段，此書刊出，寓涵民族意識特為強烈，復在重慶等地親作多次講演，一以中華文化民族意識為中心論旨，激勵民族感情，振奮軍民士氣，故群情嚮往，聲譽益隆，遍及軍政社會各階層，非復僅為黌宇講壇一學人。國家多難，書生報國，此為典範，更非一般史家所能並論。

賴家院僻處鄉野田疇間，竹樹小溪環之，為讀書佳境。研究員、助理員十餘人，各自鑽研，每星期六舉行講論會一次，每月出外旅行一天。講論會分組輪流，每次由一位研究員、兩位助理員講演或報告，然後共同討論。其時余亦來所從先生問學，深感最得益處，乃在講後聽先生論評其是非得失，或作補充。往往諸生提出具體豐富之資料，得出正確結論，但不能伸論此項結論之意義；經先生加以發揮闡明，乃見此項結論意義重大。如此教示，真如畫龍點睛，乃見生動靈活，啟發諸生能於深入研究得出結論後，站在堅強材料基礎上，作籠罩全局之凌空發揮，以顯現論著之光輝性。

在此期間，先生先後到重慶中央訓練團或遵義浙江大學等地講學歸來，即埋頭讀書寫作，先後完成《清儒學案》與《中國文化史導論》等書。《學案》係教育部奉蔣中正先生之命，特請先生編撰者；惜原稿在教部復員途中，墜落江流，僅存序目。

一九四三年秋，齊魯研究所停辦，先生轉在華西大學任教，兼四川大學教席。得暇遊灌縣青城山，居靈岩山寺，西至老人村，乃唐宋以來一處世外桃源，村民數百家，年逾百歲者常十餘人。先生在四川數年，竟以講學繁忙，未及遊峨眉，經三峽、劍閣、秦嶺棧道諸勝境，每以為平生之憾！

抗戰勝利後，先生以時事方擾，暫時不欲遽返京滬平津繁華地。一九四六年，滇人于忠義創辦五華書院，邀先生任教。念戰後昆明環境寧靜，欣然應之，後亦兼雲南大學教席。先後居翠湖公園與唐繼堯舊宅。授課以中國思想史為主，閱讀以禪師與新道教為主，此為先生治學之又一趨向。先生幼習崑曲，善笛簫，教學之暇，藉可怡情。此時偶識滇中老伶工栗成之，精滇劇，一舉一動，皆深具功夫，妙得神情。先生自謂，每聽一次，即多得一次領悟，為滇行一大奇遇。

先生多年胃病，不能根治。友人有云，人到老年，倍宜鄉食，先生以為然。一九四七年，無錫榮家創辦江南大學，屢次邀約任教，一九四八年春，遂東返。時唐君毅先生亦在校，為兩位先生論交之始。校舍新建，在縣西門外太湖之濱山坡上，風景極佳，常雇小舟，盪漾湖中，幽閒無極，成《湖上閒思錄》一書。是時又撰成《莊子纂箋》一書，尤為近代《莊子》研究之突出著作。

一九四九年春，先生與君毅先生應廣州私立華僑大學之聘，旋隨校遷香港。前在廣州，與張其昀、謝幼偉、崔書琴諸先生有約，在香港辦一學校。先生到港後，該校已定名亞洲文商學院，內定先生為院長，並已向教育司立案。先生自以不能粵語與英語，甚感為難，但其事已定，只得勉強應承，並邀請唐君毅與新知張丕介兩位先生共同效力。學校以一九四九年十月開學，夜間上課，學生六十人。明年秋，別創辦日校，名新亞書院，申請立案為香港當時唯一私立不牟利學校，請趙冰先生為董事長。承新交上海商人王岳峰先生斥資，在九龍桂林街頂得新樓三楹為校舍。初期同事僅君毅、丕介等少數人，旋有吳俊升、任泰、劉百閔、羅香林、張維翰、梁寒操、衛挺生、陳伯莊、程兆熊、楊汝梅等亦來任教，或純盡義務，為當時國內學人來港者之一薈萃地，故亦特為香港教育司所重視。學生來源多為大陸流亡青年，約近百人，多得免費。學校課程之外，又設公開學術講座，每週末晚七時舉行，校外來聽講者，常七、八十人。

學校初期經費僅恃王岳峰先生；但王先生並非富商，不能久支，同人盼先生到臺北，希能獲得支援，遂有一九五〇年冬臺北之行。承各相關機構邀宴，垂詢校政，總統　蔣公邀晤餐敘，由總統府每月先撥出三千港元支持學校經費。事定，應邀到臺灣中南部各學校及陸海兩軍校講演；北歸，又在師範學院連續四次講演，題為「文化學大義」；在國防部總政治部連續七次講演，題為「中國歷史精神」；而《人生十論》亦就各校講詞整理而成。

一九五一年秋，為《現代國民基本知識叢書》撰寫《中國思想史》。是年冬復到臺北，明年春承何應欽將軍邀約，在總統府戰略顧問委員會作連續五次講演，題為「中國歷代政治得失」，即就前在北大講稿，增補再講之。後出書，甚為海內外學人所重。是年四月十六日，應朱家驊先生之邀，為聯合國中國同志會作一次例行講演，借淡江文理學院新建驚聲堂為講壇。講詞方畢，屋頂水泥大塊墜落，聽講者立法委員柴春霖重傷不治，先生頭頂亦破，但未深入腦部，幸能康復，時年五十八。

一九五三年夏，美國耶魯大學歷史系主任盧定先生來香港，受雅禮協會之託，擬在香港或臺灣、新加坡覓一學校或醫院，提供補助發展。首約先生晤談。盧氏一一詢問，先生就辦學宗旨與情形，一一直率相告，遂定議協助。但先生提出一項先決默契，雅禮只可派人駐校聯絡，絕不能過問校政，盧氏亦同意。遂每年協助二萬五千美元為經常費；先生乃具函辭謝總統府贈款。

一九五四年夏，先生又到臺北，應蔣經國先生邀約，在救國團作連續四次講演，題為「中國思想通俗講話」。明年秋，又應教育部之邀，率領訪問團到日本作報聘訪問，所至以東京、京都、奈良三地為主。在京都、東京大學作公開講演，深感日本上下對於前次侵華戰爭並無懺悔意，而日本社會則在大變化中，左傾趨向尤堪警惕。其後定居臺北，復兩度到日本、韓國訪問，獲讀不少韓國理學家書，歸來有所述作。

一九五四年秋，新亞在嘉林邊道增租新舍，兩處上課。旋復由盧定先生洽得福特基金會捐款為新亞建校舍，擇址農圃道，由港府撥地興建，一九五六年落成。新亞之創辦以儒家教育理想為宗旨，故校內懸掛孔子畫像。其時雅禮協會代表建議，並掛耶穌基督像，先生以為新亞非教會學校，此項意見有違當初協議，斷然否決。

先是亞洲協會艾維先生與新亞久有聯繫，新亞獲雅禮之協助頗賴其促成。不久艾維又與先生協議，在太子道租樓，籌辦研究所，培養學術專才；但艾維不久即離任。至一九五五年春，哈佛賴謝夫先生來嘉林邊道相訪，定議協助研究所支付獎學金、圖書費，並出版學報。至此研究所始能正式招生開辦，兩年畢業，成績優良者留所為助理研究員，有至十年以上者。又一九五四年，哈佛燕京學社來函，請新亞選派年輕教師到哈佛訪問，但無年齡適當人選。明年又有來函，遂推薦研究生余英時，以助教名義應徵，是為新亞研究所派赴國外留學第一人。其後新亞學生遠赴美、歐、日本遊學任職者，不勝縷列。

當時香港興辦私立書院七八所，獨先生所辦新亞得美國雅禮、哈佛多方面作財力支持，深為香港政府所注意，遂於一九五五年港大畢業典禮中頒贈先生名譽博士學位，以示尊重。

一九五六年一月三十日，與胡美琦女士締結良緣。夫人為江西南昌大家，先就讀廈門大學，隨家避難來港，曾在新亞求學一年。後至臺灣，任職臺中師範圖書館。先生在臺講演受傷，赴臺中休養，夫人每日抽暇伴侍，遂漸建立感情，旋就讀臺北師範大學，一九五四年畢業，亦來香港，復得日常相見，終結連理。

新亞創校以文史哲為基礎，及得美國各方面協款穩定發展。一九五七年二月，首創藝術專修科，發展為藝術系，又組國樂團作課外活動。先生自幼重視藝術，此亦為一項理想之實踐。一九六〇年復得雅禮代表羅維德協助，成立理學院。

新亞創辦獲得美國多方面協助，美國各教會又支持創辦崇基書院，亞洲協會出資集合當時其他五所私立書院，成立聯合書院。三校皆由美國協助興辦，香港政府乃有集合三校創辦一所公立大學之議。新亞同人多持異見，先生以為新亞建校之初，本供早期大批青年難民就學機會，今時局已定，為學生前途著想，應交付港府負責；且本人亦感精力日衰，辦學與研讀已難兼顧，當量才性，漸可擺脫行政工作。參加大學之議遂定。

一九五九年秋，耶魯大學函邀在其東方研究系講學半年。先生乃邀請前教育部次長吳俊升士選先生為副校長，代主校務。港府以吳先生為國民政府前任官員，黨政色彩濃厚，諸多顧慮，經先生堅持爭議，終獲港督特別批准。學校主持有人，先生乃於明年正月，經日本到美國踐約。授課兩門，美、加學生四人，而華人在耶魯任職者乃有十餘人，由李田意先生翻譯，故能暢所欲言。課外多暇，一方面補讀英文，一方面續寫《論語新解》。學期結束，耶魯特頒贈名譽博士學位，校長請李田意先生在典禮中，以華語作介紹，據云耶魯典禮中未曾有此先例。

先生在美國半年，先後到波士頓、紐約、華盛頓、芝加哥，在哈佛東方學研究所、哥倫比亞丁龍講座、中美文化協會、芝加哥大學講演，復由芝加哥繞經大峽谷，到舊金山、西雅圖，折返芝加哥水牛城，遊尼加拉大瀑布，轉赴加拿大多倫多，復返美到紐約，中途作千島遊。再由紐約到英國，踐半年前之約。富爾敦爵士邀至其家，討論香港創辦新大學事，為校長是否用華人，數度爭持，最後定議任華人為之。後乃遍遊倫敦諸名勝，深感英國人極為保守，而社會閒逸，與美國迥異。再轉巴黎，又感法國民風閒逸之情，又勝於英。會學校有事，函促速歸，乃急轉羅馬回港，擇居沙田西林寺後山。其時富爾敦又來港，議校名，先生主張不如逕名中文大學，眾無異議。大學成立，先生即辭新亞校長職，時為一九六四年夏。自辦亞洲文商至此，前後十六年，先生自謂為平生最忙碌時期。董事會定議，先休假一年，明年離職。

先生休假之始，即移居青山灣兩月。寓所為一小樓房，環境幽靜，尤勝沙田。擬定退休後生活計畫，首為撰寫《朱子新學案》。一九六五年夏，南洋大學商請任校長，馬來亞大學邀請講學，先生不欲再涉行政，遂應馬來亞之聘；但不勝南國濕氣，胃病復發。明年二月即返香港，仍寓沙田舊址。其時香港難民潮驟起，乃於一九六七年十月遷居臺北。承先總統　蔣公禮遇，公費建築庭園小樓，背山臨溪，署榜素書樓。先生幼居五世同堂大宅第三進素書堂側，故以名新居。明年七月，以百分之九十最高票，當選中央研究院院士，象徵中國文史學界同異學派之結合，尤具重大意義。

鄉居多暇，得哈佛支助三年研究費，專心撰寫《朱子新學案》，前後七年成書。自謂不卸新亞校政，絕不能成此專著。《學案》既成，遂應張曉 先生之約，任中國文化學院歷史研究所教席，在家授課，臺灣大專師生多人旁聽，成《中國史學名著》與《雙溪獨語》兩書。復應蔣復璁先生之約，任故宮博物院特聘研究員。院在素書樓對面，得每日到院讀《四庫全書》中宋元明理學諸集，續有撰述。其他著述有《孔子傳》與《理學六家詩鈔》等書。先生不能寫詩，但愛誦詩，以為吟他人詩如出自己肺腑，亦為人生一大樂趣。旋自編《中國學術思想史論叢》，分時代為八冊，為先生平生有關中國思想論著作一結集，但《莊老通辨》、《兩漢經學今古文評議》、《中國學術通義》等仍各獨立為書。

一九七七年，先生年八十三，胃痛劇作，幾不治。明年春病漸癒，但兩目已不識人、不見字。會新亞創設錢穆講座，堅邀先生為第一次講演人，情不能卻，講題為「從中國歷史看中國民族性及中國文化」，凡六講，為時三週。又明年，新亞創校三十年紀念，先生年八十五，復來香港，首先熱心協助新亞之耶魯盧定先生亦來港赴會，兩人回念前塵，感慨不已！

一九八〇年、八一年，復兩度來港，獲與留居大陸三子拙、行、遜，兩女易、輝，及長姪偉長先後相見。三十餘年海天違隔，幸能一晤，自感快慰。一九八四年七月，先生復來港，在港門人為先生慶祝九十壽辰，大陸子女與嫡孫亦得來會。其時先生精神乃甚健旺。一九八九年，新亞創校四十週年，先生以九五高齡，仍能到港參加紀念會，於新亞、於先生個人，皆為一大欣喜事。但先生健康已大不如前！

一九八六年，先生九十二歲生辰，在素書樓講最後一課，告別杏壇。故總統蔣經國先生念先生學林泰斗，民之碩望，特禮聘為總統府資政，以表國家尊學崇德之忱。今年五月遷寓臺北市城內杭州南路新居。先生勞碌一生，至此始有自置寓所。

先生年七十時，已患青光眼，自此目力日弱，閱讀漸感困難，八十四歲時兩眼已盲，但先生一向下筆千言，字甚工整，論文數千字，常只改數字，即可付印。及入老境，目不見字，但展紙落筆，亦只偶有一兩字重疊，故仍能撰文，惟不能親筆改訂，必賴夫人誦讀，再指示增補。是以先生晚年仍能著述不輟，最後出書乃名《晚學盲言》，雖云自謙，亦是紀實。

先生壯年時代，雖體魄強健，但為傳統書生，不能自我料理生活。抗戰期間，輾轉後方，無家人照料，常致胃病大發，苦受折磨；直至香港成婚，生活始上軌道。夫人篤愛情深，加又心向學術，以為維護先生健康，即為學術盡一分神聖責任。故於先生起居飲食，精心照顧；意趣情懷，體貼入微。伉儷情濃，老而彌篤，舊新友生，同聲歸美。最近數年，先生腦力大衰，時或失去記憶，且不能進食，夫人千慮百計，尋醫進藥，期能延年於萬一。但年事已高，心力衰竭，終以今年（一九九〇）八月三十日上午九時許，安祥中一瞑不視。魁斗星沉，士林震悼。

一九七四年，先生年八十。生辰之前，偕夫人南遊，寓梨山、武陵農場等地，撰成《八十憶雙親》，後又撰《師友雜憶》。讀此兩書，先生幼年環境與一生行誼，歷歷在目。雖終一生只為一介書生，但治學之暇，喜遊歷，醉心大自然山水幽寧中，得人生至趣；又於棋管遊藝無所不愛；交遊頗廣，論議敏健，先後辨學，一以理想為依歸。兼此諸端，可謂多彩多姿，此又非並世學人所能企及者，亦可謂學林一異人！惟先生最成功之一面，仍在史學研究。

綜觀先生一生治學，少年時代，廣泛習讀中國古籍，尤愛唐宋韓歐至桐城派古文，後始漸趨向學術研究。壯年以後乃集中向史學方面發展，故史學根基特為廣闊，亦極深厚。再就先生治學途徑發展程序言，先由子學入門，壯年時代，最顯著成績偏在考證功夫，中年以後，以通識性論著為重。但不論考證或通識論著，涉及範圍皆甚廣泛，如政治、如地理，亦涉及社會與經濟，惟重心觀點仍在學術思想，此仍植基於青年時代之子學愛好，是以常強調「學術領導政治，學統超越政統。」

近六十年來，中國史壇甚為興盛，名家大師輩出。論根柢深厚，著作宏富，不只先生一人；但先生才氣磅礴，識力深透，文筆勁悍，幾無可倫比。直到晚年，後輩學人從先生問學，仍常感到先生思如泉湧，能隨時提出新觀點；退而思之，大多實有理據，並非恣意想像之說。惟先生天分太高，所提論點，往往如天馬行空，讀者未必人人都能理解、都能接受。但先生任何論點，多富啟發性，好學深思者，讀先生書，不論能否接受，皆能獲得一些啟示，激發讀者別開蹊徑，不致執著，拘守成說，不能發揮。此為先生著作除了建立本身論點之外，對於史學教育之另一項貢獻，殊為難能！

先生今以九十六高齡謝世，亦標識前一輩史學界之落幕。先生雖已作古，但遺留述作極為豐富，供今後學人含英咀華，必將有更深遠之影響！

一九九〇年九月十六日初稿，刊《新亞生活月刊》一九九〇年十月、十一月兩期。一九九一年三月三十日校補再稿，呈錢師母審閱，六月八日再次增訂。

此文再稿曾寄錢樹棠兄斧正。頃得來信，提出幾點意見。惟此文已排版三校清稿，只能在適當處約略增補。但信中尚有一條云：「先生曾說，辛亥革命時期，曾擬在棉衣內縫入銀元當甲胄，參加攻寧之役。」此條字數較多，若補入正文，勢必挪動版面，故附記於此。一九九一年十二月十二日最後校稿後記。

下篇　從師問學六十年

一代史學大師錢穆賓四先生已於本年（一九九〇）八月三十日溘然辭世，享年九十有六。我自一九四一年三月在嘉定武漢大學聽先生講課，至今首尾五十年，回憶追隨往事，悼念無已。除應新亞書院之約，撰成〈先生行誼述略〉一文外，復提筆寫此小文，以誌永懷。同時又聯想到小學、中學時代各有一位老師，對於我的治學影響也很大，時間分別在遇到錢先生之前七年、十三年，故並述之。則我自受第一位良師的薰陶，迄今已六十餘年，故以命篇。

*　*　*

每個人的性格、形象，都由家庭環境、社會環境塑造而成。青少年時代在學校受教育，每位老師大多都給予或多或少的影響，但往往有少數師長的影響特別深遠。我做學生時代，就先後遇到三位這樣的老師。第一位是小學的馮溶生先生，第二位是中學的李則綱先生，第三位就是錢先生。馮李兩位先生早已作古，現在錢先生亦已謝世，成為歷史人物，我也年逾古稀，學術研究已近尾聲，境界不會再能提高，規模只能漸漸收縮，不能再有擴張了。回想一生歷程，除了兩親生育、兄嫂愛護，與農村環境孕育成樸質的天性外，一路讀書、作學術研究，受到這三位先生的影響無疑也極為深遠。

＊　＊　＊

馮師溶生是我在羅家嶺鄉鎮小學高年級讀書時的算術教師，時在一九二八至二九年。先生是懷寧縣人，當時似不過三十歲之譜，程度自應不錯，也擅於講書，使我對於算術發生濃厚興趣，不斷的看課外書、找習題做，尤喜四則雜題。當時學校課本，每課練習題遠比現今為少，只有四五題，但難度大得多。我感到習題愈難，愈有興趣，因為難題纔好轉彎抹角的思考，設法得到正確的答案，增加成就感。到六年級畢業時，已把初中一年級的數學習題就做完了。一九四六年冬，我自南京回家，仍看到羅嶺初中保存了我在小學時代的數學作業簿，供同學作範本。因為數學根柢好，所以我在中學一直以數學見長。後來我雖然棄理習文，但研究問題能深入、能精細，不敢一步虛浮。這種作風，大都得之於少年時代的數學訓練，這是溶生先生之賜！

李師則綱是桐城縣人，在我就讀的安慶高級中學教本國史，也在安徽大學兼課。他有些傾向社會主義、民主運動，但非共產黨，而與當時的民主同盟可能有些關係。其時已在商務印書館出版了《史學通論》、《始祖的誕生與圖騰》兩書。第二部書可能為中國學人運用人類學上的圖騰觀念解釋中國史前史的一部最早著作。一九三四年，我由高中師範科轉到普通科，第一個記念週上，由李先生作學術講演，題目大意是「歷史演變的因素」，主要是用唯物論的史學觀點作解釋，我感到非常有興趣。同時又看到梁啟超的《中國歷史研究法》。兩種機緣的湊合，使我慢慢投身到史學研究的行列中。在這同時，有一位初高中都同班的好友童長慶，也有些受則綱師的影響。他可說是學校中最聰明、優秀的學生。初中入學試，他考第一，我考第十；高中時代，他曾在作文課堂兩個小時內寫成五百字的舊體詩，與我的國文程度，真有天淵之別。我們兩人在課外閱讀方面有高度的聯繫，常常同陣到校內外圖書館獵取新知識，往往他發現好書，與我同讀。不過他讀了些章節，就不想再讀了，另獵取其他的新目標，我則遇到好書，多能堅持的看下去。在高中三年中，我由於李先生的引導與長慶的聯繫，看了不少社會科學書籍，也略涉一點唯物史觀的理論，對於我後來的史學觀念，影響也極大！

* * *

談到錢先生，我與先生曾經朝夕相處，作息追隨將近三年，後來聯繫時間又長久，受到的影響也最大。除了學術方向的引導與誘發，教我眼光要高遠、規模要宏大之外，更重要的是對於我的鼓勵。

我在一九三七年七七事變後進入武漢大學，就讀歷史系。因為抗戰軍興，教授不免有些流動，例如李劍農先生離開學校了，郭斌佳先生只授了一學期的課，就去從政，所以教授陣容顯得較弱。大約是三年級末期，同班好友錢樹棠、鄭昌淦與我等多人感到系中這種缺憾，相互商議，請學校設法約聘留在敵後方的一些名教授，來校任教。我們當時提出名單有呂思勉、陳登原諸位先生，錢先生當時已離開西南聯大，回到蘇州，所以也在希望約聘的名單中。校長王星拱撫五先生非常開明，果然接納了同學的意見，積極的與這幾位先生聯絡。呂陳兩位先生皆已答應來校，但終不果來。錢先生早與顧頡剛先生有約，要到成都齊魯大學國學研究所任教，所以只應允來武大講學一個月。

一九四〇年十一月聞先生已由蘇州到成都齊魯國學研究所履新，明年春將到武大講學，諸同學都為之雀躍。一九四一年三月十九日先生自成都來校，決定開「中國政治制度史導論」與「秦漢史」兩課。二十三日（星期一）上午七時開始講政制史導論。講壇原定在一間教室中，但聽的人太多，臨時改在大禮堂。同學發現先生講課頗有政治家演講風度，而高瞻遠矚，尤不可及。

先生一開講，就說歷史學有兩隻腳，一隻腳是歷史地理，一隻腳就是制度。中國歷史內容豐富，講的人常可各憑才智，自由發揮；只有制度與地理兩門學問都很專門，而且具體，不能隨便講。但這兩門學問卻是歷史學的骨幹，要通史學，首先要懂這兩門學問，然後自己的史學才有鞏固的基礎。

我聽了先生這番開場白，感到非常興奮，因為我當時正對於這兩門學問發生濃厚興趣。那時大學畢業要寫論文，我的論文題目就是〈秦漢地方行政制度〉，已寫成若干章。至於地理更是自小學時代就培養起來的興趣，所以上一年（一九四〇）元旦已寫成〈楚置漢中郡地望考〉，更前一年的十一月寫成〈中國軍事地理形勢之今昔〉。此刻聽到先生這番話，自然增加了我研究這兩門學問的信心，所以我後來幾十年的努力，堅定不移的偏向這兩方面發展。不過一般所謂歷史地理，主要就沿革地理（政治地理）而言，而我後來的研究，推展到經濟、社會、宗教、文化各方面，欲從人文地理角度窺探全史，這是舊歷史地理學的延伸。

四月尾，先生講學期滿，計在嘉定四十餘日，除在武漢大學授課外，又應校外團體邀約作公開演講。四月二十八日，在江蘇省同鄉會講「我所提倡的一種讀書方法」。大意謂：

「現在人太注意專門學問，要做專家。事實上，通人之學尤其重要。做通人的讀書方法，要讀全書，不可割裂破碎，只注意某一方面；要能欣賞領會，與作者精神互起共鳴；要讀各方面高標準的書，不要隨便亂讀。至於讀書的方式，或採直闖式，不必管校勘、訓詁等枝節問題；或採跳躍式，不懂無趣的地方，儘可跳過，不要因為不懂而廢讀；或採閒逛式，如逛街遊山，隨興之所之，久了自然可盡奧曲。讀一書，先要信任他，不要預存懷疑，若有問題，讀久了，自然可發現，加以比較研究；若走來就存懷疑態度，便不能學。最後主要一點，讀一書，不要預存功利心，久了自然有益。」

這些意見大都很輕鬆，人人都該能做到，藉以建立學術基礎。先生講學結束，歷史系師生在三十日開茶會歡送，先生即席勉勵各位同學，要眼光遠大，要有整個三十年五十年的大計畫，不可只作三年五年的打算。這兩次講話，對於我後來的治學都有不小的影響。

當先生在嘉定講學期間，居在嘉樂門外一間平房中。晚上無電燈，油燈如豆，不能看書，所以我三四度晉謁，皆在晚間，以免耽擱先生時間。我的畢業論文已寫成四章，先成三章已送呈導師吳其昌子馨先生，近成第二章先呈先生批閱。先生問我看了些什麼書，我列舉了些書名，內有《水經注》。先生問何以看此書？我曰，一則我喜歡看寫景文，前人常說此書寫景文優美；二則我想考知秦代縣名。先生很高興的笑著說，能知道自《水經注》中考查秦縣，已是入門了！四月九日我再晉謁。先生曰，你的論文，原料已搜集詳備，惟後代著作，如《山堂考察》、《二十二史考異》諸書尚未閱，可取其研究成績為之補充；並建議將封建與行政分開，以免有含混之弊。先生又垂詢畢業後作何打算，是否有家庭負擔？我曰一人在外，尚無家累。聽說武大歷史系明年將辦研究所，我想先到中學教一年書，明年再回校讀研究所。先生曰，教書頗費時間，既無家累，或許可到齊魯研究所任助理員為佳。我自然感到高興，但事尚未定。六月十一日，接到先生手教，囑即來齊魯從學，第一年工作以兩漢史為中心。此為一理想機會，遂決定從師研讀。八月五日我首途赴成都，七日自成都坐雞公車[1]抵研究所報到。

* * *

齊魯研究所的所址在成都西北三十餘里的鄉野間，離鄉鎮崇義橋尚有數里之遙。院子本為一賴姓富家住宅，占地甚廣，舊氏庭院三進，後為花園，花木甚多，故又稱為賴家花園。院之右前部有大荷花池，池外圍牆內植楊柳數株。池中有大型水榭，曰消夏亭。池後廂房多間。屋宇花園外有圍牆，竹樹環護，甚為暢茂。牆外小溪繞之，溪外農田，一望無際，只有稀疏的獨立村莊點綴其間，好一片寧靜氣氛，不知顧先生創辦研究所時何以能借到這樣一處好地方？所中藏書也很豐富，我估計約五萬冊之譜，版本都不俗，本為四川大戶羅姓藏書，為避敵機轟炸，移藏鄉間，供本所師生利用。

先生看我到了，很高興，安排住在前面庭院左端的一間房中。院左有廂房三間，中為小堂，面對庭院，我住堂右，對面李為衡，來自雲南大學。先生領我到住處，對於一切起居飲食，乃至鋪疊被、整理書物諸瑣事，都細心指點周到。而且在不足一天的時間內，來我房間五六次之多，誠懇關切，宛如一位老人照顧自家子弟一般，令我感到無比的溫暖。這已是五十年前的事了，走筆至此，仍不禁涕淚交流，不能自抑！

我到所休息幾天，就開始增補大學畢業論文〈兩漢地方行政制度〉及其附表〈兩漢太守刺史表〉。同時協助先生編撰《兩漢學術通表》，因為當時教育部商請先生撰一部「秦漢史」，計畫中有一表，囑我做初步工作。

齊魯大學國學研究所係由哈佛燕京學社支持興辦，由校長劉世傳兼領所長，顧師頡剛先生以歷史系教授兼研究所主任，實際負行政責任。錢先生以歷史系教授兼研究員，另一位研究員為胡厚宣。後來顧先生為辦《文史雜誌》，遷居重慶，所務由錢先生負責。研究員下置助理員八九人，或兼管事務（魏洪禎），或兼管圖書（杜光簡），此外有書記四五人，後又加一名編輯。所以在組織上，近似中央研究院的學術研究機構，非教育機構；不過，助理員都把顧錢兩位先生當做老師看待。而這兩位先生對同人的看法大不相同。顧先生把一切人員都視為同事，平時稱為先生，大除夕吃年飯時，舉杯向大家說：「一年來都辛苦了，謝謝各位！」但錢先生卻完全是另一番態度，他把所有助理員、書記都當作學生，平時直呼姓名。又顧先生負責所務期間，規定門房中，除星期天外，有一

1 雞公車，四川舊日一種獨輪小車。頭寬約一呎餘，兩掖向後八字張開，中間弓背高起；推者兩手各握一掖向前推進，推者之頭有如翹起之雞尾。車頭與弓背間可坐一人，或裝載貨物。相傳即為諸葛亮發明木牛流馬之遺型。

人值班，上自他本人，下至書記，輪流當值。自己當值時，自上午八時起就拿了簡單文具、書本，坐在門房桌上工作，有客人來，自己傳呼。錢先生就懶得值班。這些小節就顯得兩位先生的性格作風有很大差別。

至於工作、生活方式，兩位先生更不相同。顧先生自二十幾歲已出大名，喜歡興辦學術事業，客人也多，一天忙到晚。他尋覓賴家院為所址，家人居在後院，極為安靜，大約即寓有減少訪客的意圖。但他本人仍常在城內處理各項事務，回到所中家居，只在後面書房工作，絕少出外走動。錢先生在前面消夏亭工作，平時客人也較稀少。消夏亭長方形，占地約八九百平方呎，中間置大型長桌，供集會之用；前端臨池，橫置小型長桌，即先生平日讀書、寫文之處。四面空闊，夏日清風徐來，荷葉飄香，有些山林習讀情趣。研讀既久，感到困倦，就提了手杖，到田野蹊徑間漫步走一圈。先生家人遠在蘇州，自己獨住在院子中進右邊的一間廂房中，距離公共餐室不遠，即參加青年同學們所辦伙食團，同桌吃飯。晚餐後，只要天氣好，常常到院外散步，諸生也各提手杖，魚貫追隨先生，在田野間到處亂跑。自己主理所務後，更規定每月一同出去作短程旅行一次，當天回來。目的地大體都是附近縣城或場集、名勝風景區。最可遊的是成都北郊的新都縣，城外寶光寺在大片楠木林中，城內有桂湖公園。由賴家院到新都，步程來回六七小時，先生率領諸生去過兩次，錢樹棠來所後，我與他又單獨去過一兩次。星期天，諸生到附近場集玩，先生有時也參加。若星期天氣候不好，就另擇風和日暖的天氣放假一天，率領諸生投身大自然中。有時坐在鄉村茶館，喝茶吃花生、閒談；有時席地藉草，或坐或臥，看青天飛鳥，望白雲幻變。諸生可隨意提出問題請教，先生即海闊天空的隨意漫談。在這些隨意談話中，我每每得到不少啟發。再者，先生貌似嚴肅，而實隨便有風趣，有時且顯得很天真，在這些師生平日遊樂活動中，時時顯露出來。先生對於講課很有興趣，後來我也講課了；有一次聽他談講課的樂趣說：「一登上講壇，發言講論，講到得意處，不但不見下面有大群人，也渾忘天地人世，連自己都忘掉了；只是上下古今毫無顧忌的任性盡情的發揮，淋漓盡致，其樂無比！」他說得興高采烈，最後得意的大笑「哈哈！好痛快！」那狀貌神情真像個天真的老小孩，我也被逗得大笑！

就研究所的正式工作言，不論研究員或助理員，都各自選定論題，自由鑽研，只是每個星期六舉行一次講論會，分組輪流講演，或作讀書報告。每組研究員一人、助理員兩人。講者詞畢，與會者共同討論。最後由顧錢兩位先生作論評。我參加講論會時，顧先生已到重慶，主要的是由先生論評得失或作補充。我感到最得益處的，是先生隨時提醒諸生，要向大處看、遠處看，不能執著的盡在小處琢磨，忘記大目標；盡往小處做，不能有大成就。

先生在論評諸生所講內容時，又往往代為發揮。十一月一日輪到我講。我一向訥於言辭，又不曾在會議桌上講過話，加以剛來，在本所尚無成績可言。先生囑我只講來所工作計畫，我勉強講了四五分鐘，先生接著自談認識我的經過，時間反而長了兩三倍。又一次我講「兩漢地方官吏之籍貫限制」，根據一千多條事例作統計，結論是：（一）自武帝以後，凡是朝廷任命的長官都非所統轄地區的本地人，縣令長不但不用本縣人，也不用本郡人。（二）顧炎武說，州郡縣長官自由任用的屬吏，都是本地人。我檢查過，有幾個例外，但不是有特殊原因，就是正史所記籍貫有誤。我本以為這不過是些小小的結論。先生聽了我的報告，精神為之一振，說這是個極重要的、具有深刻意義的大發現，怎麼是小問題！秦漢時代，中國剛由分裂局面進入大一統的局面，封建潛勢力仍存在，而交通不便，極易引發割據觀念。若任本地人做本地長官，則名為統一國家，其實在文化意識上並不統一，對於大一統的局面，甚為不利。漢制地方長官全用外地人，自不易發生割據自雄的觀念。但本地民情只有本地人最清楚，規定地方長官任用的屬吏必須為本地人，既可避免長官任用私人，復可使地方行政推行順利。所以這一條法規極有意義，不可等閒視之。這一席話啟示我們研究問題時，不但要努力的搜取具體豐富的材料，得出真實的結論，而且要根據勤奮的成果，加以推論、加以發揮，使自己的結論顯得更富意義。

所中刊物除了《齊魯學報》之外；又出《責善》半月刊，原意在供本所青年練習撰文，但同學寫文章的並不多，倒是有很多成名的學人投稿刊出，因為當時大後方經濟困難，學人論文刊出的機會不多！我到所不久，大約是九月尾，先生囑我常寫短文在《責善》刊布，最好每月一篇。這對於我是個很大的壓力。第一篇，我想到前一年元旦所寫〈楚置漢中郡望考〉[2]一文，辨漢中郡乃楚國所置，不始於秦；地在漢水中游，尚無漢上南鄭之地，故郡治亦不在南鄭。當時吳其昌子馨師甚為稱許。此刻先生要文，因此加功增補，十月十日中午送呈先生審閱。晚餐時，先生笑著對我說：「那篇文章寫得非常好；若能如此，《責善》前途有望了！」回憶我一時興有所會，寫成此文，不想承先生如此激賞！此時我讀《史記・封禪書》、《漢書・郊祀志》，對於武帝創建年號問題發生興趣。覺得史公言簡，但極正確，後人多據成帝追改後之紀年以疑《史記》文，實乃大誤。因此據〈封禪書〉、〈郊祀志〉與《漢書・武帝紀》撰成〈漢武帝始創年號辨〉[3]一短文。自以為只據幾條少數材料，恐非佳構，不敢送呈先生。十一月五日上午，工作困倦，出門散步，遇到先生，問我有無新稿投《責善》下期發表，乃將此文呈先生審閱，曰這不過是一短札，不能算是篇文章。先生看後謂我曰：「此文甚好，實出我意料之外！」自此繼續為《責善》寫文，直到一九四三年夏離開賴家院時，《責善》陸續出版十餘期，我發表五篇短文；又由《兩漢地方行政制度》稿中抽出兩篇論文，在《金陵、齊魯、華西三大學中國文化研究彙刊》發表。

先生與諸生同桌吃飯，又常一同到野外散步旅行，所以師生關係相當密切。我臥房的小堂對面就是助理員研究室，可坐十一二人。小堂與研究室之間為前進庭院，院子頗大，梅花數株。我晚飯後常在庭中散步，或由外面散步回來，常在小堂階簷下，面臨庭院稍坐。先生也常到前庭院中散步看月，所以我們師生接觸的機會非常多。一日為樹棠來研究所事，在庭院中與先生談話甚久。武漢大學歷史系原擬在本學年設置助教一員，樹棠成績最好，預計留他在校擔此職。不知何故，助教一職並未增置，樹棠只得到附近中學任教，因此也想來齊魯研究所，從先生研習，函囑我向先生轉致此項意願，承先生同意。在這同時，也談到我自己。先生謂我做學問極有希望。我曰，自己雖然很有決心，要向學術路上走，只是天資甚笨，身體又不好！先生曰：「你讀書研究問題很用心思，看

2 刊《責善》半月刊第二卷第十六期。
3 同上，第十七期。

來天分並不壞，只是身體要隨時注意！」

樹棠來所後，與我住在同一間房中。他是我在大學時代所最佩服的好友。我除了看現代社會科學書籍較多之外，其他一切，如天分、勤力、舊學根柢樣樣都不如他，學校教授大約也作如斯觀。同學朋友都稱他為大書櫥，我是二書櫥，既是取笑，也是讚譽，同時也見得大家都認為我比他尚差一截。有一次又在庭院中與先生閒談，我表示對樹棠佩服之意，但先生曰：「你是我認識的最有希望的學生，樹棠前途不如你。」我為之愕然不解，因問何以有如此與一般人相反的看法。先生曰：「樹棠個性執著，程度雖好，但很難發得開！」當時我還不敢相信，後來才佩服先生真有遠見！但我另有一種想法，樹棠的才學不能得到發揮，可能與他的眼光標準太高有關。我與樹棠在大學時代的讀書意向有高度聯繫、相互影響，我選習很多中文系的課，是受了他的影響。而我對於歷史地理學有興趣，也影響了他發生興趣。等到進入研究所後，兩人相約，我專向制度史方面努力，他在歷史地理方面用功，兩人分工，各在一園地中發展。他的精勤實在令我自歎不如。《漢書・地理志》所記郡國屬縣，幾乎能背誦。在秦漢人文地理方面，已搜集了幾十萬字的史料，但只寫出〈兩漢的兩都〉一篇短文。這篇文章雖然短短數千字，但他說明西漢長安是個動態的都市，東漢洛陽是個靜態的都市，這正反映了西東兩漢兩個時代的整體精神。這是個非常高層次的論點！大約他後來只想寫高境界的論文，不欲「卑之無甚高論」，所以花了很大氣力搜集幾十萬字的史料，也不想動筆，時間久了，自然銳氣盡消！當然這仍是基於先生所謂執著之故！再有一層，我後來有幸進入中央研究院，能專心讀書，他若能也有此機會，可能也有較好成就。近數年來，常通音問，他的筆下仍較我為健，而才學不能得到適當的發揮，實在可惜！

先生教人治學，常常強調要向大處、遠處看，切忌近視，或規模太小。在講論會上，固然常常這樣提醒大家，在師生成群外出散步、旅行或與我個人閒談中，也一再強調這些意見。一九四二年九月二十八日，師生多人徒步旅行到新都賞桂，當日途中，先生談得很多，我在日記中寫下了兩千多字。例如先生說：

「我們讀書人，立志總要遠大，要成為領導社會、移風易俗的大師，這纔是第一流學者！專守一隅，做得再好，也只是第二流。現在一般青年都無計畫的混日子，你們有意讀書，已是高人一等，但是氣魄不夠。例如你們兩人（手指向樹棠和我）現在都研究漢代，一個致力於制度，一個致力於地理，以後向下發展，以你們讀書毅力與已有的根柢，將有成就，自無問題；但結果仍只能做一個二等學者。縱然在近代算是第一流的成就，但在歷史上仍然要退居第二流。我希望你們還要擴大範圍，增加勇往邁進的氣魄！」

樹棠問：「梁任公與王靜安兩位先生如何？」先生曰：

「任公講學途徑極正確，是第一流路線，雖然未做成功，著作無永久價值，但他對於社會、國家的影響已不可磨滅！王先生講歷史考證，自清末迄今，無與倫比，雖然路徑是第二流，但他考證的著眼點很大，不走零碎瑣屑一途，所以他的成績不可磨滅。考證如此，也可躋於第一流了。」

我曰，我也想到，做學問基礎要打得寬廣。但我覺得大本大源的通貫之學，實非常人所可做到；我總覺天資有限，求一隅的成就，已感不易；若再奢望走第一流路線，恐怕畫虎不成反類狗！先生曰：

「這只關自己的氣魄及精神意志，與天資無大關係。大抵在學術上成就大的人都不是第一等天資，因為聰明人總無毅力與傻氣。你的天資雖不高，但也不很低，正可求長進！」

過了幾天的一個晚飯後，先生在大門外，又與我有一段閒談。先生曰：

「一個人無論讀書或做事，一開始規模就要宏大高遠，否則絕無大的成就。一個人的意志可以左右一切，倘使走來就是小規模的，等到達成這個目標後，便無勇氣。一步已成，再走第二步，便吃虧很大！」

又有幾次與諸生談到此類問題，說：

「中國學術界實在差勁，學者無大野心，也無大成就，總是幾年便換一批，學問老是過時！這難道是必然的嗎？是自己功夫不深，寫的東西價值不高！求學不可太急。太急，不求利則求名，宜當緩緩為之；但太緩，又易懈怠。所以意志堅強最為要著！……要存心與古人相比，不可與今人相較。今人只是一時的人，古人功業學說傳至今日，已非一時之人。以古人為標準，自能高瞻遠矚，力求精進不懈！」

諸如此類，隨時諄諄致意！

樹棠來研究所後，我已決定專向制度史方面發展，心中慢慢形成一個「中國政治制度史」研究計畫。是年十月十三日，與先生談到此項計畫，擬以畢生心力完成這一部書。先生極力贊許。晚餐後野外散步，先生曰：

「近人求學多想走捷徑，成大名。結果名是成了，學問卻談不上。比如五四運動時代的學生，現在都已成名，但問學術，有誰成熟了！第二批，清華研究院的學生，當日有名師指導，成績很好，但三十幾歲都當了教授，生活一舒適，就完了，怎樣能談得上大成就！你如能以一生精力做一部書，這纔切實，可以不朽！」

又一次晚飯後，在前庭步月，談到中國學人讀書之不易，先生曰：

「中國讀書人在未成名之前，要找一碗飯吃，都不太容易；一旦成名了，又是東也拉，西也扯，讓你不能坐下來好好安心讀書！」

這番話顯然是先生切身經驗與感受。當時他在學術界、在社會上，名氣日盛，邀請講學的很多，又要常常到重慶，開會講演，浪費不少精力與時間，所以有此感慨。又告誡我說：

「你將來必然要成名，只是時間問題；希望你成名後，要自己把持得住，不要失去重心；如能埋頭苦學，遲些成名最好！」

最後一番話對於我的影響極大。

我是個農家子弟，安徽教育又較鄰近各省落後，比之江蘇、浙江相差更遠。由這樣一個環境出身，又自覺天分有限的青年，雖然意志堅定，也有幾分自信，但絕不敢狂妄有極高的自許。先生天才橫溢，歷教南北各大中小學，識人無數，在學術界有崇高地位，對於我這樣一個平凡青年，竟然屢次那樣的讚許，認為極有前途，自然大大加強了我的信心，使我更能堅定不移的奮發向前。後來又有幸能進入中央研究院歷史語言研究所，獲得優良環境，讓我完成這項願望，也部分的達成了先生的期許，而在我堅定的奮鬥期間，也一直牢記著先生上面最後一段告誡！自勵自惕，不敢或忘。五十年來，我對於任何事都採取低姿態，及後薄有浮名，也盡量避免講學，極少出席會議，都與先生此刻的告誡不無關係。不過到了我中年以後，先生卻又鼓勵我多講學，啟迪後進，仍見先生無時不在關心學術、關心社會！

一九四三年夏間，因為校長與董事會不和，鬧得兩敗俱傷，哈燕社協助研究所的經費又已大削，必須裁員。先生以為都是自己學生，不欲顯得厚此薄彼，所以乾脆辭職，改任華西大學教職，率領諸生到華大後園一幢洋房聚居，各就職業。我與樹棠及吳佩蘭則在四川大學研究所繼續學業。九月四日遷寓川大宿舍，雖然房舍古舊，但也還寬鬆舒適。不久，先生囑我到華西大學講授一班「中國通史」。我本不想教書，但先生既好意有此安排，對於我也有擴大學術基礎的好處，所以到華大兼課，並遷住先生寓所。同時聚居者又有姚翰園、張遵騮、李定一、孔玉芳、黃淑蘭等七八人，樹棠、佩蘭亦常來盤桓。

其時先父裕榮公年近八十，先母亦年屆古稀，希望我能早日回家，所以長兄德明屢次來信催促。十一月十五日又得信，囑我明年定要回家覲省。事有湊巧，前文提到的李則綱師，抗戰開始，隨安徽省政府遷到立煌，任省文獻委員會副主任委員，兼省立師範專科學校歷史系主任，其時我在嘉定武漢大學，師生仍有書信來往。此時，我得長兄促歸的家書後不數日，即得先生來信，云師範專科學校已升格為安徽學院，歷史系仍由彼主持，希望我回鄉任教，旅費由學校匯付。適會朋友中有喪親者，我聞之，心中警惕，因思兩親年高，極當省侍，既然在外教書，不如回鄉，遂決計明年東歸。既已有此決定，遂作一切準備，一方面分批郵寄書物，一方面搜集到校上課教材。一九四四年四月十三日拜別先生，首途到重慶；日夕追隨先生問學三年，至此終結。

在這段從學期間，諸同學中，我與先生似乎最為接近。我坦誠的無話不說，乃至初戀情事，所中惟好友樹棠知之，也告訴了先生，先生還代我謀劃，擬讓我能有機會到重慶去一趟。後來因為她的一時不慎，不得不離開我，使我情緒低落，萬念俱灰，招致長期傷風。先生不時勸解，要為我另介紹一位女友。我經過這次打擊，深知自已太重感情，做人做學問都不執著，只有感情不免太癡執，所以當時只想埋頭讀書，不想再陷入情網！

我對於先生既很坦誠，也很直率。我讀《國史大綱》，深感才氣橫溢，立論精闢，迥非一般通史述作可相比肩，將為來日史學開一新門徑。惟行文尚欠修飾，或且節段不相連屬，仍不脫講義體裁；故曾向先生建議，再加幾年功夫，作更進一步的整理。一方面就當補充處加以補充，一方面就文字加以修飾，每節每章寫成渾體論文；若能力求通俗化更好。先生曰：「你的意見有理，但書已出版，即不想再在上面琢磨，只有期待後人繼續努力了。」

我們師生三年日夕相處，一直很融洽，只有一次先生命我與樹棠做一件事，我們遲疑未即應命。事後我很後悔，次日佩蘭告訴我們，昨日之事，先生很生氣。我約樹棠向先生請罪，他不敢去，我曰，自己老師，無論如何，都不能不去。見面時，先生還起立相迎，笑容滿面。我們深表悔意，先生曰：

「我平日自知脾氣很壞，昨天不願當面呵責，恐氣勢太盛，使你們精神感到壓迫，傷了你們銳氣。但昨日之事實不可諒。你們努力為學，平日為人也很好，所以我希望你們能有大的成就，但此亦不僅在讀書，為人更重要，應該分些精神、時間，留意人事。為人總要熱情，勇於助人，不可專為自己著想！」

先生所責正是我們的弱點，而在盛怒之下，仍顧慮到怕傷了我們銳氣，愛護之忱於此可見。

我離開成都到重慶後不數日，湖北老河口戰事復起，歸路中斷，返里省親的計畫遂不果行。五月三日得先生信，希望我仍回成都。當時國立編譯館在北碚，熟人較多，我想暫留重慶，如能進編譯館最好，下學期看情形再說，乃向先生說明此意。不數日，先生來信，仍希望我能回去，但附致編譯館館長陳可忠先生一封介紹信。我持此信到北碚，值陳館長生病請假，友人李符桐告訴我，人文組主任鄭某心地仄狹，非中大出身，甚難被錄用。且其人對於錢先生頗存忌心。其時顧師頡剛先生正在北碚主持文史雜誌社與中國史地圖表社，我以此情相告。顧先生也說，目前進編譯館誠不易，不過錢先生既已寫信，不妨一試。但我想先生介紹信云「倘能予一位置，感同身受」，情辭懇切如此，萬一被拒，大失先生顏面，所以決然作罷。顧先生曰，你研究政治制度史，不如到中央政治學校；錢先生也有此意。我想政治學校要沾上政治色彩，所以甚為遲疑，暫居史地圖表社，為史學會標點《後漢書》。不久，顧先生命我在北碚修志委員會協助傅振倫先生工作。七月五日，復得先生來信說，《兩漢地方行政制度》稿可能有出版機會，又云：

> 「近又細閱一過，較三年前初稿進步極遠，盼能堅持意志，潛心孟晉，勿負私願！」

先生在千里之外，仍記掛在心，鼓勵我努力不懈如此！

一九四五年春，武漢大學校友一位同鄉周君在北碚之北嘉陵江岸金剛碚創辦工藝班，我應邀任教。但我想如此下去，學業無法長進，極欲突破困境。因思中央研究院史語所最能安心讀書，但不得其門而入，乃異想天開，欲毛遂自薦，期能有一線希望。大約七月中旬，寫了封申請書連同論文三篇，直接寄到中央研究院向傅孟真所長申請入所。此事本不抱多少希望，不想八月二十一日奉到傅先生的掛號快信，成全我的願望。[4]這真令我喜出望外！

4 參看〈我對傅孟真先生的感念〉，刊《仙人掌雜誌》第一卷第一號，轉刊為本書附錄二。

史語所是個做學問的最理想環境，我跟先生讀書時就希望有個能長期下苦功的機會，史語所的工作正合了我的想望。因為在那種環境中，除了自己讀書之外，無任何必須負擔的任務，只要自己能看得開、看得遠，遇事讓人一步，不會有人事煩擾，可以專心埋頭讀書。不過史語所的高級研究人員，除了極少數為錢先生的同輩學人之外，絕大多數都是傅先生的學生，他們都已晉升到副研究員、專任研究員，而我只是個助理員，地位懸殊，年齡也小十歲之譜，一般言之，應當以後輩自處。但我很迂執，想到錢先生與傅先生為同輩學人，所以我對這輩年長同事，雖然極為客氣禮讓，但名份上仍只以同輩看待，以免對於錢先生有所傷害。這一點似乎顯得有些倨傲，不過我對人的態度始終如一，不因自己地位日高而有改變，時間久了，大家也就瞭然，不以為忤！

* * *

一九四六年，中央研究院復員到南京，國共戰爭亦起，師生音信中斷，只聽說先生到了雲南。大約在一九四八年，[5] 聞先生回到蘇州，遂與樹棠相約，聯袂到蘇州耦園謁候，寓宿一宵，次日先生導遊蘇州名園而別，時間短促，未能多談。

一九四九年春，我隨中央研究院遷到臺北，寓居新竹縣楊梅鎮，從報章中藉悉先生已到香港，創辦亞洲書院，乃去信探候，但被退回，因為無詳細地址。明年冬，先生來到臺北，寓勵志社，我自楊梅專程到臺北謁候，即居先生寓處。當時先生應酬、開會、講演以及記者追逐，無片刻之暇，亦只看到先生健康良好，私心欣慰而已，更不暇詳談。後來先生屢次到臺灣，亦只能晉謁，問候起居，不能多談；但在一次談話中，對於我後來治學方向有決定性的影響。

我在撰述《唐僕尚丞郎表》過程中，深感新舊兩部《唐書》各有優劣。《新唐書》體制完備，但文傷簡略，往往因文害意，釀成很多錯誤。《舊唐書》敘事詳盡，但因後期史料零落，比次每誤，僅就我撰此《表》時，已發現謬誤或奪　不下六百條，此外問題可想而知。清人沈炳震東甫合鈔兩書為一編，甚有卓識，但是詳者鈔之未盡，誤者摘發殊少，所以我很想「本沈氏《合鈔》，鈔之益審，糾之益精，又廣徵他籍，為之注補」，俾「學者研尋，取給為便」。[6]意欲如王先謙之於兩《漢書》，對學林亦是一項貢獻。只是唐籍浩繁，必須投入畢生精力與時間始克有成。但我自一九四六、四七年已開始搜錄「唐代人文地理」材料，意欲從地理觀點研究隋、唐、五代人文各方面的發展情況。這項工作也工程浩大，亦非投入畢生精力與時間不可。故此兩項大工作勢難兼顧，致遲疑不決。一九五五年，《唐僕尚丞郎表》全稿已撰述完成，將來去向必須即時決定。一次先生來到臺北，我即以此項猶豫的問題向先生請教，先生稍加思索，告訴我說：

「你已花去數年的時間完成這部精審的大著作。以你的精勤，再追下去，將兩部《唐書》徹底整理一番，必將是一部不朽的著作，其功將過於王先謙之於兩《漢書》。但把一生精力專

5 進入史語所後，因為結婚，家務繁雜，日記中斷十餘年，所以此下一段敘事，年月往往不詳。
6 參看《唐僕尚丞郎表．序言》。

注於史籍的補綽考訂，工作實太枯燥，心靈也將僵滯，失去活潑生機；不如講人文地理，可從多方面看問題，發揮自己心得，這樣較為靈活有意義。」

我深感先生這一番話極有意義，立即決定放棄兩《唐書》的整理計畫，專心歷史人文地理的研究。至今仍感到這是正確的抉擇，但此當歸功於先生數言的啟發。

我在史語所工作十九年中，一直秉持初入所時已定原則，自己專心努力做學問，一切都不計較。至於升級問題，不但不曾向所方有所要求，亦不曾表示有此類意向。我在史語所末期，曾連續三年考績第一，第三次我未接受，推予他人，以免顯得太突出。只有一九五六年哈佛燕京學社開始函請史語所派遣青年學人到該社訪問時，第二年輪次應當是我，但我的英文甚差，他人不免有爭先之想。因為我當時已屆哈燕社邀約的最高年齡，所以不得不事先向所長李濟之先生表示，也有意到外面看看。這是我在史語所十九年中，唯一的一次為自己的出處表示積極的意見。對內隨緣如此，對外更不想多賺一分錢，不想增加一分知名度，所以避開任何不必要的活動，以免浪費寶貴光陰！後來不免有點知名度了，但我仍然堅持不兼課，不出席會議。先生在香港辦新亞書院，獲得雅禮協會的重視，自動加以協助，因此到臺灣物色教師，圖謀更進一步的發展，牟潤孫兄就是那時來到香港的。我當然也是先生心目中要約聘的一人，並請潤孫專程到楊梅鄉間來邀約，但我並未接受先生的美意。其實那時我的生活環境極其困難，一家五口，每餐只有一兩碗蔬菜佐膳，於情於理，都應該遵從先生意旨到新亞工作。我所以要做那樣不合尋常情理的決定，主要的是自己覺得學術基礎尚未穩固，一到新亞，可能為先生所重用，不能再埋頭做研究工作。當時先生可能尚有些不快，其實正是篤守先生教誨，以極大的定力，一心向學，不為任何外力所動搖！十年之後我纔來香港任教，先生倒欣賞我的堅持，不只一次的拿我為例勉勵青年！

*　*　*

一九六四年，我之來香港中文大學新亞書院研究所任教，說來事出偶然。在這前一年的八月，好友李定一兄來香港聯合書院任教，勸我也來。我非常留戀史語所的研究環境，認為是做學問的天堂樂土。其時王世杰雪艇院長到任不久，看到我連出幾部專著，特別重視，超擢我為國科會的研究講座。先敦促我領導編撰「中國政治制度史」，經費由他全力籌措。我自度缺乏領導能力，「只是個強兵，卻是個弱將」，不敢擔此重任；繼又要我領導編撰「中國中古史」，我仍不敢應承。在這種情形下，要說離開中研院，未免太傷感情，所以對於定一兄的建議，未能考慮。後來前議重提，我說現在正在撰述「隋唐地方行政制度」，把這部書寫好了再去。一則我的地方制度史計畫可告一段落，再則時間遲點，也好向院方有個交代。定一兄非常熱心，認為我已意動，遂於一九六四年二月中旬與潤孫兄談起，並告知錢先生。當月二十五日，得先生二十一日手書云：「弟駕有來港之意，驚喜交并。」又說：「研究所本欲增一導師名額，久欲延弟來任此職，而所請經費，至今尚未決定。」次日復得二十四日手書說：「已加緊再與港府商量研究所增一導師事，如獲通過，則務望弟決心前來，因穆即以延聘吾弟為理由，要求港府從早增此名額。如弟不來，使穆出言失信，此後遇其他交涉，將受影響。」我得此信，深為惶恐，因為不但王院長、李濟之所長必然深惜我的決然離去，而曉田已將滿十八歲，接近兵役年齡，出境也有問題。所以馬上去函，並立即發一電報，請先生勿為我特向港府要求增加導師名額。二十七日再上一函，詳細說明不能即時赴港的理由。不想二十九日復得先生函告：「來電已悉。惟此間為申請研究所導師增名額事，獲得意外快速之成功」「務盼弟就此職名，千萬千萬。」最後兩句並打了三個圈。同時得定一兩信，一云：「賓師此次大費周章，始有此一缺；若兄不就，則賓師頗難過。」一云：「此事賓師係硬向中文大學特要之導師，並鄭重申明，已有極佳人選。」「如兄不來，則賓師不能下臺。」不數日，又收到新亞研究所導師聘書。[7]事已至此，已無迴環餘地，若仍堅持不去，實在對不起二十餘年來心神俱契的恩師，所以赴港事不得不就此決定。

既決定要到新亞，接著就是兩項困難問題要解決。其一，如何向王李兩位先生請假；其二，曉田出境手續。請假事，我早意識到必有困難，應當採取何種方式，能獲批准而不傷感情呢？實在大費心思！而且此事宜當早日進行，萬一事實已傳到王李兩位先生耳中，而我尚未坦白說出，反而不好。遂於三月中旬，先到李先生寓所，向他請假，並聲明幾點：第一，事非得已，並非我自己應徵要去。[8]第二，只是請假，將來一定會回所。第三，在請假期間，暑假中仍回所工作。第四，重要著作仍帶回史語所出版。經懇切向李先生說明後，先生雖然很感惋惜，但也不好不讓我請假。不過他說，別人請假，他可直接答覆，但你是王院長極欣賞的人，須先徵得他的同意。我遂晉謁王院長，說明不得已情形。他說：「我們老一輩人總希望培植幾個年齡較輕有為的人才，你與周法高都走了，令我們一班老輩人感到喪氣！」最後希望我考慮，是否可緩一年。他這一番極懇切的談話與沮喪的神情，我也黯然，感到辜負他老人家一片為公為私的美意，只好暫時拖一下，讓他情緒平靜下來。不過事勢已發展到此地步，錢先生那邊絕不能不去，所以過了些時，再晉謁院長，直至四月尾，終於得到他的同意，准假兩年，並為我辦理出境手續。剩下的最大問題是曉田出境事。他已將滿十八歲，接近兵役年齡，一般已難出境；幸好距兵役年齡尚有四五個月，在法令上尚有可為，經錢先生懇託相關人士協助，也順利獲得批准。一切都辦好了，不意突然獲得先生七月二日來信云：「穆已決意辭職，惟仍留港，當仍在研究所作名義之導師，弟來正可多獲從容商討之機會。」我這時雖然有些遲疑，但也不好兩頭反復，遂於八月尾來到香港。明年暑天，我仍回中研院工作一段時間。一九六九年休假，也回中研院工作一年。濟之先生要為我敘薪，但我婉謝，只利用哈佛所贈少量研究費維持生活。後來《唐代交通圖考》那部大書，也交史語所出版，當然這是我一生心力所萃的最重要著作，也不願交他處出版。這些都是想實踐請假赴港時的諾言。只是原想兩年即回院供職，未能實踐。那是因為兩個孩子來港後，即無法回臺升學。因為來港不到五年，不夠僑生資格，但若回臺參加聯考，又一定不能錄取，所以只得留下！

我到香港後，乃知先生已經提出辭職。先生的擺脫校務，萌念甚早。新亞書院雖然辦得有聲有

7 此時新亞研究所尚有相當獨立性，可自發聘書；稍遲由中文大學續發大學聘書。

8 當時有些人應徵，消息已傳到李先生耳中，他也知道我未應徵。

色，成績卓著。但我總感到先生天才橫溢，境界亦高，是學術界一位不世出的奇才，在五十歲左右之前，迭出幾部極有分量的著作，如《先秦諸子繫年》、《近三百年學術史》、《國史大綱》、《莊子纂箋》，皆為不朽之作。五十歲稍後，正是學養成熟而精力未衰的階段，正當更有高度發揮；但世局不安，被迫到香港辦學，十餘年間，耗盡心力，雖有述作，但多講錄散論之類，視前期諸書遠有遜色！我想興學育才雖有功教育文化於一時，但那只要中人之資即可勝任；先生奇才浪擲，對於今後學術界是一項不可彌補的損失，所以深為惋惜。一九六二年二月二十四日，胡適之先生在院士會議結束後的酒會上，心臟病突發，倒在會場，一瞑不視。我感到非常悲痛，一個真正學人辦行政，實在不適合，因此想到錢先生亦已高齡，應當放下行政工作。自信我們師生間無不可談，遂於三月中旬毅然作書，表達此意，認為新亞既已辦上軌道，有了基礎，宜可擺脫，仍回到教研工作的老崗位，期能有更好的成就。當月二十一日即得先生十九日手教說：

「即日奉來書，想念之意，溢於紙外，誦之感慰。惟儒家處世，必求有一本末終始之道。穆在此辦學亦出一時之不得已。惟既已作始，應有一終。此刻尚非其時，弟緘云云，穆實無時不在籌慮中也。此刻只有力求護攝之道，不使精力過於浪擲，人事應酬已省無可省，內部只問大體，此外分層負責，亦不多操心……只是年歲日邁，精力有限，即復擺棄百事，亦恐不足副相知如吾弟者之深望耳！回顧（民國）二十六年後，此二十五年全在亂離窘迫中過去，豈能無慨於中！」

足見先生在一九六二年春之前早已萌生擺脫校務之想，只是時機尚未成熟，不能一走了之。恰巧次年港府有意聚合三間書院成立一間大學，先生認為「應有一終」的時機已到，所以力主新亞參加，使員生各有前途，學校也能穩定發展下去，而自己則可即時擺脫出來，回到教研的自由生活。辭職後，不數年撰成《朱子新學案》，自謂為「晚年一愜意之作」。[9]我對於朱夫子雖然所知甚淺，但觀此書立論與辨析過程，無疑為先生晚年又一部境界很高而論證密實必可久傳的大著作；倘若仍負責校務，絕不可能有此成就。因為一個人的精力究竟有其限度，顧此則必失彼，何況行政工作諸多麻煩，[10]抽暇治學，時間零碎，心難寧靜；探討問題，必難深思縝密，窮其底蘊！

先生在一九六四年夏雖已提出辭職，但董事會決議，任先生休假一年，明年才真正離任。當時新亞研究所仍仿齊魯研究所舊規，每個月舉行一次學術講論會，由研究生、助理研究員輪流講演，先生在休假期間仍常出席論評，使我回憶起二十年前賴家院追隨時的一段往事，受益不少。

* * *

一九六七年，先生遷寓臺北市郊外雙溪新居素書樓。明年七月以接近全票當選中央研究院院士。先生之當選院士，對於中國史學界，尤其對於中央研究院，意義重大。蓋自抗戰之前，中國史

9 一九八六年三月一日信中語。

10 就我所知，以胡先生聲望，在中央研究院院長任內，也遭遇一些不開心的事。

學界以史語所為代表之新考證學派聲勢最盛，無疑為史學主流；唯物論一派亦有相當吸引力。先生雖以考證文章嶄露頭角，為學林所重，由小學、中學教員十餘年中躋身大學教授之林。但先生民族文化意識特強，在意境與方法論上，日漸強調通識，認為考證問題亦當以通識為依歸，故與考證派分道揚鑣，隱然成為獨樹一幟、孤軍奮鬥的新學派。而先生性剛，從不考慮周遭環境，有「自反而縮雖千萬人吾往矣」之勇決氣慨，故與考證派主流鉅子之間關係並不和諧。一九四八年四月，中央研究院第一次院士選舉，論學養成績與名氣，先生必當預其列，但選出八十一人，竟無先生名。中研院代表全國學術界，此項舉措顯然失當，所以當時有「諸子皆出王官」之譏！

一九五六年夏，史語所出版了我的《唐僕尚丞郎表》，循例分贈與史語所有關之人文社會科學界學人，胡適之先生照例受贈一部。九月中旬，我突然接到胡先生自美國來函，對於拙作謬加推許，並提出宋鼎作《慧能大師碑》問題。自此往復七、八函討論禪宗史，我一些意見深獲先生讚納。明年秋，我獲哈佛燕京學社邀約訪問，到康橋生活安定後，專程到紐約拜謁胡先生。先生一向待人親切，我按門鈴，自報姓名，先生在門鈴電話中聽到我的桐城口音，立即高興的向夫人說：「客人還是同鄉呢！」我一進門，看到客堂、書房所有桌椅茶几上，到處橫豎擺滿了圖書，而且很多是翻開的。先生興高采烈的與我大談禪宗史事，幾達三小時之久。中午邀我到外面進餐後始別。從多次通信與這次談話中，我們彼此都感到很投契。不久中研院代院長朱家驊先生辭職，胡先生回臺繼任。我想中央研究院院士不能盡羅全國顯著學人，任令錢先生獨樹一幟於院士團體之外，已不應該；別人擔任院長，事猶可諒，胡先生無疑為全國學術界領袖，若仍不能注意到此一問題，更屬遺憾。所以我勇敢的給胡先生寫了一封長信，陳述此項意見，希望他積極考慮。並很直率的說，我此番心意不是為錢先生爭取此項無用的榮銜，因為先生學術地位、中外聲譽早已大著，獨樹一幟，愈孤立，愈顯光榮；但就研究院而言，尤其就胡先生而言，不能不有此一舉，以顯示胡先生領袖群倫的形象。胡先生對於我的建議，深表同意，與在臺幾位年長院士籌議提名，但少數有力人士門戶之見仍深，致未果行。一九五九年我由美回臺後，胡先生曾有一次欲談此事，又默然中止；後來姚從吾先生纔將原委簡略的告訴我。

一九六六年夏，研究院將舉辦第七次院士會議。這年春間，幾位年長院士也許有了覺悟，擬提名先生為候選人。其時我已在香港，得史語所同人的信，請我就近徵詢先生同意。但先生拒絕提名，相當憤慨的說：「民國三十七年第一次選舉院士，[11]當選者多到八十餘人，我難道不該預其數！」我笑著說，先生講學意趣與他們不同，門戶之見，自古而然。現在他們幡然改圖，為了表示自由中國學術界的團結，似也不必計較。但先生終不同意。先生有時顯得很天真，此刻言貌亦見天真不解世情的一面。我只好通知史語所撤銷提名。到了一九六八年舉辦第八次院士會議，纔獲先生同意，當選院士，象徵中國學術界之團結，也一洗中研院排斥異己之形象！

11 一九四八年首次院士選舉，由各大學、各獨立學院、各專門學會及各研究機構提名候選人，因為當時尚無舊院士，故由中央研究院評議會投票選舉。現在想來，其時先生尚在昆明五華書院，或剛到無錫江南大學，可能根本無機關辦提名手續。

先生遷居臺北後，與我常有書信往來，我亦因事屢到臺北，長期一兩年，則每月晉謁一次，短期幾個月，晉謁次數更頻，縱然只有兩三天，也必到素書樓謁候。所以我們師生間的關係，並未因分在臺港兩地而疏遠。見面時談得多，但記錄甚少，而自一九六七年先生到臺北後七月三十一日第一封信，至一九八二年七月一日最後親筆信，共凡四十四封，最後兩信文字已不易辨識，故自後有事都由師母寫信。檢視這些親筆信件，參合我斷續的歲月錄，值得作一綜合敘說的，有下列各端：

其一，經營庭園　先生一向愛好大自然，喜歡遊山玩水，從他的《師友雜憶》與本文首段述賴院與沙田寓居時代的生活情形，已可充分瞭解。在賴院時，先生對於灌縣青城山自然環境非常嚮往，很遺憾的說，若果研究所設在灌縣，有多好！又嘆不曾登峨眉，歷劍閣，經三峽，引為大憾！及遷寓臺北新居後，在極有限度的條件下，極意布置園庭。所以在初期連續幾封信中，一則曰：「月來園中栽花果草木若干枝，雖多是低價易得之品，無足觀賞，然滿園生氣，欣欣向榮，亦足怡情。」再則曰：「所居小園，半年來栽培花木略成格局。」下述「古松四枝競挺蒼奇」，及其他大小花木品種數目甚詳，「盤桓顧盼，大可怡神」，愜意心情，躍然紙上。又一信談園中花木布置說：「此事亦有大學問，非急就所能愜意也。」足見先生於此頗用心思。一九六九年春先生來港，回臺後來信云：「此次去港，獲過新居，最為愜懷。」蝸居極小，但高朗空闊，面對獅峰，稍顯峻拔凌虛，蒼翠有生意。先生蒞臨，自移小凳在騎樓觀賞甚久，正見天性酷愛自然景觀，故隨處流露此種心情。一九七〇年偕師母遊溪頭，來信云：「投宿溪頭林場一宵，滿山杉檜清幽，疑非塵世，日昨歸來，猶自往來夢寐間也。」溪頭只是有原始寧謐氣氛，本非勝境，先生愛好大自然，身入其地，頓有超世脫俗之感，回味無窮！由於這種心境，所以在自己小環境庭院中，特意培植花木以資自賞。自一九七四年以後，我屢次到臺北，每去必晉謁，陪侍院中散步，先生一草一木歷歷指點，有悠然自得意。我觀小園，稍見高踞，草木栽培，疏鬆有致，令人感到自然閒適，這正是先生人生境界。去年曾參觀久已聞名的張大千摩耶精舍，谷底溪邊，夏日山洪暴發，有浸灌之虞；而舉目四顧，只丈尺計，群山環堵，如在釜底，地方局促，花木壅塞，全無藝術氣息，以視林語堂舊居，高坡曠遠、自然樸質之氣氛尚遠不如，何耶？殆由缺乏書卷氣，究難脫俗歟！

其二，誦賞詩篇　一九七二年九月三日先生來信，自謂「不吟詩，而好讀古人詩集」，以為是「晚年最好消遣。」先是上年十二月十七日先生信云，《朱子新學案》已出版，近始寄港，惠我一部。又告訴我說：「最近選宋明理學五家詩」「藉此玩誦，聊以忘憂。」大約我在覆信中提到也常讀杜詩作消遣，所以他在次年二月二十日信中說：

「弟乃性情中人，故能欣賞詩篇。古人論詩，必曰陶杜，陶乃閒適田園詩，而實具剛性，境界之高，頗難匹儔。杜有意為詩，陶則無意為詩。儻兩家合讀，必可增體悟。」

又於七月二十七日信中說：

「穆與弟性格微有不同。穆偏近剛進，弟似為柔退，故於陶杜各有愛好。高明柔克，沉潛剛克，正是各於自己偏處求補。曾文正特愛閒暇恬退詩，即是此故。」

此論兩人性情剛柔不同，愛好亦異，自是至理實情，但我實亦極服膺陶之境界，故以陶詩「歸園田居」自字，只是特愛近體詩，常於郊野海濱，高歌唱誦，以抒胸臆。所誦除杜詩外，亦愛右丞閒適律詩；陶詩古體，故不常賞玩。

其三，論治學蹊徑　在屢次惠示中，往往論及子史文藝及自己寫作事，就中有不少提醒我治學蹊徑。最要緊者，如一九七二年二月二十日信，主在論陶、杜、晦翁、陽明詩，亦及班、馬、溫公諸書云：

「專論文與史，班不必不如馬；若論義理，則所差遠甚……古人治學本無文史哲之分，如讀《通鑑》……溫公此書實已文史哲三者兼顧……東萊《古史》一見便是史，溫公《通鑑》，史中兼融文哲。弟試從此兩義參入，學問必可更上一層。」

此謂讀史治史應向高境界滲透。明年二月二十三日信甚長，除談《國史大綱》校補事外，又談到一次講演題為「理學與藝術」，自謂頗有所會，因云：

「總之，學問貴會通。若只就畫論畫，就藝術論藝術，亦如就經論經，就文史論文史，凡所窺見，先自限在一隅，不能有通方之見。」

此項大格局、高境界的論點，對於治學，尤其人文學誠極重要。近代治學過分在狹小範圍內用功，以為可獲專精成就，其實往往緣木求魚，背道而馳，很難達到精深成果。我在《治史經驗談》中，曾鄭重強調，治史既要專精，也要博通。只能博通，固必流於膚淺；過於專注精深，實亦難以精深，且易出大毛病，而不自知。並且舉出若干例證。[12]尤當糾正者，如佛教為中國中古史上之重要一環，有不少書籍。前人治世俗史，多忽視佛教書，對於當時史事自難得窺全貌；即治佛教以外之問題，亦遺失不少寶貴史料。至於治佛教史者，僅據佛教書談佛教史，侷限更大。不瞭解當時其他背景，以致佛教史上之重大問題往往不能得到真正的解決。我在〈佛藏中之世俗史料〉[13]講文中，與論禪宗發展之背景，嘗強調此項意見，今重讀先生此番論議，實可視為治史者之座右銘。

其四，校訂《國史大綱》　一九七二年十一月十二日（疑為廿二日之譌寫）手書云：

「《國史大綱》，商務以字模不清，擬予再排。……穆……欲趁此機會將全書通讀一過，或有增改。意欲吾弟亦撥冗為穆閱一過，遇弟意認為當增刪改動處，逐條見告，穆當酌量采用。又……或欲穆一一增寫出處。其實書中似有交代；其未交代者，今欲一一補入，則頗費精神，不知弟意如何？」

12 看《治史經驗談》第壹章〈原則性的基本方法〉第一節「要專精、也要相當博通」。

13 刊《大陸雜誌》第七十一卷第三期。

我對於此書之校讀增補，自樂為之；但我又想起二十年前在賴家院初讀此書時，曾向先生所提出之建議。深感此書雖然極有創獲，但寫作草率，仍存講義形式，宜當加工，增補修飾，臻於完美。故在覆函中再提出此項意見，並願盡力協助。至於增補出處，承先生早年相告，係陳寅恪先生意見，但我並不以為然。蓋此書以通識擅勝，與考證之作大異。考據之作，重在實證，必須一字一句明其來歷。如無明顯具體證據，必當詳為辯解，為之證明；但不當議於通識著作。通識之作，尤其通史，重在綜合，重視章節布局，提出整體意見。就一個時代言，須綜觀全局，作扼要說明；就前後時代言，須原始要終，通變今古；不在一事一物之點滴考證。核實論之，一部通識性大著作，固然也要以考證功夫為基礎，缺乏考證功夫與經驗，即很難提出真正中肯之通識性論點；但不能要求其敘事論說之盡合乎考證標準。即如司馬氏《資治通鑑》，不能不視為《史記》以後之第一標準大著作，但錯誤之處仍甚多。例如卷四十四東漢永平三年〈紀〉，列雲臺二十八將次序，因為誤讀《後漢書》列傳十二朱景王杜諸人傳末雲臺諸將之次第，而致大誤。此見《通鑑》作者之粗心，實所難諒，但仍不損《通鑑》崇高之地位。還有一層，有些大問題，只能憑作者的才智與深厚學力，提出簡要的慧解，很難在有限篇幅中原原本本加以證明；只有讓看書多、程度深的讀者，循此慧解的線索，自己體會，獲得瞭解。此等處，一點一滴的考證方法，幾難有用武之地，何能事事注明出處？我當時即略本此意，向先生陳述，認為《史綱》為書，敘事或略出處，不足掛懷。陳先生從考證法度指出此類小弱點，不足介意。若今日再逐句尋出處，費大事而就小功，殊不值得。與其在這些小處著墨，不如在大處加工，完成一部通體融會的通史讀本。十二月十一日得先生七日的信，小字四紙約兩千字，多年來信中，此為最長，詳述對於此次校補之意見。認為大事增補，甚至改作，功夫很大，自覺已「少此精力」，又有種種其他考慮，而且時間亦有限，「不如一仍其舊，保留原寫時模樣，只就原書補原書，較省力。」至於增補出處，即採鄙見，不作考慮。明年一月十五日、二月二十三日，復有信談《史綱》校補事。先生原則確定後，我即遵從此項原則，將所發現脫誤處校出。上冊發現脫誤較多，並將史前部分稍作補充。因為抗戰以後，大陸各地發現史前考古資料極為豐富，中國史前史已完全改觀。此書既云增訂出版，不能全盤不理，故據當時已發現考古資料，稍作增補。下冊兩宋以下，非我所長，自難多有貢獻。

我此時再次通讀《史綱》一過，對於先生才識，益加驚佩。二月五日校畢全書，曾作一條日記說：

> 「此次校閱，比較仔細的看了一過，得益不少，益驚佩賓師思考敏銳，識力過人。早年我即欽服賓師境界之高，識力之卓，當上追史遷，非君實所能及。再讀此書，此信益堅。惜當時未能好好的寫，只將講義草草改就付印，不能算是真正的史著！（下文追憶三十年前賴院建議，前文已說過。）……然即此講義，已非近代學人所寫幾十部《通史》所能望其項背，誠以學力才識殊難兼及！」

今又十八年，我的看法，依舊未變。只惜自七七抗戰軍興，擾攘數十年，先生健壯的中年時代，一直不安，只成就一間新亞書院，造就不少青年，自己卻未能專注學術工作，致天賦奇才未能盡量發揮，繼史遷、君實成就通史大業。此實中國史學史上不可彌補之重大損失，不知何日再出奇才，思之慨然！

其五，談學術寫作　一九七二年十二月七日長信末段談到其《中國史學名著》出版事云：

「穆在此有『中國史學名著』一課，其課堂錄音由一臺大旁聽生錄下，據此略刪潤其文句，頃在校正清樣中，一月後可出版。此稿在文化學院《文藝復興》月刊先行刊載，乃頗為一輩人注意。大抵正式撰著極難望有讀者，只降格作隨筆性文字，則較易有人看。此誠大可嗟也！」

按此信前文談《史綱》，深感今時能讀者已不多；又一信談到《朱子新學案》，亦云難覓讀者。此兩書皆為先生才學所萃、不朽之作，而讀者不多。《中國史學名著》誠然有不少超卓新穎的寶貴意見，為一般史學史家所不逮；但究屬散論隨筆性文字，非嚴肅精審之論著，而讀者反多，故先生有此喟嗟！此點為真正學人一莫可奈何心情，我的經驗更有強烈的感受。記得我在史語所的前十年，在《集刊》已發表不少學術性論文，兼有專書出版，但似並無多少讀者。倒是在《大陸雜誌》與《國民基本知識叢書》等處所發表的不成熟、自己不重視的文章，卻反而讀者很多。大約正式著作，矜謹嚴肅，讀來通常都較困難，不但理解不易，而且也較枯燥，程度弱的讀者，更煩厭生畏。作者若以非研究性的態度，用簡略文字表達，一般人始能較易接受。其實這種較低水準的不負絕對責任的述作，寫來實較容易，只是很難謹嚴縝密作準確的表達，在學術水準上勢必大打折扣，難入真正著作之林，不能期其有恆久的價值。但時代如此，亦莫可如何！只得在謹嚴著作之餘，用點時間寫些較輕鬆的文字，以遷就讀者，誘導他們漸入深境。所以學術著作固當「陽春白雪」，有高度水準，但「下里巴人」亦不能盡廢！

明年二月二十三日信談《史綱》校訂事，說到憚於改作云：

「一書既成，亦只有仍之。若要在體裁或內容有改進，此極費力，所以著書戒速成也。」

此類語，學術工作者應當視為一大警戒。關於此點，我在《治史經驗談》第七節〈論文撰寫與改訂〉中，已有頗詳之現身說法。一九八三年秋，我到史語所擔任特約職位，著手整理《唐代交通圖考》出版，對於原稿採綱目體不很滿意，想改為複合體，文章將會較佳，讀者亦較方便。但考慮到一百七十萬字的舊稿，若全盤改寫，花的功夫太大，時間也來不及；結果只好仍存原稿體式，此亦為論著改作不易之一例。

其六，**激勵我堅守學術崗位**　一九七三年，香港中文大學歷史系講座教授牟潤孫將於秋間退休，五月上旬登出徵聘廣告。有些朋友早就鼓勵我應徵此職，就中一位在他系擔任同樣職位者特邀我到他家晚餐，一再促我不要放棄，說：「你不做，一般人總以為你不如人。」我一直認為此一職位對於我有害無益，絕不作考慮；至於一般人的看法，不關緊要。不想十二日唐君毅先生約我午餐，也促我應徵。十四日又到我研究室來談此事，並說新亞梅貽寶校長與學校幾位高層人士曾商此事，認為此職是新亞員額，一致希望我能出任。唐先生語意懇切，我也很感動；但考慮我的才性與自己研究工作，始終不能同意。十七日並且寫了封長信，給梅唐兩位先生，說明我擔任此職對我個人有百害而無一利，對新亞也不能有所貢獻。他們的意見，一方面希望維持學術水準，一方面阻止大學當局任意用人，使新亞失去一個重要職位。二十三日，梅校長復約我到校長室，唐先生亦在座，仍希望我重新考慮。認為講座教授已不一定要兼系主任，行政事務可由他人負責，我任此職只是象徵有個學術水準，不致影響我的研究工作。他們兩位先生於公於私都極具誠意，但我仍只能懇切感謝他們的美意，不能改變初衷。因為我想，居高位，人事關係定較複雜，社交應酬也必增多，增加許多麻煩；而且就我個人而言，只有犧牲，並無好處。就收入言，原有薪入已很夠用，再增加，亦無必要。至於一般人所看重的名位，我自信已不必任何高級職位頭銜來作裝飾了！這不是我過分自負，而是覺得，若有志事功，名位權力誠不可少；但就一個純學人而言，任何高級名位頭銜都是暫時的裝飾，不足重視；只有學術成就纔是恆久的貢獻；必須堅持。後來唐君毅先生任新亞研究所所長，一定要我掛個教務長名義，不看任何公文。君毅先生不幸謝世，我有此名義，不能不暫時代理所長，但堅持不能正式久任，而推薦孫國楝兄繼之，也是基於同一考慮。而且我這個人，一向以道家自處，以儒家待人；但若做事，則心向法家，奉法有所作為。但又自知無應事之才，故只用所長，不用所短；既可保持生活閒適，穩步在學術上求長進；又可避免尸位素餐，於公無益，於己有害！

六月初，我寫信給先生，談到不應徵教授之故。當月五日先生來信說：

「昨得來緘，不勝欣喜。弟不欲應徵中大史系教授，亦未為非計。擔任此職，未必對中大能有貢獻，不如置身事外，可省自己精力，亦減無聊是非。大陸流亡海外學術界，二十餘年來，真能潛心學術，有著作問世者，幾乎無從屈指；唯老弟能澹泊自甘，寂寞自守，庶不使人有秦無人之嘆！此層所關不細，尚幸確守素志，繼續不懈，以慰夙望！」

先生知我最深，所以他的意見正是我的考慮。前次我希望先生為學術急流勇退，這次先生欣喜我為學術作出反常的決定，更顯得我們師生心神俱契。

* * *

一九八二年秋以後，先生已不能親筆作書，而我在臺北的時間卻較多。一九八三年九月我回臺北，在中研院史語所擔任特約職位，明年恢復專任研究員職位，寓南港前後兩年有餘。我到南港後六日，適值教師節，到素書樓拜謁。回宿舍寫日記一條云：

「先生精神極好，分析事理仍極能深入，足見腦力仍佳。以一個八十九歲老人如此健康，真是難得，也是得天獨厚！」

自後每個月至少謁候一次，每次侍坐閒談甚久，常承師母留餐。說是便飯，實極豐厚，且具特色，風味醇美；有時別裝，要我帶回佐餐。

我們師生談話，常涉詩文。是年冬，先生的《中國文學論叢》出版，惠我一冊。同時某君關于某史校證的一部大書也出版。某君此書，據說用功十餘年，書成數百萬字，甚為自負。某君壯年成續著實不錯，我以為必不很壞，不想只就史文逐條抄列前人考證，自加幾句案語，實少貢獻。尤可怪者，校訂六國史事，而不利用《竹書紀年》，令人駭異！先生此書雖然只是一部薄薄的講演集，但內容豐富。兩書同讀，篇幅大小，內容劣優，差距如此。所以我在一九八四年一月寫了一條日記，敘說我對於此大小兩書的評價。其中論先生書云：

「錢先生書雖只是一部小小講演集，但內容實多精采處。論古代文學有很多獨到見解，有些深獲我心，但我說不出來；也有些處我還不能懂，不能作評。尤其元明以下，我更不能領會，因為我只看了些一般文學史的通俗意見，自己並未看當時人的詩文集！」

是年五月十三日晉謁，又談到唐代詩學極盛的背景，先生曰：

「妓女歌唱可能是一大原因。唐代官私妓女均盛，凡公私宴集，恆有歌妓娛賓，所唱往往為詩篇，賓主即席吟詩，可能即付她們歌唱，被之管弦。歌妓唱詩，猶如今日大眾傳播之電台、電視台，以此播之四方，這樣詩人易出名，人亦群趨為詩。惟此種風氣，不知始於何時？」

我曰，大約南北朝已有端倪，如南朝「吳歌」「西曲」，往往即供歌唱。後檢《梁書・賀琛傳》，正見南朝公私歌妓舞女之盛。

又一日，先生曰：「可惜年輕時代未學做詩，吟詩是老年好消遣。」我曰，做詩很費功夫，先生若會做詩，必然花費很多時間，即不能有現在這樣多的著作。先生以為然。

閒談中亦偶評騭古今學術人物。先生對於任何事，標準都高，論古今人物亦不例外，故不輕易推許。我則比較遷就現實，不以最高標準論人，有幾分成就即肯定他幾分，所以總是抱著樂觀態度。一日，先生曰某君毫無成就，而頗有名氣，輕易取得院士。我曰，此君其實天分頗高，根柢也不錯，只是懶惰，所以眼高手低，不能有所成就，亦甚可惜！但他與人談話，往往極能得體，有風趣，所以人際關係很好。先生如與相處，定不討厭。先生笑笑。

一九八四年九月二十三日，我趨素書樓謁候。那天先生精神極好，談話亦最多，我記錄了兩千多字。主要內容為談論現今史學界。先生非常關心學術界情形，他感到臺灣學術空氣不夠濃厚，深為嘆息。我曰，目前臺灣三四十歲的青年學人中有不少可造之才，也知奮發努力，可能很有希望。先生感到欣慰。

又在此稍前，我接受臺灣大學歷史研究所的邀約，講授一門「中古史專題研究」。今日將此事告訴先生。先生極感高興，說：「應該講講，給青年們一些影響；否則他們都不懂學問究該如何做了！」我當時感到先生未免把自己學生看得太高，學校教授很多，何至如此！但後來想想，若從某一角度說，先生的話也不無道理！事緣一日，我在公共汽車上碰到史語所同事黃寬重先生，他剛從韓國訪問回來。據他說，在韓國見到幾位曾留學臺灣的青年學人。他們抱怨說，到臺灣留學，本想看看中國人如何治學；但不幸，所聽到的不是美國式的方法，就是日本式的方法，仍不知中國人傳統的治學方法。他當時告訴他們，應當看看我的《治史經驗談》，所以他擬寄幾本到韓國去。又我在臺大講課時，有七、八位相當成熟的中青年學人經常來旁聽。學期結束後，其中一位說：「從來未聽過像先生這樣講課！」他是臺灣名大學碩士，美國名大學博士，而有此論調。我後來想想，或與韓國青年有同樣感受！所以先生上面一番話，若以「中國傳統」作解，卻不無道理！我所體驗到的中國人傳統的治學方法，是既要精深，也要博通，而基本功夫不全在用功讀書，尤要從人生修養做起，始能真正達到此一境界。[14]

又在同一次談話中，先生問我：「你到香港教書，現在想來，是得計抑或失計？」我曰，自覺得計。若不到香港，《唐代交通圖考》當已寫成，但可能無現今之精密，因為能看到的新材料較少，地圖也較少。至於整體學術規模更不會有現今這般大。因為史語所工作，無外界壓力與刺激，勢必愈做愈專；而教書不能專講自己研究的專題，必得擴大注意面；且在授課時，往往刺激自己，湧現新意見。所以若一直在史語所環境中，我的學術規模必然較小，境界也可能較低。先生以為然。當天晚間，廖伯源來訪，我提到與先生的對話。他說若非先在史語所專心工作二十年，不可能有深厚基礎，後來也就難可發揮。他這番話也很有理。

一九八五年六月十八日，我與余英時、何佑森應錢師母之約到素書樓晚餐。當日先生精神極好，席間笑著說，你們三人都是安徽人。[15] 英時曰，可謂「吳學入皖」，相與談笑極歡。桌上菜餚除了師母親自烹飪幾色菜之外，何太太也做些安徽菜共賞。何太太照顧佑森最為體貼周到。她不是安徽人，特意學會皖式菜餚，所以佑森隨時嘗到家鄉口味，為同門所稱羨。餐後師母出示大陸家人托人帶來武夷最上乘茗茶一小瓶，約一二兩，供大家品嘗。此茶採自朱夫子所種茶樹。想來當是朱茶遺種，今只存兩株，每年產量絕少。今日嘗試，果與凡品不同。其品嘗法，用極小壺泡好，以極小杯（如酒杯）品嘗，每次半杯，約一小口。茶液呈清黃，微帶綠色，甚清麗。每人飲了四次，總共只約中等茶杯的半杯量，但回宿舍竟睡不著，刺激性之大如此！唐人書說，北方飲茶之風大盛，導因於禪僧學禪，務於不寐之故，[16]可能有相當理據。

是年九月二十一日，我到素書樓謁候，藉悉先生上月尾輕微中風，現已較好，精神仍頗佳。其時我的《唐代交通圖考》第一冊出版，史語所贈先生書已收到。先生雙目失明，垂詢全書寫作規模，我略陳分卷分篇大致情形，現刊前五冊，約一百六七十萬字，後三冊尚待續寫。先生過去已看過我考唐代交通路線論文多篇，知我寫作方式與水準，非常高興的說：「很久無此大著作，可惜我已看不見了！」言下甚為感慨。我怕久坐影響先生精神，約一個半小時即辭出，好讓先生休息。

先生對於我的論著，一直很欣賞稱許，此為最後一次。我雖迂魯，為文亦只平實，無甚高論；而有幸側聞不少前輩學人的稱譽，但卻未聞先生向同門以外的學人為我吹噓。一次我推薦一位好友，也是先生最欣賞、最期許的學生，當選院士。事後我拜見先生，先生並不感到高興，淡然的說「遲十年更好」！可見先生對於自己最欣賞的學生期許極高，不想其早日向社會嶄露頭角，怕影響其將來的發展。此與臺灣一般前輩學人極力提拔得意的學生，使居要職，往往影響其學術前途者，大不相同。此等處亦見先生意趣宏遠，與時輩迴異！

14 參看《治史經驗談》第玖章〈生活、修養與治學之關係〉。
15 佑森為巢縣人，我是桐城人，英時是潛山人，但青少年時代多居桐城。
16 參看《封氏聞見記》卷六〈飲茶條〉。

一九八五年十二月下旬，我自中研院退休返港。明年七月二十六日，為院士會議復到臺北。次日晉謁，先生健康已大恢復，飲食口味仍頗好。去年英時兄與我在素書樓見面時，關心我退休後的生活，擬向有關方面建議，留我長期在臺講學。我很感謝他的美意，但對他說：「我的生活尚過得去，請放心，不必為了我的事，揹個大人情！」先生也是一直關心我的經濟環境，此次院士會議結束後，我於八月八日再到素書樓辭行。先生曰：「聽說此間仍想請你再來，不要疏遠此間關係。」我曰，誠有兩處邀約為特約講座，但我不想應聘。因為政府法令，七十歲退休，即不能再有長久固定的工作機會，一兩年的特約職位，雖然位尊俸厚，但非經常性，即是生活隨時都有問題，對於我的研究工作與精神生活都有損害。我在香港有自置寓所，環境頗佳，新亞研究所雖然待遇微薄，但自己也另有一點經常收入，已很足夠支持我的儉樸生活，所以不想再動。先生瞭解我的個性，知我經濟環境並不太壞，自是心安。又有些朋友關心「九七」後的香港。我對於香港前途一向樂觀，認為不會有什麼大動亂。而且以我這樣一個無籍籍之名的純讀書人，日常只到市場買菜，到公園郊野散步，極少講演，也絕少出席會議，在香港更沒有一點社會地位，將來縱然政局有變，想也不會遭到大的災難。我與陳寅恪先生，時代環境不同，個人情形也不同。陳先生名氣太大，為一派政治人物所景仰優遇，自會遭到另一路人物的嫉視。樹大招風，自古明訓！

先生不但天生奇才，體魄亦極康健。但自一九三七年抗戰軍興，隻身避地南遷，一直過著單身生活。當時公私經濟情況都很壞，大家健康都受影響。記得在賴院時，先生年近五十，所內研究工作，所外奔波講學，皆甚勤奮，而起居生活與青年同學完全一樣，不但營養不夠，其他一切生活都無家人照顧。抗戰勝利後，此種單身生活一直沿續，幾二十年之久，勢必影響健康。加又關懷國事，負責校政，內外諸事不免有可生氣處，而又悶在胸中，引致胃病，備受困擾。直到一九五六年在港成婚，生活始上軌道，得到改善。後來又患青光眼，視力日弱。先生自述，晚年著作全恃夫人始能成稿。其實其他一切生活都唯師母是賴。先生在港在臺期間，我與家人常到錢府謁候，看到師母照顧先生生活無微不至。一九七〇年，小女曉松曾為托福考試到臺北居錢府一段時間；此前此後亦屢到錢府謁候，深獲老人鍾愛，前後七八信都提到她。她考後回港，先生來信說：「彼驟然離去，卻不無寂寞之感。」一次她自臺回家說：「太師母把錢公公當做孩子照顧！」我與其母都覺得她很聰明，一語形容盡至。一日我笑著向先生說：「先生奮鬥一生，艱苦備嘗，但晚福不淺，是人生最大快事！」先生得意的微笑。

先生得師母全心全意的呵護，續得三十年穩定幸福的晚年退休生活；只是兩目失明，為唯一缺憾。我自一九八五年冬由中研院退休返港後，仍因人情難違，不得不幾次到臺北走動，縱或只停留兩三天，亦到素書樓謁候問安。大約自一九八七年後，已感到先生精神雖然尚不算壞，但已常常生病，體況大不如前。師母遍訪名醫，力圖挽救，極盡苦心；同門諸君也都感到有些憂慮！

* * *

我自退休回港後，雖然仍幾次到臺北，但自念已入老境，不欲再應聘到臺擔任特約職位，只想集中心力完成最低限度的工作計畫。但去年十月仍應邀到東吳大學講學三個月。此緣於兩種考慮。

其一，雷家驥在東吳任教，兩年多前，學校請他負責歷史系系務，雷君遲疑，徵詢我的意見。我想學術界能讀書的人多，兼能辦行政者很少，雷君即其一。行政也需有人辦，所以贊成他接受此項任務，可能有些作為。他接任後，果然很有闖勁，但屢屢希望我能到東吳作短期講學；我想前已慫恿他主辦系務，也當給他一些支持。其二，更重要的，先生已年邁多病，枯居寂寞。自一九七三年以後給我的信中，屢次顯露此種心情。如一九七四年四月一日信云：

「七月能回臺，獲一暢晤，大以為望。長日杜門，寂寞之甚。偶有來者，皆不談學術；偶有談者，亦無法接口；目疾又不能看書，握筆心情可知！」

一九八二年七月一日最後一封親筆信云：

「弟駕此來，能多獲暢晤，一抒積念之悃。人生快事，宜無過於此矣！」

讀此兩信，可想像先生晚年心情的一面。又一次曉松自美國回港，取道臺北，謁見太老師、太師母。先生從她談話中得悉我不久將去臺北，告訴她說：「教他快些來！快些來！」足見急切希望我去看他。我想先生晚年心情如此，殆由於兩種原因：一則人到老年，往日友朋漸見凋落。臺北雖有幾位北京大學老學生，前幾年尚結伴向先生拜年，後來也都年屆八秩，步履維艱，難遵舊規；能常到素書樓者，只有少數新亞或更後期的學生，年齡相差稍遠。二則先生學養博通，天分太高，境界亦高，談到治學，一般人或許多難領會。我與論學，也有局限，如經學、理學，及宋元以下集部，我所知極淺，所以先生也很少提到此類問題！我既瞭解先生晚年心情，近年健康又漸退化，東吳校舍近在素書樓左鄰，而小菊又已離港回美讀書，愚夫婦行動已可自由，所以決然應雷君邀約，到東吳作短期講學，以便常得趨侍。

到校後，居在後山半坡教授宿舍，有山林風味，下行素書樓只數分鐘步程，故得每週謁候。其時先生雖已精力大衰，有時常見渾噩，似無所知；但有時又似頗清醒。例如一次問我的講題，如何講法，外面有些什麼人來聽？我講「中國政治制度史述論」，有時請教先生意見，偶爾也能清楚的指示。但不論先生神智如何，我都侍坐頗久，一則可能略解先生枯寂，一則也警覺到機會已不會很多！

我與內子每次到錢府，皆承師母留餐。今年一月課畢，二十日離臺回港。行前一天，已到錢府辭行，並已承師母治餚餞別。次日臨行，整裝已就，尚有時間，再到素書樓看先生一次。不想先生當時神智極清醒的問我兩個有意義的問題，先問：「我這樣大年齡了，你想該不該仍寫文章？」我說：「只要有意見，仍當告訴邵小姐或秦小姐寫下，有一句記一句，供後輩作參考；但不必費神寫成整篇文章。」繼又問：「現在學術界對於我治學的看法如何？」先生此問，可見仍很關心自己著作對於學術界的影響。我說：「三四十年前，考證派正盛，先生獨持異議，強調通識的治史方法，與時風迥異，所以當時雖然一般社會人群與部分青年學人心向先生的論點，但主流的史學界卻似頗抗拒。現在潮流已有轉變，觀點與方法論漸與先生接近。最近趨勢，更強調運用社會科學理論來治中國史，觀點雖與先生不同，但重視有系統的通識，卻與先生路線暗合；所以有不少講思想史、講方法論的青年學人對於先生極為推崇。」他高興的微笑。不想那已是最後一次的論學！

我講這番話都是據實陳說，無一虛語。現在學術界對於先生學問的重視，大家都可目睹。但三四十年前，情形並不一樣。當時學術界只重視先生的《劉向歆父子年譜》、《先秦諸子繫年》與《近三百年學術史》；對於《國史大綱》、《中國文化史導論》等書，則不少有名學者頗為忽視。因為站在考證立場，其中誠不免有些可議處，這是原因之一。再者，先生以一個中學教員驟跨入大學任教授，而對於當時學術界當權者，毫無遜避意，勇悍的提出自己主張，與相抗衡。此種情形，只有顧頡剛先生的胸懷雅量能相容忍，一般人自難接受。好在先生講學深得學生歡迎，而北京大學自蔡元培先生以來又有容納異議的傳統；否則很難講得下去！後來離開西南聯大，據說仍與此點有關！此後先生聲望益高，超出等倫，更足招忌。所以學派對壘，也有人際關係，思之慨然！

今年七月初，中央研究院舉辦第十九次院士會議，因為畹蘭要作健康檢查，提早於六月十二日到臺北。十六日謁候先生於臺北市杭州南路的新遷寓所。六月尾，曉松率小菊自美回港，中經臺北，下機與我夫婦會合。內子率她們兩度謁候先生與師母，留存學術關係的四代合照，我因事未能同去，今日思之，深感遺憾！七月二日至五日要出席會議，六日即須回港，所以趕在會前一日再到錢府謁候。日記中又說：「先生面色極佳，頭髮生多了，而且黝黑，一副健康形象。」不想六十天後，五十年來所追隨問學的恩師即與世長辭，那次拜別竟成永訣，思之泫然！

* * *

遭此劇變，連類想起馮李兩師。馮先生離校後，即無消息。至於李先生，前文談到，一九四四年我應先生之召，將到安徽學院任教，因時局變化，滯留重慶而未果行。及我隨中研院復員到南京，他仍在安徽省政府任職，邀我任文獻委員會祕書，協助他的工作。我深惜中研院的環境，故未應召。遷臺以後，遂失聯絡。我到香港後，看到一九五六年出版之《壽縣蔡侯墓出土遺物報告》，序文為先生所寫，其時任安徽省文物局副局長，主持發掘工作。有一次我參加安徽省旅港同鄉會，據一位同鄉說，李先生已於文革期間或稍前被誣陷，以莫須有罪名遭到清算，屈辱而終！想起一九三〇、四〇年代的知識分子，愛國熱情有餘，而認識不足。我在中學聽先生講課，感到先生憂國憂民、民胞物與的民族感情極為濃厚，憧憬著民主自由、經濟繁榮的昇平盛世，與當時一般民主人士皆不滿現實，而被美麗的謊言所誘惑，致遭浩劫，思之慨然！

* * *

我的早期師長多已謝世了，影響我治學最深遠的恩師賓四先生今亦以高齡隱入歷史人物中，而我的生命也接近尾聲。平生不信有天授的命運，深信命運當由自己把握。我的人生歷程誠然也有很不如意的一面，但就學術研究而言，在這條道路上，可謂極為幸運。有些固然可說是由自己把握著的，但有些也是偶然的機運！

在我求學過程中，先得到溶生師的教誨，使我從數學的學習中，磨練成思考問題能深入、能細密的能力與習慣，不致思路混亂，或憑虛玄想。繼而得到則綱師的引導，廣泛的吸取新知識，境界得到開闊，對於史學也漸有宏觀的通識傾向。繼又得到賓四師長期的琢磨，雖然始終自覺才氣不夠，但總想朝大處、遠處、高處看，可謂「雖不能至，而心嚮往之！」最後有幸進入史語所。在當時，這是歷史考證學的中心，在意趣與方法論上，雖與李錢兩師所揭櫫者不同，但正可長短互濟，而且少年時代數學訓練的基礎正可大派用場。所以此後我的學術論著，可謂是前此的訓練與史語所的傳統兩種不同的取向，揉合融鑄而成。基本上，一點一滴的精研問題，不失史語所的規範；但意境上，較為開闊，不限於一點一滴的考證。所以每寫一部書，都注意到問題的廣闊面，因此規模甚大，但仍紮實不苟。記得二十幾年或三十年前，有一位年長十歲的朋友很坦白的說，他很佩服我能不斷的寫出大書，而他自己卻苦於無問題可做。我想實際上的差別，只是我來史語所之前有一段通識性的訓練，看問題總從大處、廣闊處著眼，此則多為李錢兩師的影響，而賓四師的影響尤大。又一次黃彰健兄說：「你在史語所，但所寫論文與史語所一般同人不大相同。」他究竟是學術史的行家，故能一語道破！

回想起來，我一生的治學歷程可謂極為幸運。若非先在小中大學得到三位師長的薰陶，尤其錢先生長期親切的鼓勵與教誨，影響最大；又若非有史語所二十年的安心研讀機會，則今日學術風貌必然大不相同。這一切的前後機緣，都是幸運，我只是能即時把握了這些寶貴機緣，冷靜沉著、心無旁騖的持恆努力而已。李濟之先生曾一次很感慨的說：「你是充分的利用了史語所的環境！」此語誠然，但若非先有機會汲取三位師長的教誨，相信在學術層次上，也必不一樣！

我雖然受到賓四師的影響極大，私人感情似也最密切，但在學術上，卻不能算是先生的最主要的傳人，因為先生的學問，從子學出發，研究重心是學術思想史，從而貫通全史，所以重要著作除

《國史大綱》外，如《劉向歆父子年譜》、《先秦諸子繫年》、《近三百年學術史》、《莊子纂箋》、《朱子新學案》都關乎學術思想，晚年自編文集，也以學術思想史論文為最多。至於制度與歷史地理只是先生學術的旁支，所以這兩方面的著作不多，也不很精。拿先生自己的話說，這兩項學問只是他治史的兩隻腳，藉以站穩而已，不是主體。我在學術研究上，雖然極想達到通識境界，進而貫通全史，但始終只以制度史與歷史地理見長；經濟、社會與民族亦較注意；至於學術思想，不但非我所長，而且是我最弱的一環。先生門人長於學術思想史、各有貢獻者甚多，余英時顯最傑出，我只是先生學術的一個旁支而已。

賓四師對於我的治學雖有極大影響，但我也未完全遵從先生的意趣，一步一趨的做到。例如前述賴院時代，先生希望我走通才第一流路線，我仍膽小，走了專業的第二流路線。再就歷史地理的研究具體言之，一九六一年二月一日先生信云：

「從地理背景寫歷史文化，此是一大題目，非弟功夫殆難勝任。如能著手撰述，實深盼望。際茲學殖荒落之世，吾儕篳路藍縷以開山林，只求先指示一大路向，探幽鑿險，待之後來繼起之人，不必老守一窟，盡求精備也。不知弟意以為如何？」

或許先生知我有「老守一窟」、「探幽鑿險」、「盡求精備」之病，所以一開始就告誡我，只當從大處指出一大路向，不必盡求精備。但我依然故我，仍從低處做起，雖然懸了個「國史人文地理」大目標、大綱領，講稿百餘萬字，另加寫錄史料不少，但實已無力完成，深負先生的期望！

不過先生並不以我不能完全跟進為憾，對於我的每一部著作都很欣賞，無疑為我治學的一大精神支柱。現在先生遽歸道山，我的心情不免沉重，感傷不已！不想在這同時，又發生另一不幸事。十一月尾我正撰寫此文期間，消息傳來，老友楊聯陞蓮生兄已於十六日在美病逝，去賓四師隱歸道山不到八十日！

＊　＊　＊

蓮生兄為我一九五七年到哈佛訪問時開始建交的老友。當時中國學人在美國任教者不如現今之多，中國學人訪美者，哈佛幾為必到的一站，也必拜會蓮生。蓮生兄嫂好客，中國學人留訪哈佛時間較長者，更幾視楊府為俱樂部，假期佳節，常去聚會。楊夫人盛餚招待，極為熱鬧，使朋友們忘其異鄉之感。記得楊府經常置一簽名簿，友朋第一次來者，例簽名作紀念，我到時已滿八、九冊，足見訪客之眾多。[17]蓮生天分極高，學問極博，自己謙稱雜家，其實他的學術觸覺靈敏，境界很高，常能貫通各方面的知識，提出新穎論點，豈只他自謙的「雜貨攤」而已！他通曉數國語文，凡中外學人討論中國學術問題，他發現謬論，必直言批駁，不留情面，為國際間公認的漢學批評名家。蓮生亦自謂為「漢學的看家狗，看到人家胡說，必高叫一聲」，不啻為胡說的一股嚇阻力量！但對於我的論著，一直只有讚譽，從無微詞；並且傳達國際學人的觀點。一九七一年一月四日來信，擬推薦我為高級訪問學人，再到哈佛研究一年。其時岳母病重，不能抽身，而且我剛休假一年，短期內不能再有休假，故未能去。他在這封信中說：「我兄對於唐史及魏晉南北朝史之貢獻，充實而有光輝，確已超邁同輩，連大陸及日本學人在內。」其後又屢次在公眾場合為我延譽。我自度「充實」可以當之無愧，但「光輝」尚不敢自信。一九八五年，我的《唐代交通圖考》出版。明年一月十六日蓮生兄來信，有打油詩云：「體大思精多創獲，嚴公政考早流傳，新編又見追雙顧，管領方輿數百年。」朋友捧場，遊戲之作，固只博一粲，尤其亭林宏博，一代宗師，余何敢望！但我的英日文程度都未達到真正能看書的水準，對於國際學術行情所知極少，常恐閉門造車，未必能出而合轍。以他對於國際學術行情之瞭解，而對我的論著作如此高度的評價，雖不盡實，但對於我自是一大鼓勵，增加我的勇敢與自信。所以他也是我在學術研究道路上的一大精神支柱。

一九八六年夏，蓮生與我都到臺北出席院士會議，一日告訴我說：「我去看了錢先生，談到你。先生說你是專家之學，我說你現在已不只是專家了。」我想先生與蓮生的話都很正確。蓮生以現在一般標準論人，我誠然已相當博通，不專守一隅。先生一向標準極高，希望我更上層樓，故持論不同。自度我的基本功夫與成就誠然只在制度史與歷史地理幾部專著；雖欲再力爭上進，但已強弩之末，誠如五十年前先生警惕我：「縱然在近代算是第一流的成就，但在歷史上仍然要退居第二流！」一語定我終身，何其神耶！蓮生傳述他與先生的對話猶在耳際，不意八十日內，良師益友一時俱逝，使我頓有孤單寂寞之感，痛何可言！

17 記得有一次，我與周法高、李定一等數人，到楊家玩，他們要打麻將，只有我一個人不會玩，被罰要做一首麻將詩。我與錢先生一樣，雖愛誦詩，卻不會做詩，只得胡謅打油四句：「初觀方城，南北西東，九丘八索，樂在其中。」當年一班朋友在楊府起哄，附記此小掌故，聊存鴻爪！

記得賓四師曾有一次謂我曰：「朋友的死亡，不是他的死亡，而是我的死亡。因為朋友的意趣形象仍在我的心中，即是他並未死亡；而我在他心中的意趣形象卻消失了，等於我已死了一分！」此論近似詭異，但想起來，確有至理。現在賓師、蓮生的言行狀貌歷歷在目，我則不但頓失兩大精神支柱，而且我留在他們兩人心目中的形象意趣已完全幻滅了，是猶我已向死亡邁近了一步，豈僅孤單之感而已！

一九九〇年十二月十五日初稿，時去賓四師謝世一百又七日。同月三十日再稿，一九九一年一月十日增補，承廖幼華女士謄錄。五月二十八日校訂畢功，時寓南港中央研究院新落成學人宿舍。十二月十四日清校，最後定稿。

附錄一　我與兩位王校長

一九六九年十月尾，我自香港歸來，適逢校友集會，趙保軒、徐敘賢兩位學長促我寫一點在校時期的回憶錄，我一直遲遲未能應命；一方面是由於疏懶，一方面也是因為文思滯澀，寫不出來。以一個出版量超過四百萬字的人說是寫不出來，似乎是言不由衷；然而在我，實在是千真萬確的事。因為平日所寫全是研究性的論文，根據材料去推論判斷，習慣了，不覺得難；但要憑空寫一篇散文，卻就感覺殊不容易。何況我這個學歷史的人卻不注意自己的歷史，沒有養成經常寫日記的習慣；加以記憶力很差，過去的事只是依稀彷彿；所以更無從下筆。但看到各位學長的長篇回憶錄，勾起我三十年前在校時期的生活情趣，總也想勉強寫一點湊湊熱鬧。

今年四月初的一個早晨，收到《珞珈》第二十六期，是為祝賀雪公校長八秩壽辰而編輯的。我因為不知道這期出版的特別意義，未能寫一篇恭祝校長的嵩壽，衷心感覺十分歉疚。事有湊巧，當天下午歷史語言研究所開所務會議，決議出版《慶祝雪公院長八十歲論文集》，我這才有了彌補內疚的機會。現已繳卷，大約是第一個提供論文的祝賀者吧！

後來又接到敘賢學長的通知，為《珞珈》第二十七期催稿，適當雪公校長剛剛擺脫最高學術職位，我想就此寫一點我認識他老人家的經過，也談一談我對於王撫五校長的認識，並且表達我對於兩位校長的感念！

一九三七年的夏天，我在中學畢業，就與幾個同學結伴到武漢，向三大學（中央、武漢、浙江）聯合招生會及中山大學招生會報考。我在中學時代，喜歡看人類學、民族學方面的書，希望從人類學的觀點研究中國古代史。當時中山大學在人類民族學方面表現的成績比較好，所以原想以中山大學歷史系為第一目標；但一到珞珈山，看到武大校舍的宏偉壯麗，兼具幽靜自然之美，就把我的精神吸引住了，改變意志，以武大歷史學系為第一目標。錄取入校後，住在那樣古典式的宏偉輝煌的建築中，感覺無比的興奮，也加強了我對於學術追求的信念！每讀中國史，秦始皇統一天下後，大興土木，建築咸陽；蕭何在天下未定之前即創建未央宮，極盡壯麗；隋文帝捨棄長安舊城，另築新都大興城（即唐之長安），規制的整齊，規模的宏大，都非迄今全世界任何都市可與比擬（包括東京與紐約）。秦始皇的評價姑且不談，但蕭何與隋文帝都是節儉的政治家，何以要這樣不惜民力呢？細想起來，此中極有深意。國都為四方觀瞻所繫，秦漢剛由列國紛爭歸於一統，隋代也是中國分裂三百年後的初次統一時代，首都的宏大壯麗，對於四方的向心力極具凝聚作用。一個大學為國家最高階層的教育機關，在建築方面實在應當要儘可能的達到高度的宏壯水準，這樣也可以增高青年學子的責任感與自信心，無疑的這也是一種基本的精神教育。武大建校在兩座山上，瀕臨東湖，環境優美，建築偉麗，就當時中國建築而言，無疑的已達到最高水準。後來慢慢知道，這都是前任校長王世杰雪艇先生一手擘畫樹起的規模，當時就嘆服雪公的氣魄與遠見，非常人所能及。再後來又瞭解到，那些建築物大多為雪公向各方面奔走呼籲獲得捐款而興建的，並非全由教育部撥款所興建，這更顯示創校的艱難與創校者的能力了。自那時起，雪公校長在我心中已有了深刻的印象。但直到來臺以後，每年一度開校友會，始能瞻仰他老人家的風采；可是仍無緣面聆教益。

一九六二年五月雪公校長接長中央研究院後不久，大約是看到我剛出版不久的《中國地方行政制度史》第一、二冊（《秦漢之部》），頗為欣賞，約我談話，詢及我的出身，才知道就是他自己一手創建的武大學生。當時老人微笑，也許是感到相當快慰吧！後來屢次約我談話，備極關懷。有些主管雖然對於我的成績也相當瞭解，但他們的觀念是「權利要自己爭」；而我的稟性，只要生活可過，有書可讀，一切聽其自然，絕不願積極的為自己爭取什麼。而雪公校長每當關鍵時機，論成績應有我一份的時候，總沒有忘記我。但似又因為有師生關係，不便直接處理，往往兜著圈子，間接的達成他的意思。這是使我非常感念，永遠不忘的！但是愚魯的我，卻有些事實在辜負他老人家的好意！

就在一九六二年七月，校長希望我寫一部《中國政治制度史》，他願意全力支持；但我考慮結果不敢寫。因為當時我雖然是在寫《地方行政制度史》，但實際上的興趣早已轉移到歷史地理方面去了，要想兼顧兩方面實在不可能。而且我的寫作習慣，縱然只是一篇論文，立意至少也在三、五年之前，慢慢搜集史料，然後一氣完成。要寫一部大書，限期完成（向公家提出計畫一定不能太久），我實在毫無把握。後來校長希望由研究院領導，仿英國《劍橋歷史》寫一部「中國通史」。上古史部分已由李濟之先生承諾，領導編纂。至於中古史，因為我平日發表的論著不出秦漢至隋唐範圍，就目前研究院同人而言，我不能辭其責，所以校長要我領導中古史的編纂工作。這項工作無論做得好做得壞，只要編成，都可以享大名於一時，但我仍然不能體念他老人家這番美意，來擔負起此項任務。我之所以不敢負此項責任，原因很多：第一，這項工作要邀集國內外很多學人來共同努力，而我毫無行政領導能力。我常說，我在學術研究方面是個「強兵」，但不是個「良將」。自己做工作，自信是個標準工作者，如果領導他人，不免有聯絡協調開會應酬及文書處理等等麻煩，我平日書信日記都懶得寫，也常常幾天不說一句話，如何能做領導工作呢？第二，集體工作本身就困難。中國史學史上最成功的集體著作當推司馬光的《資治通鑑》，雖然是幾個第一流的學者合作編輯而成，然而首尾呵成一氣，文章風格一致，如出一人之筆。那是因為司馬光以舊相之尊，又是當時文章宗伯，為大家所心服，所以底稿雖多人撰寫，但定稿則出司馬氏一人之筆，所以能卓絕千古！現在寫通史遠較九百年前為難，以目前客觀環境，縱能勉強湊成，但內容勢必不能連貫一氣。不但不能一氣呵成，而且必將各持所見，矛盾重重，只能算是一部較有計畫的中古史論文集，不能算是一部中古史；所以到時縱能繳卷，也等於沒有繳卷。第三，我自己的工作實在太繁重，照我多年來已定的計畫，非再寫三四百萬字不能解決；若再承擔另一重大工作的領導責任，實在絕非我的能力與精神所能負荷！這次休假回院，校長又舊事重提，屢次告訴我「事在人為，並無不能解決的困難」；但我仍然鼓不起那份勇氣。一項工作的開始就沒有信心，那將不可能會做得好；如果現在勉強承諾，將來把錢用了，而拿不出滿意的成績，那將更辜負老人的知遇！所以終於在惶恐的心情下違背了他老人家的美意，這是我感到十分愧憾的！

雪公校長是一位有氣魄有衝勁的創業長才，而王星拱撫五校長則是一位善於守成的良才。抗戰軍興，遷校樂山，那時期的同學大家都稱撫公為「王菩薩」，大約覺得他是位老好人，具有菩薩心腸吧？撫公每天乘黃包車到文廟辦公，在車上正襟危坐，道貌岸然，遇到同學向他敬禮，總是微哂作答；那種肅穆慈祥的面貌與表情，多少也讓人加深「菩薩」之感。在這裏我想提出幾件與我有關的事，透視他老人家辦學的態度。

我們那一班歷史系人數不多，但對於老師的教課卻非常挑剔，尤其是我好友錢樹棠，性情生硬固執，有時弄得我都覺得不好意思；所以教授們對於我們這一班多感到頭痛。系主任方壯猷先生的「宋遼金元史」，前後各班都開課，但卻自動的沒有給我們講授。有一次且在「史學方法」的課堂上憤憤的說：「袞袞諸公十年以後都將是大學教授，就知道也不容易！」新聘的教授更要被挑剔。記得有一次請得一位老教授徐光給我們開「秦漢史」與「三國史」。聽說他歷教北京大學、中央大學，頗有名氣，同學們也很高興。但一經開課，他倚老賣老，好像只有他讀過很多書，我們都一無所知！可是他所講的，不過就《通鑑紀事本末》摘要演述而已；而且有很多錯誤。聽了兩堂，我寫了一篇文章，指出錯誤十幾條，連同錢樹棠所寫一篇呈文，經全班同學簽名送呈校長，這位老先生就此離開了。同時，我們又常要求學校聘請某人某人，學校也都儘可能照辦，如錢穆賓四先生到母校作短期講學，就是一例。這些都可看出撫公校長對於教授的進退，真能做到優先考慮學生的意見，這是今日大學所絕難看到的！恐怕學生也無此要求！到高年級時，樹棠與我還做了件荒唐事。我們覺得學校高階層人事不夠理想，將來畢業證書由他們簽字，不光榮，希望請朱光潛孟實先生出任教務長。

是一個冬春的星期日早晨，兩人拿著呈文到校長寓所去晉謁，似乎是先將呈文送進去。撫公怒氣沖沖的走出門來，嚴厲責斥我們一頓，說：「這是學校行政，你們管什麼？你們要請某人擔任某職，人家就聽你們安排嗎？」把我們趕出竹籬大門。但事卻出乎意外，後來果然發表朱先生擔任教務長！可能是他本有此意，兩個傻學生的要求不過加強其決心而已！回憶起來，少年時代榮譽感真太強烈，做出這樣荒唐的傻事，此刻寫來也覺好笑。無怪當時有些同學都稱我們是兩個「書櫥」，只知裝書，不懂世事！

一九四一年畢業後，錢師賓四惠函召我到齊魯國學研究所繼續讀書。一九四四年春天，因為想回家看看年屆八十的老父，走到重慶，中原戰事復起，襄陽老河口通道斷絕，只得停留下來，在北碚做事。一九四五年春，撫公校長來到北碚，我帶著出版不久的長篇論文〈兩漢郡縣屬吏考〉去看他。他很高興，告訴我說，他計畫下年度每系設立一個「研究助理」的名額，屆時我可回到母校歷史系專心讀書。這正是我所夢寐以求的職位；不想他回校不久就辭職了！中央研究院歷史語言研究所自然是個理想讀書地方，但我沒有任何人事關係可以聯絡得上。有時異想天開，想扮演一次毛遂自薦，但又無勇氣。後來曾祥和女士說，傅孟真先生為人特別，找人介紹未必能成功，自己把文章寄給他看看，可能會成功。我急切希望有個讀書環境，遂決定一試。大約是七月中旬，就選了三篇論文寄給傅先生。不久傅先生果然覆信，允許我的要求，這真使我喜出望外。信中又說，撫五先生前曾有信推薦，但無著作，無從考慮。這更出我意料之外！撫公校長在辭職前後百端紛忙中，居然還記得我這個遠隔千里之外的一個學生，母校沒有機會，仍然希望另外安置在一個更適當的地方！

此番愛護的熱忱，實在使我感動萬分。但後來也就一直沒有拜謁的機會，此番盛意只有銘肌刻骨。今日走筆至此，仍不禁涕淚交流，久久不能自抑！

我生平愚魯迂拙，但卻得到不少前輩學人的鼓勵，兩位校長更是備極愛護。我少年時代歡喜讀書，一方面是興趣所在，一方面也是自己有相當抱負。我違背雪公校長的意旨，沒有負起中古史編纂的領導工作，絕不是逃避責任；相反的，是要完成另一項已定的目標。我自小學時代即對地理有興趣，自一九四七年開始搜集「唐代交通」、「唐代人文地理」方面的材料，後來又擴大範圍到全部「中國歷史地理」。現已累積史料近十萬條，並已開始撰述。這三部書是逐步擴大、由專到通的連鎖計畫，意欲從地理觀點講中國歷史。這雖非雪公校長指定的題目，但只要有真正貢獻，他老人家亦必樂觀厥成。我的身體不算很壞，近幾年來又聽取校長的教訓，每天走路，增進健康，相信還有二十年可努力工作，當能達成這項艱鉅的任務，為中國史學界開闢一塊新的園地，也希望以此項成果報答兩位校長及其他師長前輩的知遇之恩！

一九七〇年夏初稿，原刊《珞珈》第二十八期，轉載《學府紀聞・武漢大學》卷。一九九一年五月二十八日增訂重刊，時寓中央研究院學人宿舍。

附錄二　我對傅斯年孟真先生的感念

我是一九四五年秋天進入中央研究院歷史語言研究所的。在這以前，我根本不認識傅先生，也沒有很強烈的願望要進入史語所，因為中央研究院不是個教育機關，不能報名投考。

我在一九四一年夏天畢業於武漢大學後，隨從錢賓四師在成都齊魯大學國學研究所繼續讀書。一九四四年春天，因為想回鄉省侍年近八十的老父與年逾七十的老母，所以應安徽學院之聘，由成都啟程回鄉。走到重慶，聽說鄂豫地帶因戰事關係，不能安全通過，所以在重慶北碚停滯下來，先後在北碚修志委員會與金剛碑工藝班做臨時工作，很不得意，希望再有個讀書機會。

一九四五年春天，母校王撫五校長來到北碚，我帶著剛出版不久的長篇論文〈兩漢郡縣屬吏考〉去看他。他很高興，告訴我說，他計畫下年度每系設立一個研究助理的名額，屆時我可回到母校專心讀書。這真是我所最希望的職位。不想王校長回校後不久就辭職了，我這個希望自成泡影！也許就在那時，我興起了進入歷史語言研究所的願望，但苦於沒有適當的人推薦；因此也曾想到毛遂自薦，又覺得不大可能。後來內子的朋友曾祥和女士說，傅孟真先生的脾氣比較特別，請有名的人介紹，未必能成功；不如自己寄幾篇論文去申請入所，他若果欣賞，就可能成功。我急切希望有個讀書環境，在無可奈何的心情下，姑且一試。大約是那年的七月中旬，寫了一封申請書，連同已出版與未出版的三篇論文，直接寄呈傅先生。那是個天真的做法，當然不存多大希望。不想八月二十一日就接到傅先生在前一天（二十日）寫的一封快信，果然答應了我的請求。說是照論文程度，自當為助理研究員；但論資歷，只能為助理員。這真使我喜出望外；至於職級，我從來就未想過，只要有機會讀書就好，事實上在那時我也不知道中研院有些什麼職級！傅先生的信中還提到撫五先生前曾有信推薦，但無著作，無從考慮（「但無」以下八字是見面時說的）。這也是大出意外的事。真沒想到撫公校長在辭職前後百端紛忙中，居然還記得我這個遠隔千里之外的一個學生，母校沒有機會，仍然想安置到一個更適合的地方去（我已忘記在與王校長談話時是否提到過史語所）！前輩學人愛護青年學子的熱忱，真令人永遠感念難忘！

我接到傅先生手示的第二天，就到重慶中央研究院總辦事處去見他。那時抗日戰爭剛剛勝利結束，他非常忙，那天晚上大約十點鐘以後纔回來。我第一次見到傅先生，他給我的印象，與外間所傳的並不一樣。一般都說傅先生脾氣很大、很專制；我倒覺得他對人很溫和、很隨便，也不見得很堅持自己的想法。他問了我不少的話，又說他現在事兒多，希望我暫時留在重慶，幫他處理一些文書方面的事。我對於這點很躊躇，因為我有自知之明，最無辦事能力，筆下也很凝滯；傅先生才氣洋溢，文思必很敏捷，襄助他處理文書，絕對不能副他所望，所以只好很坦率的說，不能擔任這項任務。傅先生聽了我這樣答覆，絕不以為忤，立刻就說：「那麼你就先到李莊史語所去，雖然正式的任命要等待所務會議通過，但應該沒有問題，你先去也沒有關係。」後來回想起那次見面，自己也太直率了，好不容易得到一個理想的去處，但主管人的第一個命令就不接受，未免太書呆子氣！去年和邢慕寰、余英時兩兄閒談，還提到這件事，都哈哈大笑，說我還未踏入機關大門就不聽話！但從這件事也可見得傅先生很有度量！

一九四六年冬，史語所復員，遷回南京北極閣舊址。那時由後方搬回來的善本圖書與由北平接收寄來的善本圖書很多。原來在李莊時兼管善本圖書的人員張政烺、游小姐都已有高就了，要另找一個人兼管這批圖書。不知為什麼傅先生把這項任務交付給我，也許是因為我的論文中常常引用石刻材料吧？因為善本書庫中藏有極豐富的石刻拓本（我後來點計有三萬多份），為國內外很少圖書館所能及。傅先生極重視善本書庫的東西，據說他一向指派一位他認為極可信任的中下級人員去保管，因為這批東西沒有任何記錄。這次委派了我，所以有些同事如馬學良兄就和我開玩笑，說我是傅先生面前的紅人。其實我和傅先生見面的機會根本就很少！

不過，傅先生對於我，確實非常關切。那時國家經濟狀況不佳，物價波動很大，一個文化機關的低級人員，待遇自然頗低，我與內子又不善於用錢，適長子曉田出生，用度較大，常常感到周轉不靈。傅先生不知如何知道了我的經濟狀況，送給我一筆錢，是他為教育部審查論文的審查費。我本於長者賜不可違的心情，未堅辭的接受了。他又自動的囑我寫一張內子畹蘭的履歷表，立刻親自步行到左鄰的考試院，希望能安插一個職位，解決我們的生活問題，但未成功。他馬上又寫信到國立編譯館，終於成功了。其實他那時極忙，來訪的政要人客絡繹不絕，但仍記掛了我這個小職員的生活，實在令人銘感不能忘。當時他拿著內子的履歷表走出史語所大門的步履姿態，至今仍常常浮現在我的眼前，這刻走筆至此，不禁涕淚交流，不能成字！

傅先生對於老年人很尊敬。我的岳母一向跟著我在一塊生活，有兩次在史語所門前的路上碰面，他都是很有禮貌的親切的向她問好。當研究院決定自南京撤退至臺灣時，他通知我準備同行，並說岳老太太的旅費由公家暫墊，因為非直系親屬不能由公家擔負。而事實上，那次撤退，根本無其他同事的直系長輩親屬同來。我最近這次回臺灣，纔聽到一位比我資深的同事說，那時傅先生不允許同事帶老年家屬，因為他的責任感很重，對於到臺灣以後的生活無把握，多一個人就多一份困難。大約他知道我的岳母別無可依靠，所以作出唯一例外的安排！

研究院遷到臺灣後，同人先住臺北，我與全漢昇兄兩家同住在臺大醫學院的一間大房子中，用帷幕在中間隔開，當然生活上不很方便，但逃難時期，有處可住已很不錯了！在生活稍稍安定後，我去謁候傅先生，他問我生活情形，我說還不錯，他很感慨的說，你真能安貧樂道，生活容易滿足。後來我隨研究院遷到楊梅，此後似乎就未曾單獨見過他了。

至今想來，我之能有今天這一點成就，一大半當歸功於史語所的優良環境——圖書豐富，工作自由，並且生活安定。一個研究工作者，在這樣環境中，只要內心能把持得住，不怕坐冷板凳，不為外物所牽，不為權位名利所役，加以頭腦稍稍靈活一點，他之能有相當成就，是絕對可以預期的。誠如李濟之先生所說，我是充分的利用了史語所的優良環境！然而若非傅先生的遠見，建立了那樣好的環境，讓有志之士能從心所欲的研究，又若非他讓我進入研究院，並儘可能的照顧，那末我雖然具備了內在的一切條件，但浮沉在這樣一個紛亂不安的社會中，縱然今天仍可能在大學中覓得一枝棲，但要想在學術上有一點真正的成就，那就絕對不可能了。所以每當我想起二十多年前的往事，對於這位前輩學人傅孟真先生，總是寄予永恆的無限的感念！

一九七六年初稿於香港吐露海畔。原刊於《仙人掌雜誌》第一號《中國的出發》。一九九一年五月二十八日覆校重刊，時寓中央研究院新落成之學人宿舍。自一九八九年史語所獲聯合報社之支持，舉辦傅斯年學術講座，本年度邀請我主講，昨日開始第一講。

自己的歷史課：嚴耕望的治史三書 ／ 嚴耕望 著.--
初版. --新北市：臺灣商務，2018. 10
面； 公分. --（OPEN：2）

ISBN 978-957-05-3168-8（平裝）

1. 史學方法

603 107015445